保育カウンセリングの
エッセンス

保育臨床
における
見立てと支援

〈編著〉
喜田裕子

福村出版

[JCOPY] 〈出版者著作権管理機構　委託出版物〉

本書の無断複写は著作権法上での例外を除き禁じられています。複写され
る場合は、そのつど事前に、出版者著作権管理機構（電話 03-5244-5088、
FAX 03-5244-5089、e-mail: info@jcopy.or.jp）の許諾を得てください。

はじめに

　我が国における保育カウンセリングにはふたつの源流があります。ひとつは、公益社団法人全国私立保育連盟が推進してきた保育カウンセラー制度であり、主に保育者がカウンセリングを学んで現場の実践に役立てようとするものです。もうひとつは「保育臨床」とも言い、心理の専門性をもつカウンセラーが保育現場に赴き、保育者と協働する活動を指します。いわばスクールカウンセラーの保育バージョンです。本書は後者の立場で書かれていますが、前者のニーズにも応えうる内容になっています。

　私たち心理職はこれまで、さまざまな勤務先で苦悩する人々と出会い、人間形成の基礎である乳幼児期への支援の必要性を痛感してきました。

　10年ほど前、編者は、ある私立保育園から声をかけていただき、非常勤カウンセラーとして通うことになりました。最初は、「何を着ていけばよいのか」「行って何をすればよいのか」など基本的なところからわからないことだらけで、ワクワクと同時に不安な気持ちだったことを思い出します。すでにいくつかの現場を経験していましたが、臨床の場が違うとまさに文字どおり手探りのスタートになることを痛感しました。当時は保育カウンセリングに関する書籍が頼りになった一方で、たとえば「保育カウンセリングでは○○の理論を知っておく必要がある」といった記述に出会うと、明日からの実践を具体的にイメージしたくて焦っていたので、「そこからなのか」と果てしない気持ちになることもありました。奇しくも同じ時期に富山県のハートフル保育カウンセラー派遣事業が始まり、心理職の仲間たちがそれぞれに園へ出向いていきました。

　本書では、保育現場に入る前に、そして入った後の振り返りのためにも、私たちが真に読みたいと願った内容を揃えることができました。具体例をふんだ

んに盛り込み、心理学や関連領域の諸理論が保育の場でどのように「使える・生かせる」のか、わかりやすい解説を試みました。心理や保育や教育などの支援者だけでなく、子育て中の方々やそれを応援する祖父母世代、そして未来の親世代である若い方々にも読んでいただき、より良い育ちについて一緒に考えていけたら幸いです。気になるところから順不同にお読みいただけますが、構成は以下のとおりとなっています。第1章から第3章は保育カウンセリングの理念や基礎知識、第4・5章は見立てから支援のポイント、第6章から第9章は保育カウンセリングのさまざまな各論、そして、第10章は支援の観点や実践の引き出しが増えることをめざした事例集です。

　一点お断りしておきたいことがあります。エピソードや事例は、著者らがこれまでに出会った多くの事例から、個人が特定されないように再構成したものです。特定の園や個人のものではないことをご了承ください。

　さて、近年保育園や幼稚園での虐待が社会問題になっています。実は私たちも、心ある保育者の皆さんと共に、この課題に悩みながら取り組んできました。もちろん、ゆとりをもって保育できるような、環境・人材面のより一層の整備が必要です。しかし、それだけではなく、大人が子どもを思いどおりに操作するのが力のある保育であるといった誤った保育観が、ともすれば私たちの心に忍び寄り、声なき子どもたちを押さえつけてしまうことがしばしば生じています。虐待を「マルトリートメント（不適切な養育・保育）」と広く捉えるなら、昨今の保育園・幼稚園等での虐待に関する報道は氷山の一角であり、実態は残念ながらもっと普遍的です。本書ではこれを、鯨岡（2015）にならい、「させる」保育の問題と捉えました（本書 pp.15-16）。

　エリクソンが古典的名著『幼児期と社会』のなかで述べているとおり、子育てのあり方は、その社会の価値観と強く結びついています。「させる」保育の前提には、「子どもは大人の言うことをきいて当然」「言うとおりにさせるのが良い指導者」という信念がうかがえます。さかのぼって、かつて封建的な社会や戦時下の時代には、辛抱強く服従する統率のとれた民衆を育成することこそ

が、理に適った保育観・教育観だったことでしょう。しかし時代は変わり、も
う二度とその時代には戻りたくありません。戦争などずいぶん昔の話だと思わ
れるかもしれません。しかし、過去の傷つきがちゃんと過去のこととして心に
収まりきらずに噴出するのがトラウマ記憶の特徴です。「個」が否定され我慢
させられてきたことを他者にも繰り返す心理は、体罰容認論、理不尽な校則、
精神論に基づく指導などへと姿を変えながら世帯間伝達を繰り返し、子育ての
ような余裕のない状況で暴発しやすいと思われます。

　本書では、平和で明るく思いやりのある未来の社会を願うとき、発達特性や
家庭環境、障害の有無などを超えて、どの子にも必要なケアがあることを示し
ました。大切なことは、大人が子どもを思いどおりに動かす技術やノウハウで
はありません。大人が子どもと心を通わせながら育ち合う、関係性を重視した
枠組みです。その前提のなかで初めて保育技術も生かされていくのです。

　そのための鍵は、広義の「メンタライジング」という、心理職ならではの専
門性が生きるスキルです。ここで言うメンタライジングとは、目に見える行動
を、目には見えない心的状態と関連づけて理解しようとするような、他者や自
分自身の内面に思いを馳せる心の使い方を指しています。心理職は、心理学に
おける人間理解の多様な理論を背景に、この、地道で当たり前のように見えて
実は強力なスキルを、保育者との何気ない対話のなかで使っていきます。私た
ちがめざすのは、具体的な手立ての助言のみではありません。保育者が、カウ
ンセラーと対話することによって子どもや自分自身を共感的に理解するように
なり、そのことが保育者自身の専門性を豊かに発動し、生き生きと「子ども中
心の保育」を展開するのを、私たちはしばしば経験してきました。これこそが
私たちのめざす保育臨床のあり方です。保育も教育も子育ても、マニュアル化
できる唯一の正解はありませんが、メンタライジングに導かれて、子どもの数
だけ答えを探り当てるプロセスがあるように思います。

　本書は、富山県ハートフル保育カウンセラー派遣事業に携わってきた伊東真
理子先生、根塚明子先生はじめ、有志の皆さんの声が発端となっています。ま

た、お茶の水女子大学で、かつて飯長喜一郎先生のもとに集い、児童学の伝統のなかで臨床心理学を学び合った編者の旧友たちが、心強いサポートを寄せてくれました。今はそれぞれの地で、心理職や保育者など、後進の育成に心を砕いている仲間たちです。富山聖マリア保育園元園長の谷市三先生、現園長の白川祥恵先生はじめ、いつも協働してくださる保育者の皆様方にも心から感謝します。そして福村出版編集部の平井史乃氏には、企画から内容、編集作業まで、率直な助言を多くいただき、大変お世話になりました。この場をお借りし、感謝申し上げます。

　目の前の子どもたちがのびのびと安定して、思いきり笑ったり怒ったり泣いたりする姿を見ると、私たちは満ち足りた「今」を味わい、未来への希望を感じます。本書を通して、子どもの育ちやひいては未来の社会に向けて、自分たちがそれぞれの立場でできることを、共に考えていけたらと思います。心理支援の国家資格である公認心理師が輩出されるようになり、国民の心の健康に対する心理職の責務はますます重要になってきています。私たち心理職が保育現場に出向き、育ちの第一線で日々格闘している保育者の皆さんと共に取り組むことができたご縁を、心から幸運に思います。「こどもまんなか社会」の実現に向けて、保育カウンセリングが、スクールカウンセリングのように今後全国に広がり、園という育ちの「場」がより一層充実することを願ってやみません。

2024 年 8 月　喜田裕子

もくじ

はじめに　　3

第1章　保育の場でカウンセラーは何をするのか

第1節　保育の場でのカウンセラーの役割　　10
第2節　保育の場でカウンセラーがめざすもの　　19
　COLUMN　保育カウンセリング　全国の先駆的な取り組み　　25
　COLUMN　富山県の「ハートフル保育カウンセラー派遣事業」の取り組み　　26

第2章　これだけは知っておきたい保育領域の基礎知識

第1節　保育領域を知る　　27
第2節　保育者の専門性を知る　　32

第3章　明日からの実践に「使える」理論

第1節　関係性を見立てて生かす──保育現場の精神分析　　41
　COLUMN　安心感の輪　　48
第2節　気になる行動、その成り立ちと変容──応用行動分析　　50
第3節　発達の気がかりとその支援──感覚統合　　56
第4節　トラウマと脳・神経系の発達　　64
　COLUMN　ACE研究　　73

第4章　見立てと支援方針

第1節　見立ての大前提──「場」を見立てる　　74
　COLUMN　タヴィストック乳幼児観察を通しての学び　　84

7

第 2 節　保育の何を見てどう理解するか　　86
第 3 節　初回訪問では何をどこまで行うか　　96
COLUMN　子どもの絵を見る　100
COLUMN　「男の子」「女の子」とジェンダー・アイデンティティ（性自認）　102

第 5 章　保育者への支援

第 1 節　保育者は外部の専門家に対し何を感じるのか　　103
第 2 節　保育者支援のコツ　109
第 3 節　コンサルテーションの実際①ロールプレイの活用　116
第 4 節　コンサルテーションの実際②自己肯定感を育むための
　　　　ワークシートの活用　123
COLUMN　富山県の「ハートフル保育カウンセラー派遣事業」の成果と課題
　　　　（保育園）　133

第 6 章　子育てをめぐる親の悩みと親支援のポイント

第 1 節　子育てをめぐる親の悩みの特徴と園での支援　　134
COLUMN　赤ちゃん部屋のおばけ——世代を超えて棲みついた、望まれざる住人　　140
第 2 節　保育者との協働による親子の関係性への支援　141
第 3 節　保育者との協働による親自身の抱える課題への支援　146
第 4 節　親グループへの支援　154
第 5 節　園での親カウンセリングのポイント　158
COLUMN　保育者の親支援をサポートする　166

第 7 章　小学校就学に向けた支援

第 1 節　就学に向けた支援——見立て　168
第 2 節　就学に向けた親への支援　176

第8章　保育の場における子どもへの直接的心理支援

第1節　保育の場にカウンセラーがいることの意義　　186
第2節　保育の場における子どもへの直接的心理支援の実際　　188

第9章　学童保育の今

第1節　学童保育の難しさと課題　　196
第2節　学童保育へのカウンセラーの関わり方
　　　　──学童保育の強みを生かす支援の方法とコツ　　200
　　COLUMN　富山県の「ハートフル保育カウンセラー派遣事業」の成果と課題
　　　　（学童保育）　　206

第10章　保育カウンセリング事例集

第1節　未満児　　207
第2節　以上児　　214
第3節　親支援　　219
第4節　就学に向けた支援　　225
第5節　学童保育　　230

文献　　237

第**1**章

保育の場で
カウンセラーは何をするのか

第1節　保育の場でのカウンセラーの役割

　保育の場でのカウンセラーの役割とは、保育者の専門性をサポートし、一人ひとりの子どもが健やかに育つ環境を整える（滝口, 2011）ことである。つまり、支援対象は子どもだけでなく保育の場全体に及ぶ。それでは、心理面から見た「子どもが健やかに育つ保育環境」とはどのようなものだろうか。

●「園」は子どもの成長を育む基盤

エピソード　**それぞれの部屋で―― 子どもの心に寄りそう保育**

　年少児のリョウ（年少男児）は、トイレができるようになるまであと一歩。不安とこだわりが強く、おむつ替えは廊下でしたいと言い張るリョウに対して、トオル先生は、「廊下は人がたくさん通るから困ったなー」と言いながら、トイレ付近のいろいろな場所を提案していた。ずっと首を横に振り続けていたリョウはトイレの床にマットを敷くという提案にうなずいた。そのとき、先生は「狭いところ嫌だもんねー」と言葉をかけた。気持ちをわかってもらえたリョウは、満足そうにトオル先生の指示に自ら従った。

　お迎えの時間。園に来たメイ（年少女児）のママは、保育室でたまたま、大声

で泣き出した男の子を見かけた。ヨウコ先生はまったく動じる気配もなく、その子におおらかな笑顔を向けて「あらぁ、どうしたの？　そっか、〜したかったんだよね」と言った。するとその子はヨウコ先生に抱きついた。その背中をヨウコ先生がやさしく撫でると、男の子は次第に落ち着き、遊び始めた。普段、家で気に入らないことがあると火のついたように泣くメイに手を焼き、「なんで泣くの！　口で言いなさい！」と叱りつけていたメイのママは、こんなふうに気持ちをただ受け止めればいいのかと思った。そして、それを家で実践したところ、子育てを楽しめる気持ちになっていった。

　別の日、年中の部屋では、自閉症（当時）の診断があるフミヤ（男児）が、自由遊びの時間ずっと、保育室のオルガンの陰でひとり、ミニカーを行ったり来たりさせていた。時折カウンセラーがそばに行き、オルガンのペダルをミニカーの滑り台に見立てて遊ぶこともあった。フミヤなりの関わる力が育ってきていると感じたカウンセラーは、ひとりの時間が多いことの心配を保育者と話し合った。次の訪問時、カウンセラーは、フミヤがほかの子どもたちと同じ机に座って遊んでいるのを見て驚いた。聞けば、フミヤがオルガンから出てきたタイミングを捉えて、モモ先生にそっと背中を押された子どもたちがフミヤに「ここで一緒に遊ぼうよ」と誘ったところ、フミヤはそれがうれしくて、以来、皆のいるところで遊ぶようになったとのことだった。

情緒の安定が主体性を育む

　生まれたときから、子どもの心には、主体性の未分化な萌芽がある。それを大人が読み取って、「〜したいのね」「〜は嫌なんだよね」などと寄り添うことによって、未分化な感情や経験が命名される。そして気持ちが通じ合うなかで主体性が育っていく。

　生活のなかで、子どもの思いがすべて通るわけではない。たとえばおしっこはどこでも出してよいものではなく、トイレでするよう教えられる。その際、大好きな養育者の願いに気持ちよく応えるかたちでそれを身につけるのか、それとも、叱られて無理やり従うのかの違いは大きい。トオル先生は、子どもに

対して、決して頭ごなしに従わせることはない。その一方で、子どもの言うなりになるわけでもない。子どもの思いを汲みながら、社会的により適切な方法を根気強く提案し、折り合いを模索している。それだけでなく、子どもの気持ちを代弁して、受け止めようとしている。このように、子どもの目線に立ち、気持ちを受け止めながらゆっくりと導く関わりは、子どもの心に安心感と信頼感と自己肯定感を積み上げ、主体性を育てていく。

保育者の存在自体が子育て支援

　子どもが泣いたとき、養育者が「どうしたのかな」「こういうわけで泣いたのね」とまっすぐな関心を寄せることができれば、子どもの情緒は安定し、発達促進的な関わりが可能となる。一方、同じ場面を見ても、大人の側にストレスのフィルターがかかってしまうことがある。たとえばゆとりがないときは「この子は私を困らせようとしている」「反抗している」と見えるかもしれない。メイのママのように、不慣れで不安があるときは「私がダメだからこの子は泣くのだ」「もっとしっかりしなければ」と感じるかもしれない。このようにフィルターがかかると、養育者の思いが先走り、子どもの目線に立てなくなる。子育てを精一杯がんばりたい気持ちがあるものの、どうすればよいかがわからず、不安な気持ちで手探りの子育てをしている親は少なくない。

　そのような場合、園で見かける保育者の姿が良いお手本になることがある。メイのママは、メイに対して余裕がなく、おろおろしたりイライラしたりして、結果、メイの気持ちはますます落ち着かなくなっていた。ある日、たまたま見かけたヨウコ先生のおおらかな笑顔をお手本に、泣き出したメイの気持ちを代弁してみた。すると、「よしよし」と抱きしめてなだめることができるようになり、メイはみるみる落ち着いていった。人は生まれつき感情調整ができるわけではない。養育者に協働調整してもらう経験を積み重ねて、自己調整の力が獲得されていく。園での保育者の姿は、生きたお手本であり、それ自体が子育て支援と言える。

　場合によっては、一部の子どもたちは家庭では十分に得られない良い関わり

第1章　保育の場でカウンセラーは何をするのか

を園で補ってもらっている。園には、家庭で暴力やネグレクト、親の病や不和など、さまざまなストレスに曝されている子どもたちもいる。機能不全の家庭では、養育者は子どもに対して、厳しすぎるか、弱すぎるか、無関心になりやすい。そのような子どもたちにとって、園で過ごす時間は、健全な養育を得られる良い機会になっている。

関わりのなかで子どもは育つ

　子どもたちは園で、保育者だけでなく、友だちとの関わりから多くを学び、成長している。他児と関わるきっかけが生じやすいのは、園だからこそと言える。同じ誘いや賞賛の言葉でも、同年代の子どもから言われるのは格別にうれしいらしい。フミヤのような自閉症幼児は、「関わりを求める力が弱いだけ」で、つながりを嫌っているわけではない（滝川，2017）。ほかにも、ネグレクト家庭に育った年長男児のカイは、レゴを完成させたとき、周りを見渡すことが多かった。すかさずチナツ先生が、「ほめてあげて」と近くにいた女児たちにささやくと、彼女らは「すごいねー」とカイを口々に称賛した。その時の、カイの満ち足りた表情と、女児たちの柔らかい笑顔は、忘れられない。このように保育者が、子ども同士のやりとりを見守り、時には調整・促進するなかで、子どもたちは「心の根っこ」（非認知能力）を育んでいる。

●教育は「土台」があってこそ成り立つ

エピソード　それぞれの部屋で──工夫される教育活動

　6月の上旬、年中の部屋では子どもたちが腕時計を作成していた。いよいよ完成しそうだというその時、窓の外でボーンと時報が鳴り響いた。ユミコ先生が、今日は「時の記念日であること」を静かに話し始めると、子どもたちは食い入るように聞き入った。ふと壁の掲示物を見ると、大きな時計の絵が貼られていた。順を追って、子どもたちが無理なく腕時計を作成できるよう、見通しをもって計画されていたのだということが伝わってきた。その日、子どもたちはずっと、自

13

分の作った腕時計を誇らしそうに着けたままでいた。

　また、真夏のある日、年長の部屋には、園で育てているみずみずしい植物の写真がいくつも貼られていた。子どもたちが園庭で育てている植物を、本来であれば観察させたいのだが、熱中症を恐れたショウタ先生たちは、せめて植物を身近に感じられるようにと、部屋を植物園に仕立てたのだった。子どもたちは目を輝かせて、大きく写った葉っぱの葉脈や水滴を手でなぞっていた。

工夫と計画

　カウンセラーとして園を訪問すると、子どもたちを楽しませながら成長させたいという保育者の願いがそこかしこから伝わり、心が躍ることがある。その場の思いつきではなく、年間計画のなかで季節や行事と関連づけながら、見通しをもって、生活に根差した遊び（学び）が計画されていることがよくわかる。絵本やおもちゃや遊びの素材が、子どもの発達や興味関心、季節に合わせて工夫されていることにも気づかされる。背中にも目がついているのではないかと思うほど、保育者は、一人ひとりの子どもの遊びの様子やトラブルのいきさつを事細かに把握しており、カウンセラーは、保育者の専門性に、内心感動することも多い。一方で、以下に述べるような軌道修正を必要とする場面に出会うこともある。このような場面を見ると、教育は子どもたちの情緒の安定と主体性の尊重といった心の土台があって初めて成り立つものだと気づかされる。

● 保育者の熱意が意図せず不適切な保育に変わるとき

エピソード　トイレで戦うハナ（年少女児）とキクヨ先生

　「ギャー」と泣き声がしたほうを見ると、ハナが、トイレの個室のドアに手をかけ、入るまいと必死で抵抗していた。キクヨ先生は、午睡前のトイレのしつけとして、なんとか便座に座らせようと、ハナをぐいぐい押さえ込んでいた。カウンセラーは思わずハナを引き寄せて、「今チッチ、したくないの？」と聞くと「したくない」と答えた。「わかったよ、したくなかったんだね」と伝えると、泣

第1章　保育の場でカウンセラーは何をするのか

きは収まっていった。カウンセラーがキクヨ先生に、「したくないみたいだから、やめておいてもいい？」と伝えると、「お母さんから、トイレのしつけを頼まれたので」と困った顔で返事が返ってきた。

「させる」保育は本質的に虐待（不適切な保育）である

　このように、保育者の思いどおりにさせようとする保育を、「させる」保育と言う。鯨岡（2015）は、「保育者主導で子どもたちに力をつけるため」の保育を「させる」保育として警鐘を鳴らしている。以下は、「させる」保育行動の例である。

- できたときだけほめる。
- 子どもの言い分を聞かず、感情的に叱りつける。
- 「どうして〜できないの？」と理由を聞くかたちで子どもを責める。
- 手を強く引っ張って座らせたり、泣いている口に食事を入れたりする。
- 保育者の決めたルールを「約束」させて何がなんでも守らせる。
- 「いい子はそんなことしません」「そんな子は知りません」と突き放す。
- 「そんなこともできないなら下のクラスに行ってください」と言う。
- 行事を成功させるためにクラスに星取表を貼って競わせる。

　これらは、決して意地悪や虐待の意図があるわけではなく、むしろ子どもの幸せを願って熱心になされることすらある。しかし、虐待を不適切な養育と広く捉えるならば、保育者の思いを一方的に押しつける保育は虐待と言っても過言ではない。虐待は「あってはならない」「遠い世界の出来事」ではない。身近に起こりうるものだからこそ、園では常に自己点検と、同時に、風通しの良い意見交換が必要である。保育の場ではカウンセラーもその役割を果たすひとりだ。残念なことに、園に「させる」保育に熱心な保育者がいる場合、周りの保育者まで厳しくなることがある。「させる」保育は伝染しやすい。「させる」のは力のある保育のように見えてしまい、そうしないのは「甘い」というプレッシャーがかかるからだ。

15

「させる」保育はなぜ有害なのか

子どもを大人の思いどおりにさせる一方的な保育では、子どもたちが心を痛めて幸せに生きられなくなってしまうことが大きな社会問題になっている（鯨岡，2015）。「させる」関わりの本質は、大人の思いが真ん中にあり、子どもはそれに従わせられる点にある。無理に大人の思いどおりにさせようとする関わりには、裏のメッセージが伴う（三輪，2022）。それは、責められるのは、私（大人）の期待に応えられないあなたが悪い、というものであり、子どもの心に「あなたはダメ」「だから責められて当然」といった自責が蓄積する（三輪，2022）。

幼児期には、ありのままを受け入れられ、のびのびとやりたいように遊び込む時間が心の根っこを育てる。ハナの例で言うと、排泄とは「出すべき時に、出すべき場所で、出すべきものを出す」ことなので、自己主張ができることと関係する（皆川，1985）。子どもが自ら達成感をもって主体的に排泄できるよう根気強く導くことが大切であり、大人の思いだけを押しつけると、ほどよく自己主張する力に歪みが生じる。表面的には従順でも、心のなかでは他者に厳しく、何かの拍子にプツンとキレるような心のあり方につながっていく。受動的攻撃性といって、怒りを遠回しに表して相手を困らせるパターンとも関連する。「させる」関わりが、目には見えないかたちで子どもの心を傷つけることを、大人はより一層自覚すべきである。外側だけを見て、大人の期待どおりに子どもを動かすことが「成長させること」であると誤解してはいけない。

保育者も苦しい

保育者は、多くのプレッシャーのなかにいる。園には親や地域からの期待や要望が多く寄せられる。学習発表会では、保護者から「去年のほうがよかった」などと比べる発言も出る。時にはプレッシャーに屈して、子どもを押さえつけてしまうこともある。年長のクラスでは、「もうすぐ小学生だから」「卒園までに〜ができるようにならなければ」と焦ることもある。しかし、そのような無理な関わりには、「角を矯めて牛を殺す」、すなわち、細かいところを直そ

第1章　保育の場でカウンセラーは何をするのか

うとして子どもの心を殺してしまうリスクがあることを、養育に関わるすべての大人が知る必要がある。

　保育は集団で行われることが多い。集団は、豊かな育ちを支える前提になっている。しかし、行動は目に見えるが、心は目に見えないため、どうしても表面的に、クラスをまとめているかどうかが、評価の物差しになりやすい。その結果、「できるだけ集団が乱れないように子どもたちをまとめようとする発想」（島本, 2016）に偏ることも起きてくる。子どもの心の育ちを長い目で見て、じっくり育てることの意義を保育者に伝え、保育者が安心して取り組めるようにすることは、保育の場におけるカウンセラーの重要な役割のひとつである。

● 「ゆるやかな社会化」のなかで子どもの心は健康に育つ

エピソード　ある学会での出来事──教育と心理、目線の違い

　とある学会からの帰り道のことである。母親（学会員）の帰りを待っていた3歳くらいの幼子とその世話をしていた父親が、母親と合流する場面に出くわした。その場にいた仲間のうち教育の専門家が、その子に対して「お利口にしていましたか？　偉かったね」と声をかけた。子どもはすっと背筋を伸ばした。一方、心理の専門家は、「待ち遠しかったね、やっと会えたね」と声をかけた。子どもは、ぱっと笑顔になって母に抱きついた。

「心を育むこと」と「力をつけること」

　個人差があるので一概には言えないが、一般に、教育に携わる者は、個の社会化のために、できなかったことができるよう子どもを導こうとする傾向がある。社会化とは、社会に合わせて適応していくことである。一方、カウンセラーなどの心理職は、個をあるがままに認め、受け止めるほうになじみがある。前者は「力をつけること」、後者は「心を育むこと」をめざしていると言える。子どもが成長する上で、「力をつける」ことと「心を育む」ことは車の両輪のようにどちらも大切で、不可欠のものである。ただし、育ちには優先順位があ

17

り、乳幼児期では、「心を育む」ことが「力をつける」ことより常に先にくる。鯨岡（2015）は、子ども一人ひとりが幸せに生きるための権利保障という観点に立つと、力ではなく心が優先と考える保育に舵を切り替えなければならないと主張している。それではどうすればよいのだろうか。

ゆるやかな社会化とは

子どもの願いや実態をまずは認めたり受け入れたりした上で、できないことに対してある程度目をつむり、手伝ったり心の栄養補給をしながら、少しずつできることを増やしていく関わりが望ましい。心の栄養補給とは、集団活動の最中であっても子どもを保育者の膝に乗せたり個別に関わったりなど、子どもが必要としているときに甘えを満たすことを指す。甘えを認めると自立できなくなるという誤解があるが、実際はその逆であり、人は甘えを満たされてこそ自立に向けて自主性が発動する。

このような関わりのスタンスが、「ゆるやかな社会化」であり、これこそが、子どもが健やかに育つ保育環境であると言える。

保育技術でゆるやかに集団をまとめることと、力づくでまとめようとすることは、子どもの心への影響がまったく異なる。子どもたちは、自分からやりたいと思ったときにこそ、真に力を発揮し、保育者が強く言わなくてもやるべきことをすることができる。心の土台ができてくると、子どもたちのなかにおのずと意欲が湧いてきて、長い目では「力をつける」ことがより容易になっていく（藤井・喜田，2017）。

「ゆるやかな社会化」は将来の学力をも伸ばす

発達心理学者の内田（2014）によれば、アジア各国3000名の3、4、5歳児とその保護者、および園の保育者全員を対象に追跡調査を実施したところ、一斉保育の園よりも、子どもの自発的な活動や遊びを大事にしている「子ども中心の保育」を受けた子どものほうが、小学校での学力が高かった。さらに、親子関係を、「共有型しつけ」と「強制型しつけ」に分類して調査がなされた。

前者は、ふれあいを大切に子どもと楽しい経験を共有する。後者は、子どもを
しつけるのは親の役目とばかりに、力でしつけるやり方だ。共有型しつけでは、
子ども自身に考える余地を与えるような共感的で援助的なサポートが多用され
るため、子どもは主体的で、自律的・自立的に考えて行動することが多かった。
一方、強制型しつけでは、子どもに考える余地を与えず、指示的で過度に介入
し、勝ち負けの言葉が多いため、子どもはおどおどと指示を待ち、顔色を見な
がら行動することが観察された。そして共有型しつけでは、語彙能力や読み書
き能力のリテラシーが高く、強制型しつけでは低かった。さらに、成人2000
名を対象とした調査では、受験偏差値68以上の大学を卒業して医師国家試験
等難関試験を突破した人々は、子ども時代に思いっきり遊び、共有型しつけを
受けた場合が多かったことが明らかになっている（内田，2014）。

　このように、乳幼児期のしつけが大人になるまで学力に影響を与える理由に
ついて、内田は子どもの自発性・内発性が大事にされ、共感されることによっ
て、子どもの心に、自信や挑戦する力が育ったからであると結論づけている。

第2節　保育の場でカウンセラーがめざすもの

　保育園や幼稚園で、カウンセラーは本質的には何をめざして活動するのだろ
うか。子どもだけを見るのではなく、子どもと保育者との関係性にも着目し、保
育者と協力しながら、育らの「場」を調整することが、より一層求められている。

●子どもたちの安定した表情と笑顔

エピソード　発達に遅れのあるユカ（年長女児）――「できた！」のある毎日

　年長組では、自由遊びの時間が終わり、お片づけの時間になった。チナツ先生
が子どもたちに明るく声をかけた。「お部屋の乱れは？」――すると子どもたち
が一斉に声を揃えて「心の乱れ！」と応え、めいめいに床に散らばったおもちゃ

やゴミを拾い始めた。スピーディーにゴミを拾う子どもたちもたくさんいるなかで、もともと手先が不器用で集団から遅れがちなユカも、生き生きとした顔で床をぴょんぴょん跳ねながら、ひとつふたつとごみを拾って捨てていた。

一人ひとりがのびのびと力を発揮できる保育

集団をまとめ、思いどおりに子どもを動かすことだけを優先するなら、「10数えるよ」とカウントダウンし、「誰がたくさん拾うかな」と競争原理を導入してしまいそうな場面である。これが行き過ぎると、できる子どもにとっては達成体験になる一方で、人と比べて劣等感を抱えてしまう子どもも出てくるだろう。年長にもなると、子どもは大人の顔色を読んで合わせることができるので、子どもたち同士が、弱い子やできない子を睨み、皆でカウントダウンし始めることもある。実際、保育者同士が子どもの前でその「できなさ・ダメさ加減」を話したり、「そういうことするんだ」と間違いをあざ笑ったりする場面に出くわし、胸が痛くなったこともある。

カウンセラーは、子どもたちの表情が良くないときは、保育者と話し合い、その苦労を労いながら、チナツ先生のような実践を具体的に提案できるとよい。チナツ先生の声がけは明るく楽しい。誰を比べることもなく、一人ひとりの子どもが、その力量に応じて活躍できるような仕掛けになっている。ユカは、皆と一緒に活動する楽しさや、集団に貢献することの喜びを安心して学ぶことができたことだろう。園では、一人ひとりの子どもたちが安定した表情と笑顔で生き生きと過ごすことが、何よりも重要だ。

保育者の持ち味の尊重とバランス調整

かつて、「学校すき焼き論」というユニークな説を聞いたことがある。すなわち、すき焼きは、肉だけではおいしくない。白菜だけというのもあり得ない。肉も野菜もあって初めておいしいすき焼きになる。それと同じように、学校の教職員も、それぞれの持ち味を生かして多様性を認め合う集団であることが、子どもにとって豊かな環境となる。保育の場においても同様に、保育者は、自

第1章　保育の場でカウンセラーは何をするのか

然体で自分らしく持ち味を生かすのがよい。そのためにカウンセラーは、保育者一人ひとりの持ち味を認め、尊重する姿勢をもつことが大前提である。その上で、保育者が、自身の思いを子どもに押しつけたり、「力をつける」ことを優先した「させる」保育に傾きそうなときには、子どもの心の傷つきを防ぎ、子どもと保育者双方の笑顔が輝く「場」を取り戻すカウンセラーによる介入が必要となる。

　保育の場では、カウンセラーは保育者とは専門性や視点は異なるが、対等な立場である。カウンセラーも、保育者に嫌われたり、雰囲気が悪くなったりするのは怖い。実際、保育者に意見をして、反発されたり、その後ずっと無視されたりすることもあり、心が折れそうになることもある。そのようなときは、保育者の保育態度を一方的に批判するのではなく、まずは子どもについて保育者に質問してみるとよい。そうすれば、保育者自身が子どもの成長や内面の困り感を生き生きと語ってくれる流れになり、カウンセラーの介入も受け入れてもらいやすくなる。カウンセラーは、謙虚に保育者の内面に思いを馳せ、また、自身の思いとその行動を振り返りながら、子どもにとって最善の道を心のなかで模索し続ける。「北風と太陽」の太陽のように、保育者の持ち味を認めながら、長期計画で、全体への講話など、根本的な理解共有の機会を模索する。このように、保育の場におけるカウンセラーは、まず自身の心を調整し、そのあり方が、「場」の調整へと広がるよう心を尽くす。

● 目には見えない強力スキル（メンタライジング）の浸透をめざして

エピソード　アヤ先生── 子どもの気持ちを受け止めてからの指導

　部屋で自由遊びの時間、アキ（年中女児）が部屋の隅にスタックされた椅子に登っていた。通常であれば、問答無用で「危ないから降りなさい」と言われるような状況である。部屋の向こう側にいたアヤ先生は、柔らかい表情で「どうしたのー？」とゆっくり静かにアキに近づくと、アキは斜め上を見上げた。そこにはエアコンのコントローラーがあった。「そっかー、暑かったのかな」とアヤ先生

21

が聞くと、アキはコクンとうなずいた。アヤ先生はアキの身体を片手でしっかり抱えながら、もう片方の手でエアコンを調整し、「危ないから次からは登らないで先生に言ってね」とアキを床に降ろした。アキは「はーい」と返事をし、はずむように遊びに戻って行った。

メンタライジングとは

　スタックされた椅子に登るのは危ない行為である。安全管理だけに注目したなら、アキをただ抱っこして降ろしたかもしれない。場合によっては、「危ないでしょ！」と理由も聞かず叱りつけたかもしれない。しかし、アヤ先生はそうしなかった。行動の理由に目を向け、小さな心の内にある願いを尋ね、それを叶えながら適切な行動を教えた。このように、主体性を認めてもらうことによって初めて、自分から進んで望ましい行動を取りたい気持ちが育つ。

　アヤ先生のような心の働かせ方を、「メンタライジング」と呼ぶ。メンタライジングとは、「自己と他者の精神状態に注意を向けること」（Allen et al., 2008/2014）とされる。たとえば、指示に従えない子どもがいたとき、「その行動にはわけがある」と考えて子どもの目線に立つことである。かつ、自身の心にも注意を向けて、「今イライラしている」「一方的になっていないだろうか」と振り返ることである。メンタライジングは、普段、誰もが意識せずにしていることではある。しかし、保育の場で関係性が悪化するのは、保育者がメンタライジングできなくなっているときであり、回復の鍵もまたそこにある。メンタライジングは、目には見えないが「心を育む」保育を実践するために欠かせない、本質的かつ強力なスキルであり、あえて意識することに意義がある。

　保育や教育の場では、外側から見た「目に見える」行動に関心が向けられやすい一方で、「子どもの内面」は案外と盲点になることがある。それに対して、カウンセラーは、保育の場にメンタライジングの浸透をめざす。カウンセリングの主な目標は特定の問題を解決することではなく、来談者がより問題解決能力に優れた人になれるよう助けることであり、そこにこそメンタライジングの出番がある（Allen, 2013/2017）。それと同様に、カウンセラーは、メンタライ

ジングを通して保育者自身の問題解決能力の高まりを支援する。子どもの行動のわけについて、願いや心情と発達関係性、行動、感覚、神経系などいくつもの観点（第3章参照）から保育者と話し合い、保育者自身の保育技術や経験、知恵を掘り起こし、時には具体的に手立てを助言する。それによって保育者の専門性が高まり、子どもの心がより良く育つようにすることが、保育現場でカウンセラーが果たすべき役割である。

情緒的交流の得手・不得手

「子どもの気持ちに寄りそう」「主体性を大切にする」などと言うと、「言いなりになるってことですか」「甘やかしでは」と反発されることがある。「現実はもっと厳しい」「世の中には理不尽なことも多いから免疫をつけてやらなければ」といった批判もある。しかし、理不尽な世の中を変える力を育てることこそが、私たちの未来への希望ではないだろうか。確かに成長するほどに、自分の気持ちを押さえて嫌なことをやらねばならない局面も出てくるだろう。そのようなとき、人に強いられて我慢することと自分で決めて我慢することは、意味がまったく異なる。後者のような主体性を育てるために、「自分の気持ち」を他者から大切にされ、自分でも大切にできるような心の基盤を培うことが幼少期には必要ではないだろうか。

人と人とが関わり合うとき、あえて単純化するなら、ふたつの水準で交流が展開している。ひとつは、「どうする、こうする」といった行動の水準、もうひとつは「どんな気持ち、こんな心情」といった内面や心情の水準である。後者の交流を、情緒的交流と言う。気持ちをありのまま認めることと、行動としてやりたいようにさせることは違う。「〜したいんだよね」と気持ちを認めつつ「〜しようね」と行動を促すことを甘やかしとは言わない。

世の中には、情緒的交流の不得手な人がいる。たとえば、自分自身がとても厳しい養育環境で、気持ちをあまり認めてもらえずに育ってきたとする。自分が我慢してきたことを、他者が平気でやるのを見るのは、心理的に耐えがたい。そこで、他者のことも押さえつけようとする。そのような人にとっても、メン

タライジングは、学習することが可能な「スキル」である（COLUMN「タヴィストック乳幼児観察を通しての学び」pp.84-85 参照）。それは、他者への共感だけでなく、自分の気持ちを大切にすることを教えてくれる。

インクルーシブな保育に向けて

カウンセリングにおける癒やしのメカニズムの本質とは、自己内で葛藤したり滞ったりしているコミュニケーションを良くするところにある。同様に、カウンセラーが保育の場にも、互いの理解を深めつつ折り合いをつけていくといった、豊かに関係し合う文化を伝えることができれば、心を育みながら力をつける保育が広がるだろう。社会全体でより良い未来を担う子どもを育てるためには、職種を超えてカウンセラーも保育の現場でその一翼を担う責任がある。

ことに近年ではインクルーシブ保育への社会的要請が高まっている。浜谷（2018）によれば、現在保育の場で浸透しているような、障害特性に応じて配慮することによって保育者が提示した保育の枠組みに子どもたちを上手に入れようとする保育は、過去の統合保育の発想にすぎず、子どもたちを同質にすることに価値を置く点でインクルーシブ保育とは言えない。これからのインクルーシブ保育では、子どもの多様性を、臨機応変に日々の活動に生かしていくことが求められている。しかしそのためには、保育者自身の保育の筋書きを押し通すのでなく、子どもの主体的な動きを柔軟に取り入れながら保育を展開することが求められる。これはたやすいことではなく、保育の高度な力量がますます求められていると言える。そのためにはまず、保育者が子ども一人ひとりの思いや願いに「気づく」と同時に、自分自身の思いや願いにも「気づき」、それらを保育の筋としてその都度まとめ上げていくような心の働かせ方を身につけることが、実践の基礎となるだろう。カウンセラーは保育者と協働しながら、子どもとの生き生きとしたやりとりが響き合う保育を力強く後押ししていきたい。

第 1 章　保育の場でカウンセラーは何をするのか

| COLUMN | 保育カウンセリング　全国の先駆的な取り組み |

　「保育カウンセリング」は同一のカウンセラーが定期的に園を訪れ、継続的に心理サービスを提供するという特徴をもつ。しかし、組織的に「保育カウンセリング」を導入している地域はそれほど多く報告されてはいない。そのようななかで、先駆的に「保育カウンセリング」を事業として展開し、現在も継続しているふたつの取り組みを紹介する。

　「日野市保育カウンセラー制度」は、文部科学省の調査研究の一環として、2005 年から公立幼稚園 2 園にカウンセラーが導入されるところから始まった。「公立幼稚園に臨床心理士の資格をもつカウンセラーが配置されたのはわが国では日野市が最初」（坂上，2015）である。研究事業終了後は市の独自事業として引き継がれ、現在は「日野市保育カウンセラー制度」として確立している。日野市は希望する私立幼稚園にもカウンセラーを配置しており、「行政の縦割りを超えた画期的な事業」と坂上（2015）は特徴づけている。

　「キンダーカウンセラー（KC）派遣事業」は、大阪、京都、兵庫で私立幼稚園連盟と臨床心理士会とが協働して展開している事業であり、大阪は 2003 年、京都は 2009 年、兵庫は 2018 年から事業が開始され現在まで継続している。各園と KC は雇用契約を結び、「専属カウンセラー」（原口ほか，2018）として定期的に園を訪れ、保育コンサルテーションをはじめとする活動を行う。私立幼稚園それぞれの独自性を理解した上で園のニーズに合わせた活動展開をしながら、両者の信頼関係のもとで事業が定着している。

　このような取り組みを各地に広げていくためには、長年事業継続している背景にある、「保育の現場におけるカウンセラーの専門性とは何か」ということを明確にしていくことが、今後、私たち実践者には求められている。

● 文献

原口喜充・馬見塚珠生・矢本洋子（2018）「キンダーカウンセラーの可能性――"専属性"の観点から見る園への根付き方」日本心理臨床学会第 37 回大会発表論文集、p.410

坂上頼子（2015）「保育カウンセリングの実際」滝口俊子編著『子育て支援のための保育カウンセリング』ミネルヴァ書房

COLUMN 　富山県の「ハートフル保育カウンセラー派遣事業」の取り組み

「モデル事業」から「委託事業」にバージョンアップ

　富山県臨床心理士会（現公認心理師協会）は小規模所帯でありながらも設立以来、専門性を生かした各種の子育て支援活動を地道に展開していた。地域の土壌に根づいた麦の芽に呼応するかのように、2010年に「ハートフル保育専門アドバイザー派遣モデル事業」を、「富山県児童青年家庭課（当時）」から委託された。カウンセラー（臨床心理士等）が、派遣を希望した保育所に複数回訪問して、対応に悩む子どもの支援方法について、保育者に専門的助言を行うというものである。子育て支援・福祉担当理事らが中心になって参加者を募り、「保育者の子どもへの対応力の向上」をめざすことになった。現場で子どもと保育者との関わり合いの実際を丁寧に観察した上での話し合いには、「保育者の悩みや思いが引き出され、適切な助言が得られた」「子どもへの視野が広がり、対応力を学ぶことができた」「日々の小さな成長を大切にしながら子どもたちを伸ばしていきたい気持ちが湧き上がってきた」など、高い評価の声が寄せられた。2017年には、モデル事業の枠が外れ、「ハートフル保育カウンセラー派遣事業」と改名。さらに派遣先として、保育所だけではなく放課後児童クラブにも重きが置かれ、乳幼児期から学童期の子どもたちが広く対象となった。

県委託事業の意義と展望

　心理士は、さまざまな臨床現場で悩み苦しんでいる人々と関わりながら、「もっと人生の早い時期に何かできていたなら……」と、人の育ちの早期への支援の必要性を痛感していたので、本事業の委託は、千歳一遇のチャンスと捉えられた。その後2017年に厚生労働省告示の保育所保育指針で、「保育所は子どもが生涯にわたる人間形成の場」と位置づけられた。画期的な本事業の立ち上げに尽力いただいた富山県担当課に深く敬意を表したい。現在は県内43か所の施設に20名の心理士が訪問している。1995年に始まったスクールカウンセラーが今や全国津々浦々の小中学校に配置されているように、乳幼児の育ちの場におけるカウンセラーの配置も子どもたちの未来のために確かなものとして定着していくことを願っている。

第2章

これだけは知っておきたい
保育領域の基礎知識

第1節　保育領域を知る

　『人生に必要な知恵はすべて幼稚園の砂場で学んだ』とはアメリカの文筆家であるロバート・フルガムの著書の有名なタイトルだが、保育所や幼稚園をはじめとする保育の場で子どもたちは何をどのように学んでいるのか、保育の場を訪れるカウンセラーは知っておく必要がある。本節では、保育の基本について解説する。

● 保育を支えるもの──「保育所保育指針」「幼稚園教育指導要領」「幼保連携型認定こども園教育・保育要領」

　保育とは、保育所保育指針によれば、「養護」と「教育」が一体となった営みのことを言い、「養護」とは、「子どもの生命の保持及び情緒の安定」を図るための援助や関わりのことを言う。そして、保育に際しては、子どもの最善の利益が考慮されなければならない。

　それでは、こうした保育が行われる場にはどのようなものがあるのだろうか。一般的に保育と言うと、保育所における保育を思い浮かべる人が多いのではないだろうか。しかし、就学前の子どもたちが育つ場は保育所だけではない。幼稚園や認定こども園なども同じく就学前の子どもたちが育つ場である。このう

27

ち、保育所は児童福祉法に基づく施設で厚生労働省の管轄である。また幼稚園は教育基本法に基づく幼児教育施設であり、文部科学省の管轄である。そして、この３つの施設のなかでもっとも歴史の浅い認定こども園は、認定こども園法（就学前の子どもに関する教育、保育等の総合的な提供の推進に関する法律）に基づいて設置された施設であり、内閣府の管轄である（なお、認定こども園は幼保連携型、幼稚園型、保育所型、地方裁量型の４つのタイプに分かれており、幼保連携型はもっとも多くの基準を満たしている園である。本節では、幼保連携型認定こども園を中心に取り上げていく）。

●保育の５領域と３つの柱、10 の姿

保育の５領域

　保育を学ぶ上で知っておく必要があるのが保育の５領域である。５領域とは、「健康」「人間関係」「環境」「言葉」「表現」のことを言う。学校教育では「国語」や「算数」といった教科教育が行われているため、教科ごとに子どもたちの学びについて考えていくが、幼児教育ではこれら５領域の視点から子どもたちの育ちや学びについて、保育者は短期的・長期的なねらいをもって日々の保育や幼児教育の活動内容を考えていく。５領域は、幼稚園・保育所・認定こども園に共通の視点となっているが、内容についてはすべてに共通しているものもあれば、保育所と幼稚園、認定こども園とでそれぞれの性質から若干、異なるものもある。ここでは３歳未満児も対象に含む保育所保育指針を例に取り、保育の５領域の基礎について解説する。

　表2-1 は１歳児以上３歳未満児の保育の５領域について、そのねらいをまとめたものである。５領域にはさらに、それぞれのねらいに基づいた保育内容が設定されており、「人間関係」であれば、表2-2 のような６つの内容が設定されている。

　３歳以上児についても、それぞれの領域において同様に「保育のねらい及び内容」が設定されており、保育者はこれらの「保育のねらい及び内容」に基づ

第 2 章　これだけは知っておきたい保育領域の基礎知識

表 2-1　保育 5 領域とそのねらい──1 歳児以上 3 歳未満児（「保育所保育指針」より筆者作成）

ア　健康
健康な心と体を育て、自ら健康で安全な生活をつくり出す力を養う。
（ア）ねらい
①　明るく伸び伸びと生活し、自分から体を動かすことを楽しむ。
②　自分の体を十分に動かし、さまざまな動きをしようとする。
③　健康、安全な生活に必要な習慣に気づき、自分でしてみようとする気持ちが育つ。
イ　人間関係
他の人々と親しみ、支え合って生活するために、自立心を育て、人と関わる力を養う。
（ア）ねらい
①　保育所での生活を楽しみ、身近な人と関わる心地よさを感じる。
②　周囲の子ども等への興味や関心が高まり、関わりをもとうとする。
③　保育所の生活の仕方に慣れ、きまりの大切さに気づく。
ウ　環境
周囲のさまざまな環境に好奇心や探究心をもって関わり、それらを生活に取り入れていこうとする力を養う。
（ア）ねらい
①　身近な環境に親しみ、触れ合うなかで、さまざまなものに興味や関心をもつ。
②　さまざまなものに関わるなかで、発見を楽しんだり、考えたりしようとする。
③　見る、聞く、触るなどの経験を通して、感覚の働きを豊かにする。
エ　言葉
経験したことや考えたことなどを自分なりの言葉で表現し、相手の話す言葉を聞こうとする意欲や態度を育て、言葉に対する感覚や言葉で表現する力を養う。
（ア）ねらい
①　言葉遊びや言葉で表現する楽しさを感じる。
②　人の言葉や話などを聞き、自分でも思ったことを伝えようとする。
③　絵本や物語等に親しむとともに、言葉のやりとりを通じて身近な人と気持ちを通わせる。
オ　表現
感じたことや考えたことを自分なりに表現することを通して、豊かな感性や表現する力を養い、創造性を豊かにする。
（ア）ねらい
①　身体の諸感覚の経験を豊かにし、さまざまな感覚を味わう。
②　感じたことや考えたことなどを自分なりに表現しようとする。
③　生活や遊びのさまざまな体験を通して、イメージや感性が豊かになる。

表2-2　領域「人間関係」の保育内容 ── 1歳児以上3歳未満児（「保育所保育指針」より筆者作成）

①保育士等や周囲の子ども等との安定した関係のなかで、共に過ごす心地よさを感じる。
②保育士等の受容的・応答的な関わりのなかで、欲求を適切に満たし、安定感をもって
　過ごす。
③身の回りにさまざまな人がいることに気づき、徐々に他の子どもと関わりをもって遊ぶ。
④保育士等の仲立ちにより、他の子どもとの関わり方を少しずつ身につける。
⑤保育所の生活の仕方に慣れ、きまりがあることや、その大切さに気づく。
⑥生活や遊びのなかで、年長児や保育士等の真似をしたり、ごっこ遊びを楽しんだりする。

いた活動計画を立てる必要がある。たとえば、4歳児クラスで「秋の園外散歩」
活動を計画したとする。近隣の公園まで歩いて出かけて秋の自然を感じながら
体を思いきり動かして遊ぶ、という活動を考えたとき、5領域の視点から捉え
てみると、まず秋の自然を感じるということで「環境」、そして体を動かして
遊ぶということで「健康」のふたつの領域でのねらいが考えられる。しかし、
それだけでなく、出かける前に導入として、秋の自然をテーマとした絵本を読
み、道中や公園で拾い集めた落ち葉やドングリを園に持ち帰って工作を楽しむ
とすると、「言葉」や「表現」といった領域のねらいも加わる。さらに、遊び
や工作を通して友だちとの関わりに焦点を当てることで「人間関係」領域のね
らいを立てることもできる。また、もしもこの活動を3、4、5歳児の縦割り保
育で行った場合には、保育者はそれぞれの年齢に応じた保育計画とねらいを立
てるのである。

　このように5つの視点から保育活動を捉えることで、子どもたちの健やかな
成長に何が必要なのか、より多角的に重層的に捉えることができるのである。
保育の場におけるカウンセラーは、保育がこうした5領域という視点のもと、
それぞれのねらいに基づいて計画され展開していることを知っておきたい。

3つの柱と10の姿

　次に知っておきたいのが3つの柱（「育みたい資質・能力」）と10の姿（「幼児期
の終わりまでに育ってほしい姿」）である。まず、3つの柱とは「知識及び技能の

第 2 章　これだけは知っておきたい保育領域の基礎知識

表 2-3　3 つの柱と 10 の姿

---

3 つの柱（育みたい資質・能力）

「知識及び技能の基礎」…子どもが「気づく」「できる」「わかる」など

「思考力、判断力、表現力等の基礎」…子どもが「工夫する」「試す」「考える」「表現する」など

「学びに向かう力、人間性等」…子どもが「意欲をもつ」「頑張る」「粘り強く取り組む」など

10 の姿（幼児期の終わりまでに育ってほしい姿）

• 健康な心と体
• 自立心
• 協同性
• 道徳性・規範意識の芽生え
• 社会生活との関わり
• 思考力の芽生え
• 自然との関わり・生命尊重
• 数量や図形、標識や文字などへの関心・感覚
• 言葉による伝え合い
• 豊かな感性と表現

基礎」「思考力、判断力、表現力等の基礎」「学びに向かう力、人間性等」という、私たちが生きていく上で必要な 3 つの資質や能力のことである。保育・幼児教育では、この 3 つの柱を保育の目標とし、前述の 5 領域の視点から日々の保育の「ねらい」を立てて活動を実践している。そして、この「ねらい」を具体的に表したものが「幼児期の終わりまでに育ってほしい姿」である。（表2-3）

　保育・幼児教育で言う「ねらい」とは、決して達成しなければならないものではない。ともすると保育者自身も「ねらい」を立てるにあたって、学習目標のように「できるようになること」や「達成すること」をゴールとしてしまいがちである。だが、保育・幼児教育においては、「ねらい」を達成することが重要なのではなく、子どもたちに「このような経験をしてほしい」「このような力を身につけてほしい・育んでほしい」ということが大切なのであり、保育

31

の「ねらい」とは、いわば保育者の「ねがい」なのである。大切なのは「ねらい」を達成することそのものではなく、「何をどのように経験し、そのプロセスから何を得たのか」である。そのプロセスに保育者の「ねがい」が詰まっているのである。

重要な5つの視点＝「重要項目（プラス5）」

もうひとつ、改定（改訂）指針・要領で重要な5つの視点として無藤（2018）が挙げているのが「重要項目（プラス5）」と呼ばれるものである。5つの重要項目とは、「乳児保育」「特別支援教育」「小学校への接続」「子育て支援」、最後にまとめとしての「今後の幼児教育とは」である。いずれも保育を考える上で重要な視点であり、個と集団の育ちや、より専門的な支援や配慮を要するものも含まれている。保育の場でカウンセラーが助言を求められる対象の子どもの課題が、このなかに該当する場合も少なくないだろう。

年少児であれば園のなかでの対応に迷いはなくても、就学を目前に控えた年長児となると、就学後を見据えたときに、果たしてこの子どもの抱えている課題はこのままでよいのだろうか、自分たちはもっと何かしなければいけないのではないか、と不安や焦りを覚える保育者もいる。

カウンセラーは、保育者のそうした思いを汲み取りながら保育のねらいや10の姿に関連づけるかたちで見立てを伝えていくと、保育者にとっても明日の保育につなげていきやすいだろう。

第2節　保育者の専門性を知る

異なる専門職同士がスムーズに連携・協働していく上で、互いの専門性を知り尊重し合うことは大切である。本節では、保育の担い手である保育者の専門性について理解を深め、保育の場における保育者とカウンセラーの連携のあり方について考える。

第2章　これだけは知っておきたい保育領域の基礎知識

●改めて「保育」とは何か

保育所保育指針に見る「保育」

　ここで改めて「保育」とは何かということについて、保育所保育指針をもとに考えてみたい。保育所保育指針には、保育所における保育は「子どもが現在を最も良く生き、望ましい未来をつくり出す力の基礎を培う」ことを目標とし、「養護及び教育を一体的に行うこと」と明記されている。そして、先述のとおり保育における養護とは、子どもの「生命の保持及び情緒の安定」であると定義されている。実際、児童虐待等、不安定で不適切な環境で育った子どもたちの成長は、心身共に著しく阻害されることがわかっている。このことからも、「生命の保持」と「情緒の安定」は相互に深く関わり合っていると言えよう。

　子どもの健やかな成長のためには、安定した環境のもと、安心感をもって過ごすこと、そして「一人一人の子どもが、周囲から主体として受け止められ、主体として育ち、自分を肯定する気持ちが育まれていく」（保育所保育指針）ことが重要である。日本の「近代幼児教育の父」と呼ばれた倉橋惣三は、子どもを「自ら」育つ存在であるとし、幼児期は保護して教育するから「保育」でなければならないと語っている。「養護」と「教育」とは常に一体となって展開されていくことが大切なのである。

保育者に求められる知識と技術

　一般に、保育士と言うと保育所で働く保育士をイメージする人が多いだろう。しかし、実際には「保育」の専門職である「保育士」が働く現場は、保育所のみならず、乳児院や児童養護施設、障害児対象の施設などの児童福祉施設や地域の児童館などの児童厚生施設など、実に多種多様である。

　また保育士ではなく保育者と言う場合、広く乳幼児期の子どもたちの育ちに関わる者たちを指すため、幼稚園教諭や認定こども園の保育教諭（保育教諭は資格・免許の名称ではなく、幼保連携型認定こども園で保育にあたる職員の総称であり、施設により違う呼称を用いる場合もある）なども含まれる。

それでは保育者に求められる専門的な知識と技術とは何だろうか。ここでは国家資格である保育士を例に取り上げる。保育士資格を取得するためには厚生労働大臣の指定する保育士を養成する学校等の指定保育士養成施設を卒業するか保育士試験に合格することが必要である。この保育士試験には筆記試験と実技試験があり、筆記試験では「保育の心理学」「保育原理」「子ども家庭福祉」「社会福祉」「教育原理」「社会的養護」「子どもの保健」「子どもの食と栄養」といった科目について出題され、実技試験では「音楽」「造形」「言葉」に関する技術と応用力が試される。このことからも、保育には実に多岐にわたる専門的な知識と技術が必要であることがわかる。

保育者の専門性と子育て支援

児童福祉法第18条の4において、保育士は次のように定義されている。「保育士とは、第18条の18第1項の登録を受け、保育士の名称を用いて、専門的知識及び技術をもつて、児童の保育及び児童の保護者に対する保育に関する指導を行うことを業とする者をいう」

表2-4　保育所保育指針に見る子育て支援

1　保育所における子育て支援に関する基本的事項 （1）保育所の特性を生かした子育て支援 ア　保護者に対する子育て支援を行う際には、各地域や家庭の実態等を踏まえるとともに、<u>保護者の気持ちを受け止め、相互の信頼関係を基本に、保護者の自己決定を尊重</u>すること。 イ　<u>保育及び子育てに関する知識や技術など、保育士等の専門性</u>や、子どもが常に存在する環境など、保育所の特性を生かし、<u>保護者が子どもの成長に気付き子育ての喜びを感じられるように</u>努めること。 （2）子育て支援に関して留意すべき事項 ア　<u>保護者に対する子育て支援における地域の関係機関等との連携及び協働</u>を図り、保育所全体の体制構築に努めること。 イ　子どもの利益に反しない限りにおいて、<u>保護者や子どものプライバシーを保護</u>し、知り得た事柄の秘密を保持すること。

＊文中の下線は筆者による

第2章　これだけは知っておきたい保育領域の基礎知識

　つまり、保育士にとっての業務は、「児童の保育」だけでなく「保護者に対する保育指導」も重要な業務のひとつなのである。さらに、保育所保育指針の第4章には「子育て支援」について書かれた文章があり（表2-4）、それによると、保育士は、保育所に通う子どもの保護者だけでなく地域の保護者にも、保育所の特性を生かし子育て支援をすることが求められているのである。

　支援を必要とする子どもや家庭のなかには、子ども自身に何か課題がある場合もあれば、保護者や家庭が複雑で深刻な課題を抱えている場合もある。児童虐待のように、園だけでは対応が難しく、地域の関係機関との連携や協働が必要な場合もある。たとえ、園が主となって対応することがなくても、対象となる子どもや家庭にとってどのような支援が必要なのか、他機関への連携・応援を要請するための判断を園が行う場合もある。したがって、対象となる子どもや家庭に対して必要な支援を行うためには、保育者は、保育との関連においてソーシャルワーク（社会福祉援助技術）に関する基礎的な知識や技術を身につけておくことも必要である。これはカウンセラーにとっても同様であり、保育の場においてどのような支援が必要なのかということを起点に、カウンセリングやソーシャルワークなど複合的な視点をもつことや多職種連携へとつないでいくことなども心にとめておく必要がある。

●保育者を支援するということ

　巡回相談などで保育現場に訪れているカウンセラーから、筆者は次のような悩みを相談されることがよくある。「子どもの見立てはできるのだが、それを伝えても保育者がしっくりこない表情をしている」「『カウンセラーさんの言うとおりかもしれないが、その子にばかりついていられない』と言われてしまった」「『言っていることはわかるが、それを保育の活動にどう生かしたらいいですか』と質問されて困ってしまった」

　対象となる子どもの見立てができていても、それが保育の場で実際に生かされなければこれほど残念なことはない。保育の場でカウンセラーが保育者の力

35

となり、その力を明日の保育へとつなげていくためにはどのような支援を行っていったらよいのだろうか。保育者とカウンセラーが連携していく上で重要なこの問いかけについて考えるため、ここで日常の保育場面と地域子育て支援場面を例に、保育者がその専門性を実際にどのように保育や相談支援に生かしているのかについて見ていく。

● 日常の保育場面における保育者支援の実際

エピソード　ヨウスケ（5歳男児）──ぼくの好きなこと①

　ヨウスケの通うひまわり保育園では毎年2月に家族や地域の人を招待して発表会を行っている。ヨウスケが在籍する5歳児クラスでは毎年昔話を題材とした劇を上演しており、今年の演目は「浦島太郎」である。ヨウスケの役は竜宮城で踊る魚だったが、担任保育士は頭を抱えていた。ヨウスケはASD（自閉症スペクトラム）と診断されており、自分が興味のあることには集中してよく取り組むが興味のないことには手を出そうとせず、特に皆で一緒に同じことをするのは苦手だった。春の運動会でも秋の音楽会でもなかなか練習に参加してくれず大いに苦労していた。今回もほかの園児たちが張り切って練習に取り組むなか、ひとり持ち場から離れて好きな粘土作りに行ってしまうために劇が進まず、注意すると部屋を飛び出してしまうため、担任も他児たちも困り果てていた。

　ちょうどカウンセラーが巡回に来たのでヨウスケについて相談してみたところ、カウンセラーはヨウスケの様子を観察した後、「ヨウスケのような障がい特性のある子はもともと一斉に何かをするのが苦手なところがあるので、やはり本人の興味・関心を尊重した活動をするのがいいと思います」と伝えた。

　それを聞いた担任保育士は「それはわかっています。普段の保育ではなるべくヨウスケの意思を尊重しています。でも保育園生活最後の発表会なんです。お客さんもたくさん来ます。親御さんだって、全然劇に参加しようとしない我が子を見たら悲しむでしょう？　だから困っているのです」と訴えた。

第2章　これだけは知っておきたい保育領域の基礎知識

保育者の視点とカウンセラーの視点

　ヨウスケのエピソードでまず考えなければならないのは保育者の視点とカウンセラーの視点の違いについてである。どちらも子どものことを大事に考えているわけだが、保育者の場合、クラスという集団全体のことも考えなければならない。また発表会という行事の意味を考えたとき、個と集団の双方を見ながら保育活動を成立させていく必要がある。一方、カウンセラーの場合は対象となる子どものことを中心に考えるため、他児のことには思いが及んでも、保育活動全体のことには思いが及ばないことがある。したがって保育者を支援するためには、個と集団と保育全体を見ながら対応していく必要がある。

　担任の訴えを受けて、カウンセラーは改めて発表会という行事を通して「子どもたちの生き生きとした姿を保護者や地域の人に伝えたい」「子どもたちの自信にもつなげたい」という園や保育者が大切にしたいという思いを聴き、なんとかヨウスケの特性を生かすことはできないか一緒に考えた。

エピソード　ヨウスケ（5歳男児）──ぼくの好きなこと②

　発表会当日、ヨウスケの姿は踊る魚たちのなかにはなかった。代わりにエビのお面をつけて竜宮城の一角でカラフルな粘土でごちそうを作る姿があった。そこに浦島太郎を連れて乙姫がやって来て言った。「このエビは竜宮城一のごちそう作りの名人です」「なんとこれは見たこともないおいしそうなごちそうだ」すると、ヨウスケは粘土で作ったお団子を高々と掲げてこう言った。「おいしいよ」──それは台本にはないコウスケ自身の言葉だった。

●地域子育て支援の実際

エピソード　トモヤ（2歳男児、地域在住）──好き嫌いが多くて①

　トモヤはたんぽぽ保育園の地域向けの園庭開放の日に母親とよく遊びに来る地域在住の2歳男児である。ある日、地域担当の保育者にトモヤの母親からこんな相談があった。「うちの子、好き嫌いが多くて本当に困ってしまって。2歳になっ

37

てからは、イヤイヤ期なのか、ますます言うことをきかなくなって、注意すると
かんしゃくを起こすのでもう大変で」

　母親の話によると、トモヤは野菜全般、特にトマトが大嫌いで、ほかにシイタ
ケも口をつぐんで絶対に食べないのだという。そのことで、母親は実家のトモヤ
の祖母に、「お前が甘やかすから、好き嫌いをする子に育ったのだ」と叱られた
のだという。そのことでイライラしてしまい、先日、いつものように野菜だけ残
し、それを注意した母親に向かって「ヤダー！」と叫んだトモヤの頭をついカッ
となってたたいてしまったのだという。

保護者の思いに寄り添うということ

　保育所は在園児にとって家庭に代わり日常を送る大切な生活の場であり、地
域の子育て家庭にとっては身近な子育て支援の拠点である。そして、身近な子
育て支援の拠点であるからこそ、そこに寄せられる子育ての悩みは内容も程度
も多種多様で、保護者のさまざまな思いにあふれている。

　トモヤのエピソードは、生命に関わるような緊急性の高い深刻な問題ではな
く、よくある子育てにまつわる悩みである。おそらく、食べ物の好き嫌いのこ
とだけを理由に小児科を受診する保護者はいないだろう。しかし、だからこそ
こうした日常の悩みを保護者は胸の内に抱え込んでしまいがちである。そうし
て抱え込んだ悩みは、一つひとつは些細なことであっても、いつしか大きな苦
しみの塊となり、次第に保護者の気持ちを追い詰めていくのである。実際にト
モヤの母親も、トモヤの祖母である実母に否定されたことをきっかけにイライ
ラが募り、ついには息子をたたいてしまっている。

　保育者は、子どもにとってどのような対応や支援が望ましいのかを最優先に
考えながらも、同時に保護者の思いにも寄り添って支援する必要がある。

第2章　これだけは知っておきたい保育領域の基礎知識

エピソード　トモヤ（2歳男児、地域在住）──好き嫌いが多くて②

　母親の話を聴いた保育者は、母親の日頃の苦労を労った上で、成長の過程で自己主張が激しい2歳児の発達全般について、園の2歳児の様子をエピソードを交えて伝えた。その上で、園が季節ごとに行っているランチ会に母子を誘った。今回のランチ会は秋の味覚を楽しもうということで、サンマやナス、シイタケなどを園庭で焼いて在園児も一緒に食べることになっていた。トモヤの大嫌いなシイタケがあるため母親は当初迷っていたが、思いきって参加することにした。

　当日、園庭で開かれたランチ会で、網の上で次々に焼かれていく秋の味覚を遠くから見ていたトモヤだったが、在園児のひとりがバター醤油で焼いたシイタケを食べた後、「やっぱりシイタケはバター醤油でじゅっと焼くのが一番」とにっこり笑って言ったのを聞いて、恐る恐る焼きシイタケを口にした。次の瞬間、笑顔になったトモヤに、それを見ていた在園児が「ねー、おいしいでしょ？」と声をかけた。その後、あまり好きではなかった魚（サンマ）もパクパクと食べたトモヤは、帰宅後、母親に「秋はやっぱり焼きサンマだね」と年長児が言っていた言葉を真似して満足げに言ったのだと、笑いながら母親は保育者に教えてくれた。

日々の保育を支援に生かす

　母親から相談を受けた保育者は、母親の思いに寄り添いながら、2歳児全般の発達の様子について園という保育の場を例に挙げながら伝えている。さらに園でのランチ会という活動の機会を使っての支援を試みている。母親にとって、日頃、遊びに来ている園で我が子のことをよく知っている保育者から語られた内容は、身近で自然に心に届いたことだろう。また、ランチ会でのシイタケのエピソードは、大人ではなく子どもからの働きかけによるもので、子ども同士の交流が生んだ子ども主体の物語がそこにある。

●保育者の専門性に沿った支援のあり方とは何か

　これまでにも述べてきたように、保育とは子どもたちにとって日常生活の一

部である。そして、日常の生活を支えるとき、保育者の専門性は大きな力を発揮する。子どもたちが共に過ごす保育の場において展開する多種多様な経験は、子どもたちの個の成長を支えると同時に集団全体の成長を支える力となる。保育者は、子どもたちの幸福と豊かな成長への願いを保育のねらいに込めて日々の保育に臨んでいる。それが保育者の専門性である。

　カウンセラーは、保育者の専門性と保育の場がもつ力が対象児や家庭にもたらすものの意味をわかりやすい言葉で保育者に伝えることで、保育者をエンパワーメントしていくことができるだろう。

第3章

明日からの実践に「使える」理論

第1節　関係性を見立てて生かす——保育現場の精神分析

　人は関係性のなかに生まれ、生きる。保育の場においても、子どもはさまざまな関係性のなかで育つ。関係性の「質」を見立て、介入につなげるためには、精神分析の理論が役に立つ。精神分析の理論は保育現場でどのように「使う」ことができるだろうか。

●愛着と世代間伝達

エピソード　お迎えのときの子どもたち

　ある日のお迎えの場面。

　サツキ（年少女児）は、お迎えのパパの姿を見るとパッと笑顔になり、「さようならー」とにこにこ顔で保育士に手を振り、パパと手をつないでうれしそうに帰って行った。

　砂場で遊んでいたヒロ（年中男児）は、おばあちゃんが声をかけると顔を上げるが無表情で、すぐに下を向いて砂遊びを黙々と続ける。

　登園時に大暴れしてママと別れたユカリ（年中女児）は、迎えに来たママの顔を見たとたんに、顔をしかめて「いやだー」と走って逃げ回る。かなり怒ってい

41

るように見えるし、ママに追いかけてもらうのがうれしいようにも見える。

　同じく登園時に涙が止まらなかったレン（年少男児）は、迎えが来てもなかなか帰りたがらない。ママの手を離さず、園をひとしきり歩き回るのが日課のようになっている。ママは「もう帰るよ、置いていくよ」と毎日おどしたりなだめすかしたりしている。

保育場面と愛着

　朝の登園時と夕方の降園時の送迎場面における母と子の姿は、その母子の愛着の様相をもっともストレートに見せてくれる。愛着とは、養育者との間の強い情緒的絆のことである。エインズワースは母子の分離や再会場面における子どもたちの行動をもとに、愛着を3つのタイプに分類した[注]。サツキは「安定型」、ヒロは「回避型」、ユカリとレンは「アンビバレント型」にそれぞれ分けられる。

　　（注）後にメインにより4つ目のタイプである「無秩序型」が追加された。養育者に対
　　　　して接近しながら恐怖や怯えを示すなどの混乱した反応が特徴で、虐待との関連が指摘
　　　　されている。

安定型の愛着

　サツキは、入園当初の登園時には少しメソメソすることもあったが、すぐにそれはなくなり、昼間は園で楽しく過ごせるようになった。それでもお迎えの時にパパやママに会えるのは、格別うれしく安心な気持ちになるのだろう。再会時の笑顔は、養育者が心の安心基地（Allen, 2013/2017）として機能していることを物語っている。このように、安定型の子どもは、再会の際に素直に喜ぶのが特徴的だ。安定型の子どもは、自分自身で情動を調整する能力に優れ、自律性と関係性のバランスが取れている（上地, 2015）。つまり気持ちをゆったりと受け止め、調整してもらった経験が豊富であることがうかがわれる。

　安定型の子どもの養育者の態度は「敏感な応答性」という言葉に集約される（上地, 2015）。子どものシグナルへの応答が迅速で適切であり温かさや愛情も

含まれている。また、子どもがネガティブな情動を表出してもそれほど怯えずに対応することができ、行動には一貫性がある。

回避型の愛着

ヒロは、登園時、養育者との分離の際も淡々としており、すんなりと別れられる。回避型の子どもは、養育者と分離してもあまり不安になるようには見えず、再会しても養育者との接触を求めない。しかし心拍は変化するなど、生理的には動揺を示すとされる。

回避型の子どもの養育者の態度には、拒否的という特徴があり、子どもとの密な身体接触を嫌がり、内心子どもへの怒りやいら立ちを感じやすいのに、その表出を慢性的に抑制する傾向がある（上地，2015，Allen，2013/2017）。

アンビバレント（両価）型の愛着

ユカリは、気分にムラがあり、日中の活動の際も、保育者に激しく怒りをぶつけて自分の存在をアピールする。養育者との再会時には、すねて逃げ回ったり怒ったりして抵抗する。養育者に抱き上げられることを求めるが、その後に押しのけて逃れようとするといったアンビバレンス（両価性。対象に対して相反する感情や態度が同時にあること）がある（Allen，2013/2017）。

レンは、園ではお利口にしているが、家では片時もママの手を離さない。まるで見捨てられないよう監視しているかのようだ。降園時に帰ろうとしないのは、園にいる限りママが自分に関心を向けてくれるのがわかるからだろう。

アンビバレント型の子どもの養育者の態度は、応答性に一貫性がない。養育者自身が自分を価値あるものと確信できておらず、他者に愛情や承認を求めているため、不安が強く、自分の欲求や感情にとらわれがちである（上地，2015）

苦しい世代間伝達を手放していくために

子どもの愛着行動と、養育者の愛着スタイルとの一致度が高いことは、多くの研究で示されており、これを愛着の世代間伝達と言う。回避型やアンビバレ

ント型は、病的な愛着ではないが、必要なときに養育者を安心して使うことができないという点では、子どもにとっては苦しい適応様式であると言える。

　保育の場で、このような世代間伝達に対してできることは何であろうか。渡辺（2000）は世代間伝達の鎖を断つため「内省的自己を育むための援助」（Fonagy et al., 1992）を提言している。内省的自己とはメンタライジング（pp.22-23 参照）のことであり、それによって世代間の悪影響の反復から回復する力が発達するとされる（Fonagy et al., 1992）。

　保育の場でカウンセラーができることは、ひとつには、子どもの背景に、愛着の世代間伝達があることを見立て、保育者たちと共有し、保育方針を話し合うことである。もうひとつは、カウンセリング等を通して養育者を支えることである。ユカリの言動に手を焼いていた保育者たちであったが、背景を理解したことで、ユカリへの厳しい態度が緩和された。一貫した温かい態度で根気強く保育を続けることで、ユカリの心に安定した愛着を根づかせることが期待できる。一方、ヒロのような回避型愛着の子どもは、保育園でも手のかからないことが多く、母親にも困り感がないことが多い。そのため、在園時に支援の手が差し伸べられにくい。しかし、いずれ、その先の発達課題において困難に直面する可能性があるため、このような子どもたちを園でどのように見立て、早期から支援していくかが課題である。

●転移・逆転移と対象関係論

　エピソード　ヒトミ（年中女児）とマリ先生──「大嫌い」と言われて

　ヒトミは、先生を「大好き！」と言ったり「大嫌い！」と言ったり、振れ幅が大きい。特に今、サクラ先生には「大好き！」「見て見て！」とまとわりつく。以前はマリ先生に「大好き！」と言ってなついていたが、一度、マリ先生にお片づけの注意をされてからは「大嫌い！」になった。サクラ先生は「大好き！」と言われるので嫌な気持ちはしない。しかしマリ先生は、「大嫌い！」と叫ばれると、気まぐれなヒトミの言うことだと思いながらも、さすがに嫌な気持ちになる。いつか本当に、

第3章　明日からの実践に「使える」理論

マリ先生自身がヒトミを嫌いになってしまいそうで、とても困っている。

保育場面における転移

　保育園で子どもが保育者を「ママ」と呼び間違えることはよくある。小学校低学年までの子どもも、先生をそのように呼び間違えることが時々見られる。集団生活や新しい環境で不安な気持ちを抱く子どもは、保育者や担任に自然と母性的なイメージを重ね合わせるのであろう。

　カウンセリングにおいて、クライエントの過去の重要な他者に対する感情をカウンセラーに向けることを「転移」と呼ぶ。心のトラブルのなかの重要な部分が、カウンセラーとの関係に「転移」されていると理解できるのである（平井，2015）。この概念は、日常生活における人間関係に広げて捉えることができる。つまり、先生を「ママ」と呼ぶように、子どもにとっての重要な他者である母親像を先生に投げかけ、先生という媒体を通して母親との関係性をそこに再現するのである。これも広義の「転移」と呼ぶことができ、まさに、「子どもの生活は転移プロセスに充ち満ちている」（Meltzer，1967/2010）と言える。

　とりわけ、怒りや不安といったネガティブな感情を子どもがまっすぐに親に向けたとき、親が適切にそれを受け止めること（＝応答性）ができず、拒絶や動揺、反撃、無視などで返すことがある。そのようなとき、子どももそれに合わせて、わかってもらえるまで、より激しく怒りを表現したり、逆に親の機嫌を取ろうとしたりする。その表現様式がそのまま、保育者に対して映し出されるのである。あるいは、ネガティブな感情が危険なものであると経験した子どもは、その感情をなかったことにしようとする。しかし感情自体はなくならない。そこで、大切な親を攻撃できない代わりに、保育者に怒りを向けてしまうこともある。

　この仕組みがわかっていると、子どもへの対応が少し楽になるのではなかろうか。子どもから「大嫌い！」と言われ続けても、それは保育者個人への攻撃ではないかもしれない。それは、子どもが抱えている「この人は私のことを嫌いではないだろうか」「私を見捨てるのではなかろうか」といった不安や恐怖が投げかけられたものだと理解してみる。すると「大嫌い」の言葉は受け止め

45

づらいが、「大嫌い」に隠された、子ども自身のニーズや願いを少しは受け止めることはできる。本来なら、母親などの主たる養育者に向けるべき否定的な感情を、保育者に受け止めてもらった子どもは、保育者に理解されるという体験を通じて、自己理解の発達へと道筋が開かれる（Music, 2010/2016）。自分の心のなかに、自分や他者の心を考えるスペースが作られていくのである。

逆転移の活用

カウンセリングの場で、カウンセラーがクライエントに抱く感情や情緒を総称して「逆転移」と呼ぶが、日常の人間関係にまで拡大解釈をすると、投影を受けた人が相手に抱く感情となる（祖父江, 2015）。サクラ先生はヒトミから「大好き」と肯定的感情を向けられて、単純にうれしかったり、若い保育者として少し自信につながったりしたかもしれない。一方で、マリ先生は否定的な感情をぶつけられ、大変嫌な気持ちになり、自尊心も失いかけ、ヒトミのことが嫌いになりかけてしまった。しかしながら、マリ先生が感じた怒りや自己嫌悪、低い自尊心などの否定的情緒は、ヒトミ自身が日頃から抱えている強い感情であると捉え直してみることができる。このような理解の仕方を逆転移の活用と言う。これによって、保育者は、子どもとの関わりから生じる自分の気持ちを手がかりに、子どもの気持ちを推察してみることができる。

また、別の例で、園庭で遊ぶ子どもたちを観察しながら見守っていたカウンセラーに、ある子どもが近寄ってきて唐突に「ばか！」と言い放った。突然の予期せぬことで、カウンセラーは驚くと共に大変嫌な気持ちになった。しかし少し落ち着いて振り返ると、これこそが、この子どもが日頃、予期せぬことで突然攻撃され、嫌な気持ちになってしまうことの再現であると思われた。養育者との間で、子どもがそのような情緒を日頃体験していることを、逆転移を通じて理解できるのである。

保育場面と対象関係論

学校における教師−生徒関係には、しばしば生徒の心のなかにある対象関係

（自己、他者、および自他の関係性に関する内的なイメージのこと）が転移されるという（平井・上田, 2016）。保育場面においては、保育者がその対象になりうる。子どもは心のなかにある、養育者に対して抱いている不安や恐怖に満ちたイメージを、保育者に向けることがある。対象関係論とは、現実の対人関係ではなく、それを一人ひとりが内的世界としてどのように体験しているかといった、目に見えない関係性に着目するアプローチである。

　ヒトミのお母さんは女手ひとつでヒトミを育てているが、精神的に不安定なところがあり、ヒトミへの対応に一貫性が欠けてしまう。ヒトミは、時々自分にやさしくしてくれる「良い」お母さんと、日頃思いや願望を汲んでくれない「悪い」お母さんとを、心の奥底ではまったく別々のものとして体験している。同じお母さんだと思うと、理想のお母さん像が崩れてしまうからだ。このように、お母さん像を分けておくことは、もともと理想のお母さん像を守るための、幼く原始的な心の働きだが、分けてあるがゆえに、ちょっとしたことで理想が崩れる体験につながっている。ヒトミから見える世界は、「青空に一点染みがあるともう土砂降り」といった不安定なものなのだ。悪いと思っていたお母さんは、実は良いところも悪いところもある等身大の「ほど良い」お母さんだった、とヒトミのなかのお母さんのイメージが統合されていくことが、心の成長過程である。マリ先生がヒトミを本当に嫌いになってしまったら、マリ先生はヒトミのもつ幼い対象関係を現実世界で実現し、強化する手助けをしてしまうことになる。

　転移を受けた保育者は「自分がどのような気持ちになっているか考え続けることに徹し、それに動かされてしまわないように心がけることが大切」（平井, 2016）だと思われる。そうは言っても、子どもへの対応に理論武装する必要はない。空想や転移が飛び交っている色彩豊かな子どもたちの世界に、「今この子はどんな世界に生きているのか」（上田・森, 2019）と、想像力を携えて足を踏み入れさせてもらう心持ちで、大人は関わり続けていきたいものである。

COLUMN 安心感の輪

　ホフマンらによる「安心感の輪」子育てプログラムは、養育者を対象とした心理教育のプログラムであり、長年の愛着研究の成果をもとに作成されている。プログラムの核となる「安心感の輪」（図）は、子どもが親との間に安定した愛着を作るための見取り図である（安藤，2020）。子どもは、養育者が差し出してくれる両手を起点とした輪を常にめぐりながら、気持ちの安定を得て生活している。養育者が差し出す左手から始まる輪の上半分は、子どもの探索欲求を表している（右上図）。感情のコップ（心のエネルギー）が満ちているとき、子どもは上半分の探索に繰り出すが、その際、養育者の存在は子どもにとって「安心の基地」となる。このとき、子どもは養育者に対して、「見守っていてね」「大好きって見てて」といった見守りを期待し、それが満たされると安心して探索に打ち込むことができる。

　やがて感情のコップが枯渇してくると、子どもは養育者の右手が表す「安全な避難所」を求めて下半分の輪をたどる。このとき子どもは、「守ってね」「慰めてね」といったケアを必要としている。それが満たされると、子どもの感情のコップはまた満ちてきて、上半分の探索に戻っていく。

　たとえば、忙しい養育者は、子どもが遊び始めたとたん、子どもから目を離し、仕事やスマホのチェックに向かいたいかもしれない。しかし、子どもにとって遊びは全身全霊の学習活動であり、それに没頭できるためには、ふと振り返ったときに、ゆったりと見守ってくれている養育者の存在が必要だ（輪の上半分）。

　また、たとえば、園のお迎えのとき、子どもが親に抱っこをせがむかもしれない。それに対して親が、「自分の足があるでしょ！」と我が子を叱咤激励しながら、抱っこを拒否している姿を見かける。もしかしたら親は、自分の足でがんばって歩かせることが、可愛い我が子の自立につながると、心を鬼にしているかもしれない。しかし、「安心感の輪」で考えるなら、園での生活をがんばった子どもは、輪の下半分にいて、感情のコップは枯渇寸前であろう。親が笑顔で抱っこしてやれば、子どもの感情のコップはみるみる満ち足りて、「自分で歩く！」となるだろうから、無駄な戦いは互いのためにやめたほうがよい。

第 3 章　明日からの実践に「使える」理論

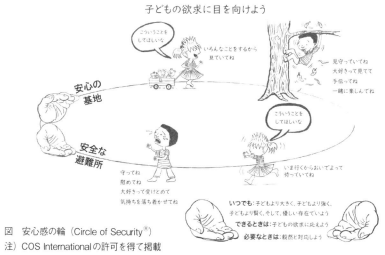

図　安心感の輪（Circle of Security®）
注）COS Internationalの許可を得て掲載
©2018 Circlre of Security International, Inc（北川・安藤・久保・岩本訳，2021）

　幼いほど、子どもは刻一刻と輪の上半分と下半分を行ったり来たりする。今は輪のどのあたりにいるのかと思いながら子どもの行動を見ると、その心理状態が手に取るようにわかるので対応に自信がもてる。子どもがわかりづらい行動を示している場合は、大人が適切に手を差し伸べていないことへの SOS なので、輪に書かれた欲求を満たすようにしていけば修復できる。
　大人になっても、安心感の輪は必要だが、手を差し伸べてくれる対象が変わったり、輪をめぐるスピードがゆっくりになったりすると思われる。
　親も人間であり、パーフェクトな人間などいないので、常に良い対応ができるわけではない。また、そうしなければダメというわけでもない。ただ、「安心感の輪」が教えてくれるような、子どもの気持ちが落ち着き安定する仕組みを知っておけば、子どもが輪から外れて暴れたりひねくれたりしているようなときであっても、それに対してどう手を差し伸べればよいかがわかる。安心感の輪は、子育てや保育の心強い味方である。

● 文献

安藤智子（2020）「『安心感の輪』子育てプログラムの紹介」子育て支援と心理臨床（19）pp.61-65

第2節 気になる行動、その成り立ちと変容
──応用行動分析

　カウンセラーとして保育の場に入ると、子どもが静かに待てない、部屋を飛び出す、じっと座っていられない、パニックを起こす、集団行動が取れない、などが気になるという相談を多く受ける。こうした子どもたちの「行動」に注目して、子どもが「できた！」と自信がもてるように支援する方法のひとつが「応用行動分析」である。ここではその考え方と実際の技術を伝えていこう。

●気になる子ども？　気になる行動をする子ども？

　エピソード　子どもたちが言うことを聞いてくれない──年少組担任レイコ先生の悩み

　年少組のレイコ先生からカウンセラーに相談があった。子どもたちが言うことを聞かないと言う。朝の会で、先生が「皆、ちゃんと席に座りますよ」と声をかけるのだが、子どもたちはなかなか座らないので、一人ひとりに声かけして座らせることになる。それで時間がとてもかかる。歌を歌うときには、「元気に歌ってね」と言うと、大声を張り上げてがなり立てる子がたくさん出てしまう。「静かにして」と言っても一向に収まらない。先生がお話を始めると、途中で割り込んでくる子がいるので、「今はお話をしっかり聞く時だよ！」と大きな声を出すと、「先生、嫌い！」と言って、飛び出していく。結局追いかける羽目になる。クラスに戻ると子どもたちは好き勝手に遊んでいる。「全然しつけられてない子たちが入園して来てて、困っています」とレイコ先生は言う。

気になるのは子どもではなく、「行動」

　子どもたちが保育者の指示に従わず思うように動いてくれないとき、しつけがなってないとか、ふざけて言うことを聞かないなど、その子どもの育ちや性格に問題があると見てしまうことがある。そうすると、保育のなかでどうして

いけばいいのかが見えにくくなり、また保育者が無力感や怒りを感じるなど感情的な反応をしてしまうことにもつながりやすい。

　エピソードに見られる子どもたちを理解していくとき、「行動」に注目していくと、「座らない子どもが問題」なのではなく、「座るという行動が取れないことが問題」なのだという視点に切り替えられる。「子どもが問題」だとする視点は、子どもの存在そのものを否定するような指導に陥る危険性が伴う。「そんな悪い子は誰ですか？」と言われると、子どもは自分が「悪い子」と見られていると感じる。そして自分は悪い子なんだと自己認知することにつながり、自己肯定感が低下する危険性もあるのだ。しかし、「高いところに登るのは危ないから先生は降りてほしい」と言うとどうなるだろう。高いところに登るという「行動」はいけない、けれど、それをしている子どもを否定はしていないわけである。「行動」には良い・悪いはある、しかし、子どもに良い子、悪い子はないのである。また、子どもを変えることは難しいけれど、「行動」は変えられるのである。こうした理由から、「気になるのは子どもではなく、行動」ということを心に刻んでおくことは、子どもと関わる大人がもつべき視点のひとつとして非常に有用だと言える。

行動は具体的に言われるとわかりやすい

　レイコ先生の子どもたちへの声かけをもう一度見てみよう。「ちゃんと座る」「元気に歌う」「静かにする」「しっかり聞く」。保育・教育現場ではよく聞く指示かもしれない。でも、たとえば「ちゃんと座る」と言われたら、どうすることが「ちゃんと座る」なのか、皆さんはイメージできるだろうか。「ちゃんと」の基準は人によって異なるだろう。レイコ先生のクラスの子どもたちにとってほど良く適切な「ちゃんと」があるはずである。それを、具体的に子どもたちに伝えることができれば、子どもたちはその指示に従いやすくなる。「自分のマークの付いた椅子が置いてあるよ。自分のマークの椅子を見つけて座ってください」「赤いテープが（床に）貼ってある所に皆集まって座ってください」など、具体的に何をするかを伝えるほうが、子どもたちは理解して自分から動

くことができるようになる。同じように、「元気に」歌うとはどのような歌い方なのか、どのように聞いたら「しっかり」聞くことになるのか、それぞれの子どもたちにちょうど良く適切な行動を、具体的に伝えていくと、子どもは何をしたらいいかがわかり、自分から行動し、自分でできたという達成感を得ることができる。結果としてその行動を身につけることができ、子どもの自信につながるのである。

　具体的な表現とは、その行動がなされたか、なされなかったかが誰が見ても判断できるような表現をするのである。基本的には「いつ、どこで、だれが、何を、なぜ、どのように」行動するかを表現することである。

●応用行動分析を保育に生かすために

エピソード　すぐにお友だちをたたいてしまうツヨシ（年中男児）

　ツヨシはブロック遊びをしていて取り合いになると、友だちをたたいて自分が欲しいピースを取ってしまうことが続いていた。そのたびに担任のサヨコ先生はツヨシに注意をし、友だちに謝らせる対応をしていたが、なかなか改善しない。カウンセラーが見ていると、時々だが、友だちにブロックを貸してあげたり、貸してもらえなくてもたたかずに我慢したりする場面が観察できた。そこでサヨコ先生に、ツヨシが友だちに貸してあげたり、たたかないで我慢できたりしたときにほめてあげるようにしてみようと助言した。ひと月後、カウンセラーが訪問した時には、ツヨシが友だちと笑顔で遊ぶ場面が増えており、サヨコ先生から「そう言えば、たたくことが減ったように思います」と報告があった。

応用行動分析の基本

　「応用行動分析」は、学習理論で言われる「オペラント条件づけ」に基づく技法である。「オペラント条件づけ」とは、「自発的に行動したことの結果によって、今後その行動が起こる確率を変化させる手続き」と定義されている。つまり、ある行動をした後に、好ましい結果があるとその行動が増え、好まし

第 3 章　明日からの実践に「使える」理論

図 3-1　ツヨシの好ましくない行動に注目していたため、好ましくない行動が増えていた

図 3-2　ツヨシの好ましい行動にプラスの結果が伴い、好ましい行動が増えた

くない結果があればその行動が減っていくという原理に基づき、それを応用して行動を身につける技法が「応用行動分析」である。ある「行動」が起こるには、それに先行する「きっかけ」があり、そしてその「行動」には「結果」が伴う（図3-1）。この一連の流れによって、「行動」は増えたり減ったりすることを利用したものなのである。きっかけ、行動、結果のそれぞれを英語では、Antecedent、Behavior、Consequence と言うので、その頭文字を取って、ABC分析と呼ばれることもある。

　では、エピソードをもとに解説していこう。最初、先生は、ツヨシが時々できていた好ましい行動（貸してあげる、我慢する）を見落としており、特にそれに反応を示すことがなく、反対に好ましくない行動（たたく）にのみ注目し、反応していた。友だちをたたくと「叱られる」のは、先生が「注目」してくれるという点で、ツヨシにとっては良い結果となっていた。つまり先生は叱ること

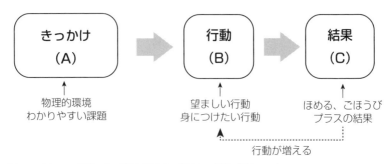

図3-3 好ましい行動に良い結果が伴うと、好ましい行動が増えていく

で意図せず好ましくない行動を強化してしまっていたのである。そのため、この行動が繰り返し起こり継続していたと考えられる（図3-1）。しかし、たまに見られていた好ましい行動（貸してあげる、我慢する）のほうに先生が「注目」して、「ほめて」くれるようになったことで、好ましい行動が増えていき（図3-2）、結果として好ましくない行動（たたく）が減っていったと考えられる。

子どもの行動支援の大原則——好ましい行動に注目してほめて伸ばす

子どもの行動を扱うときの大原則は、好ましい行動に注目してほめて伸ばすということである。しつけのなかでも、保育のなかでも、好ましい行動に対して、ほめたり、シールやスタンプでごほうびをあげたり、楽しい活動のごほうびを用意したりするなどはよく行われていることだろう。

たとえば、苦手な食材（しいたけ、ピーマン、ホウレンソウなど）を一口食べたら（行動）、先生がとても喜んでくれて、好きなおかずのおかわりができる（結果）、としたら、がんばって苦手な食材を一口ずつ食べるようになり、次第に食べられる食材が増えたという取り組みの場合、図3-3のように説明できる。

環境と課題の調整

好ましい行動を引き出しやすくするためのもうひとつの方法は、適切なきっかけ（A）を作っていくことである。たとえば、最初のレイコ先生のクラスで、

第3章　明日からの実践に「使える」理論

図3-4　きっかけの環境調整を行うことで好ましい行動を引き出していく

　床に赤いテープを貼り「朝の会にはこの線の所に皆が並ぶ」というルールを作っておけば、子どもが自ら好ましい行動をしてほめられるという良い結果につながってくる（図3-4）。毎回「ちゃんと座って」「並んで」と注意しなくて済む適切な環境調整の例である。設定保育を考えるときに、子どもの発達に応じた教材を考えたり、集中できる時間配分を考えたりすることは課題調整の例として挙げられる。

　保育者は意識せずにこうした工夫を日常的に行っていることが多い。カウンセラーは、改めて保育者の行っている「好ましい行動」に「注目」し支援することで、保育者のより好ましい支援行動を「増やして」いくよう働きかけていこう。それが保育者の保育への自信につながっていくのである。その点でも応用行動分析の考え方は実に応用できるのである。

　ただし、子どもの「好ましい行動」や「良い行動」とは、保育者が集団をまとめるにあたって「都合の良い行動」ではない、ということを忘れないでほしい。応用行動分析は子どもが自分でできることに自信がもてるようになるための支援方法である。また、この視点で支援をしても子どもがなかなか好ましい行動が取れない場合は、感情、関係性の発達などに課題を抱えていることも考えられる。このように、子どもの行動の背景を多面的に理解する視点が必要である。

第3節　発達の気がかりとその支援──感覚統合

　園を訪問するカウンセラーは、保育者から、子どもたちが落ち着きがない・姿勢が悪い・箸がうまくもてない・集中力がない、といった相談を受けることも多い。こうした気がかりな行動を保育の楽しい遊びのなかで援助していく上で、子どもの発達を「感覚」から理解して支援する「感覚統合」の考え方が役に立つ。以下は保育の場において保育者が知っておきたい知識である。カウンセラーもこれを理解した上で保育者と連携するようにしたい。

●感覚統合の考え方を保育に生かす

エピソード　じっと座り続けられないコウタ（年中男児）

　「じっと座っていることが苦手で、人の話を聞けないコウタ君が気になる」と、年中児担任のトモコ先生から相談を受けたカウンセラーは、朝の集まりの時間に観察を行った。コウタは、着席してしばらくすると、椅子をガタガタと動かし始めた。先生に注意されると止めるのだが、しばらくするとまた始まる。だんだんと姿勢が悪くなり、お尻が椅子からずり落ちそうな姿勢になる。先生が「ちゃんと座るの！　背筋はピン！」と言うと、座り直して背筋をまっすぐにするが長続きせず、そのうち椅子からずり落ちて、床に寝転んでしまった。「コウちゃん、ふざけないの！」トモコ先生は思わず大きな声で注意をしたが、コウタはしばらくの間、床にごろごろし続けていた。

この行動をどう見たらいいのか

　診断名がついているか否かにかかわらず、コウタのような気になる行動が目立つ子どもには保育の現場ではよく出会う。この子たちの身体はどうしてこうなってしまうのだろうか。次のように考えてみよう。

56

まず、子どもたちの行動には必ず意味がある。コウタは椅子をガタガタさせて、自分の身体に強いリズミカルな感覚刺激を入れることで、もしかすると席を離れてうろうろ歩き回らないで済んでいるのかもしれない。先生から見ると集中して話を聞いているように見えないが、そうやって聞き続けようと努力しているのかもしれない。しかし、そのようにしてなんとかその場に居ようとするのだが、次第に姿勢が崩れていく。これは、姿勢を維持する筋肉の緊張をうまく調整するバランス感覚が十分に育っていないために、そうなるのかもしれない。だとしたら、「ふざけている」わけではなく、「ちゃんと」したいけれど、身体が言うことをきかず、なんとかしようとして「ちゃんと」できなくなっている。頭ではわかっているけれど、「ちゃんと」できない自分の身体をどうすることもできず、そのことに一番困っているのは、コウタなのである。

「感覚統合の考え方を生かした保育」

このような考え方で子どもの行動を理解する方法は、「感覚統合療法」という療育法がベースになっている。日本感覚統合学会のホームページ（2022）によれば、「感覚統合療法」はアメリカの作業療法士エアーズ（Ayres, A. J.）が学習障害（LD）の子どもの治療のために最初に開発したもので、発達障害のある子どもたちの療育方法として発展してきた。発達障害などがある子どものつまずきは脳機能のトラブルによると考え、感覚の働きを調整することで改善し、生活に適応する能力を高めようとする方法である。正式な「感覚統合療法」の実践は、既定の教育を受け認定されたセラピストが行う必要があるが、感覚統合の考え方を保育に生かしていくことは、日々の保育実践にも役に立つものである。

では次に、保育に生かすための感覚統合の考え方について、木村（2010）を参考に紹介していこう。

●「感覚統合の考え方を生かした保育」に役立つ３つの感覚を知る

エピソード　ユウコ先生のクラスの気になる子どもたち（年少）

　ソウタは元気な男の子で、よく走り回っては、頻繁に扉にぶつかったり、転んだりしている。その割には体操や踊りをやりたがらず、逃げ出してしまう。また、お茶をコップに注ぐときにはいつも思い切り出してこぼしてしまうなど、雑な動きが多く、先生は心配している。

　ユキはとても怖がりで、ぶらんこに揺られることや滑り台で滑ることを怖がってやりたがらない。また、家では、「歯磨きや散髪、耳掃除をとても嫌がり、特に髪の毛を触られることに抵抗が強いため、１年間髪の毛を切ることができず困っている」と、母親から先生に相談があった。

　シュンペイは、いつもニコニコして穏やかな男の子だが、何をするのもマイペースだ。特に、カバンのファスナーの開け閉めや、服のボタンを留めたり外したりすることが苦手で、時間がかかるため、結局家では母親がしてしまう。また、スプーンやフォークも握り持ちで食べこぼしも多い。ほかの子どもたちが箸に移行するのを見て、シュンペイも真似をするが、握って突き刺してしまうので結局食べにくくて泣いてしまうことが続いている。

感覚とは

　私たちは、物を見たり、聞いたり、触ったり、味わったり、においを嗅いだりして感覚を使っている（五感）。体外から入ってきた刺激は感覚情報として脳に送られ、そこで情報処理され、その結果、脳からの命令で行動する。たとえば、目や鼻から色や形、においの刺激が入り、脳が「大好きな卵焼きだ、いいにおいがする」「食べられる」と判断すると、手を伸ばして、口が開き、食べる、という行動になる（図3-5）。状況や発達に見合ったちょうど良い感覚情報が入ると、脳は活発に働き発達が進む。いわば、感覚は脳の栄養素なのだと考えられる。

図 3-5　感覚情報の流れ（木村，2010 を参考に筆者作成）

　しかし、エピソードで紹介した子どもたちのように、さまざまな発達のつまずきがあると、体外から入る感覚情報を脳でうまく処理できないために、独特の感じ方や反応の仕方が生じ困り感を抱えることになる。うまく情報が伝わらないので、それに見合った行動という出力ができないのである。そうした子どもたちには、周囲の大人が少し配慮した環境を用意して、情報処理の経験を積んでいけるようにすることで、少しずつ乱れが調整され改善し、発達が進むと考えられる。
　感覚には、私たちがよく知る五感のほかに、自覚しにくいが生活上の困難に結びつきやすい感覚が3つある。固有覚、前庭覚、触覚である。それぞれ上記のエピソードを踏まえて解説していこう。

固有覚

　固有覚は筋肉や関節の動きを感じ取る感覚である。私たちは、たとえば、重い荷物を持ったときに落とさないように関節や筋肉を微妙に調節したり、踊りのポーズを取るときには、手足の位置関係を見ていなくても、それらを感じ取って踊ったりする。固有覚は生活のなかでは意識することはほとんどないが、筋肉の張りや関節の角度を感じ取って滑らかな動きを作り出している。前出のソウタは固有覚がうまく働いていないために身体の動きが雑で、微調整ができないと考えられ、その結果、お茶をこぼしたり、体操が苦手だったり、人や物によくぶつかることになるのである。
　手指の操作は、左右の手指を組み合わせたり、指同士を協調して使うなど、身体の動きの緻密な微調整が必要で、これも固有覚に関連する。手先の不器用

なシュンペイは、手や指の力の入れ加減や微調節が苦手なために、身辺自立の
さまざまなところでつまずきを抱えている。

前庭覚

　前庭覚は加速度を感知する感覚であり、重力、直線、回転の３つの加速度を
感じ取っている。ユキが揺れや斜めになる姿勢、滑り下りる動きが苦手なのは、
この前庭覚の課題である。また先のエピソードのコウタが姿勢を維持できな
かったのも、筋肉の緊張状態を調整する前庭覚の課題があるために、姿勢が崩
れすぐに寝転んでしまうのである。しつけの問題でも、本人のやる気の問題で
もないのである。

触覚

　触覚にはふたつの働きがある。ひとつは、原始生物の時代から使われてきた
「原始系」と、もうひとつは進化の過程で獲得してきた「識別系」である。
　「原始系」は、触れたものが餌か敵かを感じ取り、生命を維持し身を守る行
動を取る本能的な働きである。たとえばイソギンチャクの触覚に触れると、イ
ソギンチャクは触覚をサッと引っ込めて身を守るための防衛的な反応をする。
これと同じような反応が、先ほどのエピソードに登場したユキである。髪の毛
や口、耳を触られると激しく抵抗するのは、触覚防衛反応と呼ばれ、誰かの手
が自分の身体の部分を触っているんだなと認識する識別系の働きがうまく働か
ず、何かが急に触ってきて危険だ、怖いと本能的に感じてしまう原始系の働き
が強くなり、過敏な反応をするのである。「感覚過敏」の子どもたちは、こう
した原始系の働きが強すぎると考えることができるだろう。
　「識別系」は、触れたものに注意を向け、それが何であるかを判断し識別す
る認知的な働きである。たとえばなかが見えない箱に手を入れ、つるつるして
四角くて硬いものに触れて、これは積木かな、と探っていくとき、識別系が働
いているのである。先ほどのエピソードに登場したシュンペイの指先の不器用
さは、手でものに触れたときに、ものの素材や大きさを指先の感覚で区別する

識別系の弱さからきているとも考えられる。

感覚の偏り

感覚情報全般が脳に入りにくい子どもや、入りすぎてしまう子どもがいる。前者の場合、感覚を感じ取ること自体が鈍くなるのである（感覚鈍麻）。そうすると、不足する感覚情報を自分から取り込もうとする。たとえば、高い所に登ってジャンプして飛び降りる、場にそぐわない大声を出す、絶えず動き回る、友だちをたたくなどちょっかいを出す、などの姿が見られる。これを感覚希求という。感覚希求の強い子どもたちは、非常に落ち着かなかったり、友だちとのトラブルに発展しやすかったりすることになる。エピソードのコウタが椅子をガタガタさせたのもこれに当たる。一方、周囲の感覚が入りすぎてしまう後者のタイプは感覚過敏と言い、大きな音に対して耳をふさぐなど、感覚を回避する行動がしばしば認められる。エピソードのユキがこれに該当する。ひとりの子どもが、感覚希求と感覚回避を混在して示すこともある。

このように感覚情報が乱れているために子どもたちは状況に合わせた行動がとれず困っているのである。感覚や身体を使った楽しい遊びは、子どもたちが身体の感覚を十分実感しながら、感覚情報を整理していくのを手助けすることに役立つのである。そこで次に、「感覚統合の考え方」を保育に生かす生活と遊びのヒントを紹介する。

● 「感覚統合の考え方を生かした保育」に役立つヒント

エピソード　ユウコ先生の取り組み（年少）

ユウコ先生は、ソウタ、ユキ、シュンペイの様子を見て、保育のなかで意識して身体を使って感覚を感じる楽しい遊びを取り入れようと考えた。

まず、お天気の良い日は子どもたちと積極的に散歩に出て、アスレチックがある公園まで足をのばす機会を増やした。ロープをつかんでよじ登ったり、ターザンロープにしがみついたり、段差のある場所を跨いだりくぐったり、つり橋をゆ

らゆらしながら渡ったりなど、さまざまな感覚を意識して使う遊具で自由に遊ぶ体験を重ねた。怖がりのユキには、しっかり抱っこして滑り台をちょっとずつ一緒に滑ったり、抱っこで少しずつブランコに乗ってみるなど、本人のペースに合わせて楽しむようにした。そうした取り組みもあって、子どもたちは次第に、笑顔で自分から遊具に取り組むように変わっていった。

　また、年少児にとっては、自分で着替える、自分で食べるという身辺自立を日々の生活のなかで獲得していくことは大切な課題である。ユウコ先生のクラスでは、シュンペイに限らず身辺動作に時間がかかる子どもたちはまだまだ多い。そこで、朝の着替えや排せつ時の衣服の着脱、食事時間のスプーンやフォークの使い方などの援助は、焦らずに一人ひとりに合わせて丁寧に行っていくことを改めて先生方と話し合った。また、遊びのなかでは、「おせんべやけたかな」などの手指を触ったり、握ったり、たたいたりする楽しい手遊びやわらべ歌遊びを積極的に取り入れ、家でも親子で遊んでもらうように働きかけた。子どもたちが大好きなお買い物ごっこに、小さめのコインや花はじき、ビー玉などを取り入れて、つまんだり、つかんだり、集めたり、出し入れしたりする遊びができる環境も工夫した。シュンペイもほかの子どもたちに交じって先生と一緒にままごとを楽しむようになった。

ヒント1　楽しい遊びのなかで感覚や身体の使い方を実感できるような工夫を

　苦手な感覚や動きをいやいや使うと、それがもっと嫌いになってしまう。するとそれを避けようとするので、ますます使う機会が減る。おのずと、上達するチャンスを逃してしまう。だからこそ、子どもたちが「楽しい」「面白い」という気持ちを感じながら、苦手な感覚や身体の動きを少し意識して遊べる工夫をしていくことが保育のポイントである。アスレチックは、手や足、身体のさまざまな部位を組み合わせながら多様な動きをすることが求められる遊具である。這う、よじ登る、バランスを取りながら歩く、滑り降りる、しがみつく、見て確認しながら一歩一歩進む、スピードを感じる、というふうに、夢中で遊んでいるうちに、固有覚、前庭覚、触覚がすべて使われることにつながってい

く。子どもが自分だけでは不安や怖さがあるときは、まず先生がしっかりと身体を支えて安定した姿勢で一緒に取り組めるようにしてあげるのである。そうやって成功体験がもてると、面白い、楽しい、もっとやりたい、という子どもの意欲が高まるのである。

ヒント2　子どもが自らやってみたいと思える環境を作る

　子どもは、自分からやってみようという意欲が湧けば、どんどん「もういっかい」と言って繰り返しやりたがる。この「もういっかい」をどうやったら引き出せるか、遊びのなかで工夫していってほしい。ままごと遊びのなかに、花はじきやビー玉などを取り入れたり、その出し入れの容器を工夫したりするなど、子どもが自発的に遊びを展開し、自然と手を使う機会が増えるような仕掛け作りこそ、保育者がもつ遊びの環境構成の専門性が発揮されるところである。

ヒント3　日々繰り返していくことで、できるにつながっていく

　支援を受けている子どもたちのなかには、療育や児童デイサービスに通っている子どもたちもいることだろう。週1回、あるいは月1～2回、専門家から専門的な指導を受けることは、もちろん効果がある。しかし、新しい動きを覚えたり、今まで使うことを避けてきた感覚を使ったり、あるいは、使っていても十分に使い切れていなかったりした場合、繰り返し繰り返し、根気よく取り組んで身につけていく必要がある。日々の生活動作は、身体を意識し、ボディイメージが育つ上で非常に重要な動作である。毎日毎日の積み重ねが、いつの間にかその子の「できる」につながるということの重要性を改めて意識して、一人ひとりのペースに合わせて取り組んでほしい。少しずつ生活や遊びのなかで積み重ねていくと、それが子どもの自分でできたという達成感、誇らしい気持ち、自尊感情につながっていくのである。発達の気になる子どもは、専門機関につなげたら、それで園の役目はおしまいではない。むしろ、日々の保育という生活と遊びのなかで、身体と感覚を自然に楽しく使っているうちに、できることが増えていったね、大きくなったね、と言えるような環境作りこそ、発

達支援に欠かせないのである。

　ここで紹介したのは「感覚統合の考え方を生かした保育」についてであり、「感覚統合」や「感覚統合療法」そのものではない。「感覚統合」「感覚統合療法」についてより詳しく、正確に学びたい人は、日本感覚統合学会のホームページを参照されたい。さまざまな講習会が提供されており、専門的に使用する際には、一定の受講と認定を受ける必要があると定められている。また遊びのヒントは、巻末の文献等を参照されたい。

第4節　トラウマと脳・神経系の発達

　保育の現場で子どもの「気になる行動」を適切に理解していくために、虐待・マルトリートメントが子どもに及ぼすトラウマの影響についての知識をもつことは今や必須となってきている。

●トラウマインフォームドケアの視点をもつ

エピソード　人の嫌がることをして、すぐに暴力をふるうハヤト（年長男児）

　ハヤトは、年長の4月に母親と他県から引っ越してきた。転園当初は大人の顔色をよく見る子だなと担任のヨウコ先生は感じたが、慣れない環境のせいだと思っていた。しかし次第に、落ち着きのなさや気分の不安定さが目立つようになり、人の表情も読めない様子で、平気で人が嫌がることをするようになってきた。昨日は、遊んでいる友だちを、突然突き飛ばした。友だちが大声で怒ると、たたく、蹴るの激しい暴力をふるった。あまりの激しさに、ヨウコ先生が、ハヤトを厳しく叱ったところ、ハヤトの目つきが急に変わり「ぶっ殺してやる、死んでやる」と叫び、暴れ続け、落ち着かせるのに大変な思いをした。先生たちは、この子は発達障害ではないか、と考え始めた。

第 3 章　明日からの実践に「使える」理論

何が起きているのだろうか？

「落ち着きがない」「表情が読めない」「平気で人の嫌がることをする」などを見ると、多動・衝動性の高さ、共感性の低さ、あるいはこだわりがあるのかもしれないなど、発達特性から ADHD や ASD なのではないかと感じられる。しかし、「突然」突き飛ばしたり、「目つきが急に変わって」暴言を吐いたりする背景に、もうひとつの可能性を考える必要がある。それが、トラウマの影響である。

実は、ハヤトの母親は夫からの DV を逃れて転居してきた。「突然」友だちを突き飛ばしているように見えるが、友だちの急な大声や急に物が飛ぶのを見ると、それがきっかけとなり、ハヤトの頭のなかでは、父親の大声や物が飛んだ場面がよみがえり、ハヤトの身体は今ここにいるけれど、頭のなかは過去の記憶にタイムスリップしてしまうのである。父親が母親を殴る暴力場面の恐怖に必死で抵抗しようと暴れていたのだ。父親と離れ、暴力のない安全な場所に来たから、もう大丈夫と大人は考えてしまいがちだ。しかし、恐怖に曝されたトラウマ記憶が脳に刻み込まれた場合、このような行動を取りやすくなるのは実は当たり前のことなのだ。

「トラウマのメガネをかけて見る」

このように、トラウマの影響かもしれない、と思ってトラウマという「メガネ」をかけて子どもの行動を見てみると、その意味が理解できることがある（野坂, 2019）。こうしたアプローチをトラウマインフォームドケアと言う。ハヤトの場合、<u>友だちの大声</u>が「リマインダー」（きっかけ）となって、<u>父親が大声で母を罵倒しながら殴っていた</u>という「過

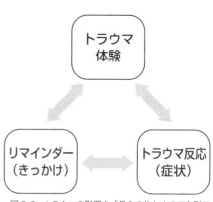

図 3-6　トラウマの影響を「見える化」する三角形モデル（野坂, 2019 を参考に筆者作成）

65

去のトラウマ体験」の記憶が突然戻ってくる（フラッシュバック）、すると、友だちを突き飛ばしたり、殴ったり、暴言を吐いたりという「トラウマ反応」（症状）を示すのである。それを表したのが図3-6である。今ここの、目の前の子どもの行動だけに振り回されずに、何がきっかけでこのような反応を起こしているのか、よく観察して見極めることが、子どもへの適切な理解と支援への第一歩になる。

●虐待・マルトリートメントの影響と脳へのダメージ

エピソード　とても良い子のミドリ（年中女児）

ミドリはひとりっ子でとてもしっかりした4歳児。家庭は教育熱心で、ミドリは幼稚園が終わった後、毎日、私立小学校受験のために塾に行っている。最近クラスではお友だちの靴が隠されたり、絵が破られたりするなど、気になることが増えていた。いろいろと調べた結果、どうもミドリがしているということがわかった。先生たちが理由を聞いても、ミドリは黙って何も言わない。お母さんにそのことを話すと、「信じられません」と怒り出し、先生たちの目の前でミドリを激しく叱責し始めた。

虐待、マルトリートメントが引き起こす病態

ミドリの母親は子どもに手をかけ、教育熱心で、虐待にはまったく関係がないように見える。しかし、子どもは家庭の環境から大きなストレスを受けており、それがミドリの問題行動になって表れていると考えられる。養育者が教育やしつけのためと思ってやっていることでも、「加害の意図の有無に関係なく、子どもにとって有害かどうかだけで判断される。行為自体が不適切であればマルトリートメント（不適切な養育）と考えられる」（友田, 2017）。

虐待を含むマルトリートメントが引き起こす究極の後遺症は、「アタッチメント形成の障害と慢性のトラウマ」（杉山, 2013）による病態につながる。それが「愛着（アタッチメント）障害」「解離性障害」「複雑性PTSD」もしくは

「発達性トラウマ障害」である。

愛着障害

　発達の早期に極端なネグレクトが続きまったく世話をされなかったり、養育者が次々と変わり特定の大人との継続した愛着形成の機会を奪われたりした場合、愛着障害に陥る。愛着障害は２種類あり、診断名については変遷があるが、ここではわかりやすさを優先して、「反応性愛着障害」と「脱抑制型愛着障害」とする。

　「反応性愛着障害」は子どもが周囲への関心をまったく失ったかのように見える状態である。「脱抑制型愛着障害」は、誰かれ構わずくっつき、べたべたとなれなれしくする行動が見られる状態である。このふたつは一見正反対に見える反応だが、安心・安全を求めて適切に行動ができない、つまり自分の身を自分で守ることができなくなるという共通点がある。人との関係性のなかで発達を遂げる人間の子どもにとって、人生の出発点で安定した人との関係がもてないということは、それ以降のさまざまな発達を阻害され、歪められてしまうことにつながる。

解離性障害

　非常に激しい苦痛を伴う体験をすると、私たちの脳は、自分の身を守り生き延びるための安全装置を作動する。それは耐えがたい苦痛を、感じる、認識する、覚えているといった意識をいったん心身から切り離してしまう仕組みである。これを「解離」と言う。日常的に暴力を受けている子どもが殴られても平気な顔をするのは、痛みの感覚を解離させ、苦痛を感じなくして生き延びる、という脳の安全装置が働くからだ。性的虐待のように日常的に耐えがたい怖い苦痛が続く環境に子どもが置かれ続けると、子どもの記憶や感覚や意識はとぎれとぎれで、バラバラになっていってしまう。苦痛がひどい場合には、自分のなかにその時その時の状況に対応する部分的な自分（人格）ができてしまい、いわゆる多重人格（解離性同一性障害）が形成されることもある。それぞれの

自分（人格）の間で記憶の共有が行われない場合、自分が知らないところで何かをしている自分がいるという状態（解離性健忘）になり、生活に支障をきたすこともある。

複雑性PTSD・発達性トラウマ障害

　PTSDとは「心的外傷後ストレス障害」のことである。複雑性PTSDは、激しい苦痛を継続的に繰り返し受け続けたときに生じ、症状が多彩になる。過覚醒で眠れなくなる、フラッシュバックや悪夢を見るような記憶の侵入、トラウマ記憶を思い出させる場所や状況の回避。加えて、気分調節の障害、自己や他者の認知と関係の障害、自傷行為や物質依存、関係依存などに発展していくこともある。一方、子ども時代の虐待やネグレクトにより多様な症状が形成されていくことを、ヴァン・デア・コークは「発達性トラウマ障害」と呼んだ（van der Kolk, 2005）。発達性トラウマ障害ではPTSDの基準を満たさないことが多く、一見してトラウマの影響とはわかりにくいかたちで、調整不全、注意と集中の問題、自分や他者と仲良くやっていくことの困難などが認められる。被虐待児は大人になっていくにつれて、さまざまな精神疾患を発症し、社会生活においてますます不利な立場に追い込まれていくことがある。さらに、子ども時代の逆境体験が身体疾患のリスクも高め、寿命さえ縮めることをACE研究（Felitti et al., 1998）は示している（p.73参照）。

子どもの脳に及ぼすダメージ

　友田（2012）は、虐待、マルトリートメント（不適切な養育）が子どもの脳を傷つけていることを脳画像で鮮明に示し、発達が阻害されることを科学的に立証した（図3-7）。こうした脳変化は、「危険に満ちた過酷な世界のなかで生き残り」「不利な環境に対応する」ための悲しい「適応」であると言えるのではないかという。誰もが健康で幸せな人生を送れるようにするためには、何よりも、子ども時代の虐待、マルトリートメントを止めなければならない。

　「悪いことをしたのだからちょっとぐらい大きな声で怒るのは仕方ないだろ

第 3 章　明日からの実践に「使える」理論

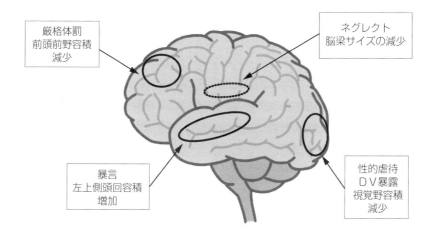

図 3-7　虐待によって生じる脳の変化（友田，2012 を参考に筆者作成）

う」とか、「ちょっとお尻をたたく程度なら虐待じゃないだろう」ということはよく耳にするが、押さえておくべきことは、マルトリートメントとは「加害の意図の有無に関係なく、子どもにとって有害かどうかだけで判断される」（友田，2017）ということである。たとえば HSC（Highly Sensitive Child、ひといちばい敏感な子）は 5 人に 1 人いると言われており（Aron，2002/2015）、こうした子どもたちは、自分ではなく人が叱責されているのを見ただけで傷ついて学校に行けなくなってしまうこともあるのである。大人が発している声が暴言かどうかを判断できるのは、発した大人本人ではなく、受け取る子ども側であるということを認識しておいてほしい。その声や場面に子どもが恐怖を感じて傷つくならば、それはマルトリートメントなのである。

●虐待・マルトリートメント予防と回復を考えるために

エピソード　笑わなかったモモちゃんが笑った（0 歳女児）

　モモは、間もなく 1 歳になる頃、保育園に入園した。母親は重度のうつを患っており、児童相談所からは、入園前までは、ほとんど家から出ることなく過ごし

ていたと聞いている。入園当初のモモは、身体が小さく、まだお座りもはいはいもできなかった。しかし先生たちが何よりも心配したのは、モモが笑わないことだった。子どもらしい表情がなく、ぼんやりとどこかを見ており、視線が合わない。顔色も青白く、手足も冷たく、先生たちに抱っこされ、あやされても、無表情で反応しない。周りのおもちゃへ興味も示さない。先生たちは、とにかく毎日モモを抱っこして、笑顔で話しかけ、歌を歌い、規則正しい温かい食事と昼寝、部屋の環境を心地よく整えることに気を配り、世話をした。通園して３か月が過ぎる頃、モモは少しずつ先生と視線が合うようになり、笑顔を見せるようになってきた。

何が起きているのだろうか

　モモが人の働きかけに対してまったく反応しない状態は、どのようにして形成されてしまったのだろうか。モモは生まれてからずっと、泣いて不快を訴えても重度のうつの母親は反応を示せず、おそらく放置されていたのだろう。はじめは泣いて訴えていたが、母親の反応が得られないと泣くことをやめ、次第に反応をしなくなっていったものと思われる。このような乳幼児期早期のネグレクトや虐待環境は、安定した愛着形成とそれを基礎とした情動調整の発達を阻害する。安定した愛着関係のなかでは不快情動を感じても養育者になだめられたり手助けされたりしながら、乳幼児は情動が収まり安心することができることを学ぶ。しかし、それがかなわない場合、乳幼児は脳の扁桃体が過剰に反応して闘争逃走反応を起こし、過覚醒を起こし続けるか、解離（シャットダウン）により苦痛感覚を切り離すかという極端な反応を起こすことになる。それが後々の複雑性 PTSD 症状のひとつでもある気分調節の障害につながっていくのである。こうした情動調整の基盤に神経系、特に自律神経系の生理的反応が関わっていることを明らかにしたのがポージェス（Porges, 2017/2018）であり、「ポリヴェーガル理論」として近年注目されている。

第3章　明日からの実践に「使える」理論

図3-8　ポリヴェーガル理論における神経系の発達（ディナ，2021を参考に筆者作成）

ポリヴェーガル理論

　自律神経系には、交感神経系と副交感神経系があるが、副交感神経系のなかにはさらに、脳幹のそれぞれの別の部位から発している背側迷走神経複合体（以下、背側迷走神経系とする）と腹側迷走神経複合体（以下、腹側迷走神経系とする）がある。図3-8に示すとおり、進化発生的には古いほうから、背側迷走神経系、交感神経系、腹側迷走神経系の順で発達し、人間はこの3つの神経系をもっている。それぞれが、「生命の危機」「危険」「安全」に対して、「不動化」「可動化」「社会交流」という適応パターンで反応するようになっている。つまり、モモは極度のネグレクトという「生命の危機」的なトラウマに遭遇し、エネルギーを温存するために背側迷走神経系が働き「解離」というシャットダウンを起こし、身体システムが反応しない「不動化」を起こしていた。その後、保育園に預けられるようになり、先生方の日々の働きかけのなかで、音楽を聴いたり、抱っこで体をゆすってもらったり、おいしいご飯を食べたりといった心地よい刺激が入ってくるようになると、交感神経系の興奮を感じるようになり手足など身体がよく動く（「可動化」）ようになった。交感神経系は、自分の身を守るために闘争逃走反応を活性化させる。これまで放置されていたモモには、自分の内側から湧く情動はなじみがないものであっただろうが、強すぎる興奮をなだめてもらったり、不快な感覚にすぐに応じてもらったりしながら、ちょうど赤ちゃんが養育者との間で行う情動調整の育て直しをしてもらったのである。そうした保育者とのつながりと情動調整の体験を繰り返すなかで、腹

側迷走神経系が活性化され、「社会交流」システムが正常に働きだし、「安全」を感じられるようになっていったと考えられる。腹側迷走神経系は顔と頭につながっており、表情や話すこと、聞くことといったコミュニケーションにつながる。モモが笑顔を取り戻したのは、認知や言語など意識を司る大脳皮質よりも下で働く大脳辺縁系や脳幹レベルの神経系が正常に働くように発達したからこそであると考えられる。

「ポリヴェーガル理論」が知られるようになり、私たちは、トラウマを受けた人たちが、安心や安全を感じるということは、意識レベルにとどまらず、身体的生理的なレベルで安全安心を感じることを取り戻すことが必要なのだということを理解することができるようになった。

愛着を基盤とする育ちを早期に支援することの重要性

ここまで見てきたように、虐待・マルトリートメントは脳・神経系の発達を阻害し、その子の身体、生理、精神と多岐にわたる発達に負の影響を及ぼし、人生の質を低下させ、生きていく上での社会的不利益を増幅させていってしまう。これを防ぐには、何よりも乳幼児期の予防が重要であり、乳幼児を育てる保護者を支援することが欠かせない。保育の現場では、早期に親子の安定した愛着関係の修復を図るチャンスを見つけることができる。親子の安定した愛着が築かれ、子どもが自分と他者に信頼をもてるような人生が歩めるように、一人ひとりを丁寧にアセスメントして適切な支援につなげていけるよう、カウンセラーは保育者との協働を一層強めていかなければならない。

第 3 章　明日からの実践に「使える」理論

COLUMN　ACE研究

　ACE とは「逆境的小児期体験（Adverse Childhood Experience)」、つまり子ど
も時代の虐待や機能不全家族との生活で受けた困難体験のことである。米国疾病
予防管理センター（Centers for Disease Control：CDC）との共同研究を行った
フェリッティ（Felitti, V. J.）らが、子ども時代の逆境的体験を測るスコア（ACE
スコア）と成人後の健康診断結果との関連性を調べた結果を 1998 年に報告した
(Felitti et al., 1998)。これが現在 ACE 研究として広く知られているものである。

　ACE を調べる調査表は 7 つのカテゴリー（心理的虐待、身体的虐待、性的虐待、
家族の物質依存、精神疾患、母親の DV 被害、家庭内の犯罪者）の 19 項目から
なる。各カテゴリーで 1 項目でも「はい」と回答すると、そのカテゴリーのスコ
アを「1」とカウントする。フェリッティらが 1 万 3494 人を対象に調査し 9508
人からの回答を得た結果、ACE スコアが高い人ほど健康上のリスクが高いことが
明らかになったのである。たとえば、ACE スコア「4 以上」の人は、「0」の人に
比較し、「肥満」1.6 倍、「喫煙」2.2 倍、「自分がアルコール依存だと思う」7.4 倍、
「薬物注射」10.3 倍、「自殺企図」12.2 倍のリスクがあった。身体疾患についても、
「糖尿病」1.6 倍、「癌」1.9 倍、「心筋梗塞」2.2 倍、「脳卒中」2.4 倍という結果だっ
た。ここからフェリッティらは、次のように考察している。子ども時代の逆境体
験が多いほど、人は社会的、認知的、情動的な問題を抱えてしまい、その結果、
喫煙、物質依存などの危険行為が増え、それが疾病の罹患や犯罪による社会不適
心を高め、寿命を縮める可能性につながると。

　ACE 研究から、子ども時代の環境がその人の人生に多大な影響を及ぼすことを
私たちは改めて理解できるだろう。すべての子どもが幸せな人生を歩めるために、
私たち保育臨床に携わるものは目の前の親子が少しでも生きやすくなるように支
援していく努力を求められている。

● 文献

Felitti, V. J. et al. (1998) Relationship of Childhood Abuse and Household Dysfunction to Many of the
　Leading Causes of Death in Adults. *American Journal of Preventive Medicine* 14 (4), pp.245-258.

第 **4** 章

見立てと支援方針

第1節　見立ての大前提──「場」を見立てる

　対象となる子どもの見立てを保育の場（園）で実際に生かしていくためには、大前提としてその園の保育についてもよく知る必要がある。すなわち「保育の場を見立てる」のである。その園で大切にしていることは何か（園の保育方針）、保育者の思いはどのようなものか、どのような保育体制なのか、さらに、その園はどのような地域にあるのか、どのような社会資源があるのかなどを踏まえながら園側にカウンセラーの見立てを伝え、支援方針を検討していく。

● 見立て（アセスメント、カンファレンス、コンサルテーション）

　対象となる子どもや家族にとって適切で必要な支援を行っていくためには、対象者の理解が必要である。そのためにまず行うのが見立て（アセスメント）と呼ばれるものであり、対象者に関する情報をもとに現在の状況や課題を整理・分析し、その背景や要因についてカウンセラーの場合は心理学的な視点から検討し仮説を立てていく。

　次に、対象者について関係者間で情報共有し、対象者への理解を深め、今後の支援方針を検討するための話し合いを行う。この話し合いをカンファレンス

と呼ぶ。異なる専門性をもつ複数の者たちによる話し合いの場合にはコンサルテーションと呼ぶ場合もある。カンファレンスであれコンサルテーションであれ、今後の支援のあり方を考えていく際には対象者をただ分析して終わるのではなく、しっかりとその先を見据えながら対象者が抱えている困難や問題状況について検討し、より良い支援のあり方について話し合うことを忘れてはならない。

　また、こうした話し合いではともすると対象者の抱える困難や課題にばかり焦点が当たりがちだが、目の前の子どもや家族にとって望ましい支援を考えていく上で忘れてはならないのが、その子どもの好きなことや得意なことは何か、その子どもや家族が安心し安定して過ごすことができるのはどのような場面・状況なのかという視点（リソース）である。実は、支援の出発点はここにある。心理の専門家であるカウンセラーの見立てが加わることで、対象者への理解が深まり、良い支援や保育へとつながっていくのである。実りあるコンサルテーションのためには、カウンセラーもまた、保育について理解を深める努力が必要である。

　そして、保育について理解を深めるためには、保育というものについての基礎的理解だけでなく、その園の保育についても理解することが必要である。

●保育の場を見立てるということ

エピソード　最後の学芸会──新人カウンセラー、キムラさんの戸惑い

　初めて訪れる保育所の巡回相談で、新人カウンセラーのキムラさんが見立てを頼まれたのはマナ（５歳女児）である。マナは、慣れている保育室で同じクラスの友だちであっても、人前では一切声を出して話すことはなく、限られた友だちや保育者と一対一のときに小さな声で話すのみだった。ただし、家では普通に話すとのことで、最近になって医療機関を受診し、場面緘黙症（選択制緘黙）との診断を受けている。

　マナの園では毎年秋に学芸会を行っている。年長児クラスでは毎年劇をするこ

とになっており、必ずひとり1役の割り当てがあった。だが、マナは人前で声を出すことができない。そこで担任保育者らは相談し、同じひとつの役を2～3人がチームで担当することにした。マナが声を出さなくても同じチームの子どもがセリフを言えばよいと考えたのである。キムラさんが訪問したのは、いよいよ配役も決まり練習が始まった頃だった。

　キムラさんが訪れた日も学芸会の練習をしているところだった。ちょうどマナの出る場面で、マナは同じ役の友だちに手を引かれ前に出ると、友だちがセリフを言うのを黙ってうつむいて聞いていた。キムラさんはその表情が気になった。自分の出番が終わると、マナは場面に合わせて効果音やBGMを忙しく流している保育者の様子を熱心に眺めていた。

　観察後、キムラさんと担任と園長の3名でマナについてカンファレンスが行われた。園長にマナの見立てを求められたキムラさんは、行事の準備の苦労を労いつつも、マナの表情が楽しそうではなかったことを挙げ、場面緘黙症の子どもにとって舞台で人前に立つことはやはりストレスなのではないかと伝えた。それを聞いた担任保育士の表情は曇ってしまった。

　すると、園長先生がキムラさんにこう言った。「キムラさんの言うことはもっともだと思いますが、子どもにとって負担だからとすべてを避けるのはどうなのでしょうか。マナちゃんの成長にとってそれでいいのでしょうか。できれば挑戦して、それが自信になればとも思うのですが。失礼ですが、キムラさんは保育のことはどの程度わかってくださっていますか」

　新人カウンセラーのキムラさんは、保育のことをどの程度わかっているのかと問われて何も言えなくなってしまった。

保育における行事活動を考える

　ここで、行事活動のもつ意味について考えてみよう。日常の保育に対して、行事活動は特別な活動として位置づけられている。運動会や学芸会などの行事は子どもたちの現在の発達や成長をわかりやすいかたちで保護者に見せるという機会にもなっている。見せることを過度に意識しすぎてしまうと、表面的に

「よく見せる」ことにとらわれてしまい、子どもたちの日常とは異なってしまうかもしれない。一方で、自分たちの努力や練習を重ねた成果を皆が喜んでくれ、達成感や充実感を得ることは子どもたちにとって大切な経験でもある。また、それぞれの行事活動が、通常の保育と同様にさまざまな領域の視点による保育のねらいをもとに計画されている。

　保育現場でのカウンセラーは、園の方針や活動のねらいについても目を向け尊重しながら、対象児にとってどのような配慮や関わりが望ましいのかを保育者と共に探るという姿勢を忘れてはならない。

主体としての子どもが育つ保育

　マナが抱える「場面緘黙症」という症状は、外からはわかりづらく理解されにくい。園の保育者らは日頃からマナへの負担に配慮するよう心がけていた。学芸会でのひとつの役への複数人配役も、マナに負担をかけないよう保育者間で話し合って考えたものなのである。

　園長の言葉に何も言えなくなってしまったキムラさんだったが、改めて、担任保育士の工夫や配慮の努力に共感を示すところから話し合いを始めた。その上で、保育者が音響機器を操作している様子をマナが熱心に見ていたということを伝えた。それを聞くと担任は、マナが音楽を好きであることを教えてくれた。キムラさんが「マナちゃんがとてもいい表情をしていたので、その表情をご家族に見ていただけるといいなぁと思って」と返すと、担任はしばらく考え込んでいた。

　学芸会当日、保育者に代わって生き生きとCDデッキを操作して音響係をこなすマナの姿があった。さらに、新しい役がひとつ増えており、その役はすずらんの妖精で鈴の音で会話をする。笑顔で鈴を振るマナはとても可愛らしく、年長児の劇は拍手喝さいで幕を下ろしたのである。

　マナが声を出さなくてもいいように他児と組ませるという当初の案は、一見、本人のことを考えているようだが、あくまでも舞台に皆と一緒に立っている姿を見せるだけという外見上の配慮にすぎない。その子どもが本当に生き生きと

しているのはどのような場面なのか、担任保育士はキムラさんからマナの様子を聞いてそのことに気づき、マナがもっとも生き生きと参加できる場面や役割を工夫したのである。

園の保育を知る

　保育の場には、保育全体を支える共通の指針や教育要領がある（第2章参照）。それとは別に、それぞれの園の保育の特色というものがある。たとえば、食育をより重視する、積極的に表現活動を取り入れているなど、保育内容に特色をもたせている園もあれば、幼児クラスに縦割り保育を取り入れている、0・1歳児クラスにはゆるやかな担当制を取り入れているなど、保育体制に特色をもたせている園もある。保育の特色は、その園が大切にしている保育方針や保育のねらいと深く関わっていることが多い。カウンセラーは、その園の保育の特色や大切にしていることを尊重し、保育の場を見立てながら、子どもについての見立てを伝えていく必要がある。

　また、その園の保育を理解する上で、園の所在地の地域性や園に通っている家庭の保護者の大まかな傾向も知っておくとよい。保育所に関しては、必ずしも保育内容で選択して入所する家庭ばかりではないが、幼稚園や認定こども園については保育内容でその園を選択して入園する家庭が大半であり、保育内容に保護者のニーズが深く関わっていることも多い。

　さらに、その地域の社会資源を知っておけば、その子どもや家族の支援に必要なほかの専門機関やサービスにつなげることができるだろう。

　園でもともと使用している個別指導・個別支援の計画フォーマットがあれば、そこにある項目を視点として、対象となる子どもの発達状況や課題を整理していけば、日々の保育にも反映させやすいだろう。

保育者の思いを知る

　訪問の際、筆者は可能な限り、保育者自身が捉えている子どもの様子や子どもに関する情報を事前に簡単にまとめておいていただくよう依頼している。ま

た、訪問後のカンファレンスやコンサルテーションでは、カウンセラーとしての見立てを伝える前に、先に保育者から報告書に書かれていることの補足や最新の状況、今、一番の課題と捉えていることについて話していただくようにしている。

　訪問先の園でよく耳にするのが「あれ？　今日に限っておとなしいなぁ。いつもはもっと大変なんです」という訴えである。どれほどこちらが目立たないように気をつけていても、子どもたちはあまり見慣れない大人がいると敏感に気づいて普段とは異なる様子を見せる。訪問時の限られた時間では、保育者が課題と捉えている子どもの様子や言動が観察されないことも少なくない。

　そこで、カンファレンスやコンサルテーションの際には、保育者の日頃の努力や苦労に寄り添い労う意味でも、まずは保育者に子どもの様子を語ってもらい、併せて最新の状況を把握し保育者の思いや保育観を知るのである。保育の場の見立てを踏まえて子どもについての見立てを伝えることで、現場の保育に結びつくかたちでの子ども理解や今後の支援の検討がしやすくなると考える。

●保育の力──自己肯定感を育むために

エピソード　ダイ（４歳男児）──リンゴの色は何色か①ダイちゃんの絵

　ダイは発達障害の診断を受けている幼稚園・年中クラスの男児である。両親は我が子の将来のことを考え、少しでも苦手なことが克服できればと、幼児の早期教育に力を入れている幼稚園に３歳から入園させた。この園には毎日のように多様な幼児教育プログラムがあり、充実した教育を受けられると考えたのである。だが、ダイは好きなこと以外は集中して取り組むのが難しいため、ひとり離れたところで過ごすことが多く、行事前で一斉活動の多い時期には登園を渋ったり、帰宅後かんしゃくを起こしたりすることも多かった。

　ある日、園では給食用に届いた真っ赤なりんごがあまりにおいしそうだったのでりんごの絵を描くことになった。ダイは手先が不器用なせいか絵を描くのがあまり好きではなかったが、りんごが大好きだったので、珍しく自分から絵を描き

79

始めた。その日、ダイの母親が園に迎えに行くと、廊下に子どもたちのりんごの絵が貼ってあった。どのりんごも真っ赤でおいしそうで、どことなくその子らしさが伝わる絵だった。そのなかに1枚だけほかとは違う絵があり、母親は思わず足を止めた。それはりんごというにはいびつな形をしていたが、黄色をベースに多彩な色がまじりあった不思議な色をしていて妙に心惹かれる絵だった。ダイの絵だった。黄色はダイが大好きな色。それを見た母親は、人に気持ちを伝えることが苦手なダイの心のなかはこんなに豊かでいろいろな色であふれていたのかと感動した。

　ちょうどそこに担任が通りかかり、こう話しかけてきた。「りんごの色が不思議な色だったので『よく見てごらん。このりんごはこんな色じゃないでしょう？赤いよね？』と言葉をかけたのですが、ダイちゃん、描くのをやめてそのままお部屋を出ていってしまったので、ちょっと不思議なりんごになりました」

　どこか困惑したように語る担任を見て、ダイの絵に感動していた母親は、なんだかダイを否定されたように感じたが、その場では何も言うことができず、悲しい気持ちで家に帰った。

児童発達支援センターから児童発達支援事業所へ

　その後、思い切って母親は児童発達支援センターに電話で相談をし、近隣の児童発達支援事業所を紹介してもらった。児童発達支援センターとは児童福祉法で定められた児童福祉施設で、地域の障害児やその家族への相談に加えて、障害児を預かる施設への援助・助言など地域支援を行う、地域の中核的な療育支援施設である。一方、児童発達支援事業所は、同じく未就学の障害児への発達支援を行う通園療育施設であるが、より利用しやすいように身近な地域に設置されている。

　児童発達支援センターへはダイが発達障害の診断を受けたときに小児科で紹介されて一度相談に行ったものの、家から通うには遠かったことと、どこかで我が子が発達障害であることを認めきれず、療育を受けなくても幼稚園に通っていればきっと発達障害もよくなると思い、その後は特に利用していなかった。

第4章　見立てと支援方針

エピソード　ダイ（4歳男児）——リンゴの色は何色か②ダイちゃんの選択

　地域の児童発達支援事業所に相談と見学に訪れた母親は、ダイのあのりんごの絵を持って行った。そこで対応してくれた保育スタッフに絵を見せると、そのスタッフは開口一番「まあ、なんて素敵な色合い。世界にひとつしかないりんごですね」と言った。その言葉を聞いた母親の目からは涙があふれだした。「ああ、私はこの子を認めてほしかったんだ」

　その後、母親は心理指導担当職員に個別相談を受け、幼稚園と児童発達支援事業所を併用することも可能だと知り、父親とも相談し、週2日は児童発達支援事業所に通って月に一度定期的な個別の療育相談も受けながら、残りの日は幼稚園にそのまま通うことに決めた。併せて、児童発達支援事業所の心理指導担当職員が幼稚園へダイの様子を観察に訪れてダイの見立てを園に伝え、園のほうでも保育上の悩みや課題を相談し、発達の特性や支援のポイントについて一緒に確認した。

　その後も相変らず、ダイは自分の気持ちを伝えるのは苦手だったが、通園療育を利用するようになってから表情が明るくなり、その様子を見た幼稚園でもダイの言動を肯定的に受け止める努力をしてくれるようになった。卒園までの1年間、ダイは発達支援事業所でも幼稚園でも毎日楽しそうにたくさんの絵を描いていたという。

自己肯定感を育む保育を考える

　ダイが通っている幼稚園のように、多彩な幼児教育プログラムを園の特色とし、こうした幼児教育を求める保護者は少なくない。我が子の興味・関心を早期に見つけて伸ばしてやりたい、苦手なことがあれば就学前にそれを克服して小学校で苦労しないように準備しておきたいと考える保護者も多い。実際、そうした幼児教育のもと、苦手なことに挑戦してできないことができるようになり、自信をつけて園生活を楽しんでいる子どもたちもいる。

　ダイの両親も当初、我が子に発達障害があるからこそ、少しでも発達の助けになればと考えてこの園を選択している。だが、この園の保育・幼児教育のあ

り方は、不器用で人とのコミュニケーションが苦手であるというダイの特性を
「克服するべき発達課題」として捉え、その視点からの働きかけは熱心だった
が、残念ながらダイのありのままを受け止めるものではなく、自己肯定感を彼
のなかに育むものではなかった。

　幼児期は確かに就学前の準備期間にあたるが、小学校のためだけに幼児期が
あるわけではない。できなかったことができるようになることだけが成長では
ない。幼児期そのものを楽しむこと、ありのままの自分が大切に尊重されたと
いう経験は、人が生きていくための支えとなる自己肯定感を育んでいく。保育
の場を見立てる際には、保育に携わる保育者の思いを受け止めながらも、その
子にとって保育の場がどのような意味をもつのか考え、その子が保育の場にお
いてどのような存在であるのかについて考えながら、その後の支援のあり方に
ついて保育者と共に考えていく必要があるだろう。

「障害」「障碍」「障がい」と「二次障害」

　エピソードを締めくくる前に、最後に「二次障害」について考えてみたい。
このエピソードのダイは発達障害という診断を受けている。診断名として一般
的に使用される「障害」という言葉は、ほかに「障がい」や「障碍」と表記さ
れることがある。なぜひとつの言葉に3種類の表記が使用されるのだろうか。
そこには当事者と当事者に関わる人々の思いがある。

　「害」という文字は「害悪」という言葉に代表されるように悪いものという
イメージが強い。しかし、障害は妨げであっても害悪ではない。そうした思い
から、妨げを意味する「碍」の字や、漢字のもつイメージに左右されない「が
い」を意識的に使用するようになったと言われている。

　しかし、共通して「害」の字が使用される場合がある。それは「二次障害」
である。発達障害などの特性が要因となって生じる二次的な障害を二次障害と
言う。二次障害は問題行動や精神疾患など多様なかたちで現れるが、対人関係
で困難を抱える場合も多く、私たちが生きていく上での支えとなる自己肯定感
が低下しやすい。ダイも、その障害特性から認知面や対人コミュニケーション

面などに困難を抱えており、自分の思いを相手に伝えることが苦手であるため、周囲から理解されにくく、それが悪循環となって、人と関わることに憶病になってしまうこともあるだろう。

　障害があることがその人自身を否定するものであってはならない。障害そのものをなくすことはできなくても、周囲の理解や配慮により、限りなく二次障害をゼロに近づけていくことは可能なのである。

> COLUMN　**タヴィストック乳幼児観察を通しての学び**

　1948 年、イギリスのロンドンにあるタヴィストック・クリニックにおいて、エスター・ビックが、心理療法家養成のために「乳幼児観察セミナー」を編み出した。現在、この乳幼児観察セミナーは、タヴィストックでも、心理療法家をめざす者だけでなく、子どもに関わるさまざまな専門家の人たち、成人の精神分析家たちも積極的に受講している。また、乳幼児観察は世界中にも広まり、日本でも、鈴木龍氏や平井正三氏、脇谷順子氏らが行っている。それほどまでに、世界中に広がっている乳幼児観察とはどのようなものだろうか。著者も 2 年間の乳幼児観察をタヴィストックで行い、多くのことを学んだと実感して帰ってきたひとりである。その体験から振り返りたいと思う。

　乳幼児観察とは、次のような流れになっている。

1. 赤ちゃんとその家族の様子を誕生から 2 歳の誕生日までの 2 年間、毎週 1 回 1 時間家庭を訪問して観察させてもらう。
2. 観察後、一挙手一投足、できるだけ細かく、その時の乳幼児の様子や動き・表情、乳幼児親子や家族の相互交流の様子、そこでの雰囲気などを観察記録に書く。
3. 記録したものをセミナーで発表し、セミナーリーダーとセミナー参加者（約 5 名）と共に、赤ちゃんに起こっていること、その家族に起こっていることが何かを考え、自由に心に浮かんできたことを話し合う。

　観察対象の家族を見つけ、観察を承諾してもらっても、いざ、観察が始まるということは、互いに非常に緊張するものである。その緊張や新しくこの世に生を受けた赤ちゃんへの育児に対する期待や不安のなかで、保護者は赤ちゃんに声をかけ、あるいは赤ちゃんの泣き声などに応答したりする。赤ちゃんも、母親の子宮の環境とはまったく違う外界へと出て、その環境に慣れていこうとまだコントロールがしっかりとできない全身を動かしながら親に関わろうとする。両者が互

いの意図を知ろうと探りながら、それがずれるときはストレスを感じ、合ったときは一体感を感じて喜んでいる気持ちのやりとりを観察者は感じる。やがて、時間の経過と共に、やりとりに親子のパターンが生まれる。赤ちゃんが成長するにつれ、新たな不安やストレスと喜びも見えてくる。その不安や怒りやストレスに観察者も含め、その場にいるメンバーが圧倒されそうになっているときもある。セミナーでは、その観察のときに何が起こっているのかを、セミナーリーダー・参加者と共に自由に話し合い、観察者の揺れる思いもそこで抱えてもらいながら、また観察者は乳幼児親子に会いに行く。少し成長すると、幼児が好奇心をもって何かを始め、やがてそのことに没頭している姿から、知的にも情動的にも豊かになっていることが見える。保護者や兄姉とのやりとりにも幅が出てくる。

　乳幼児観察は、観察者側からは、観察する力をより磨いていくことで、2年間の育ちのなかで、乳幼児親子の間で何が起こり、乳幼児が何を感じ、親が何を感じているかを発達や文化、心の育ちなどの視点を取り入れながらより的確に理解していく力がつく。乳幼児親子側からは、私の対象親も述べていたように、どんな自分たちもただ見守ってくれる人がいる——つまり、ウィニコットの言うholding——と次第に思えるようになり、その守られて安心した状況のなかで育児が行えるという利点がある。そして、観察者も乳幼児親子も、特にネガティブなさまざまな感情を（観察者に受け止めてもらい、セミナー参加者に受け止めてもらい）持ちこたえることができたことで、自分たちが考えていることを思いめぐらすことの大切さと、考えることなく行動化してしまうことを予防できる力がついていったように思う。

　乳幼児観察は、乳幼児親子に関わる専門家の観察力・考察力などの能力を高めると共に、子どもを理解することを助ける。そしてそれは、日々の保育や子育て支援に生かされるのである。

第2節　保育の何を見てどう理解するか

　保育カウンセリングにおける見立ての難しさは、ノンバーバルな「行動観察」が中心になる点にある。子どもは自身の困り感を言葉では訴えてくれない。関係者から情報を得ることも必要だが、カウンセラー自身が保育の場に身を置き、子どもたちの相手をしながら対象や全体を観察し、今後の支援に向けてアセスメントを形成しなければならない。そのためにはどのような観点が必要だろうか。以下に整理していきたい。

●「気になる子」を見立てる際のポイント——何をどう見るか

> **エピソード**　「気になる子」を見立てる

　お散歩に行くために皆が玄関に集合していたとき、いつも切り替えが遅く、行動が遅れてしまうレン（年長男児）がひとり、2階の保育室にいた。あたふたと準備をしているレンに近づくと、「いそがなくっちゃ、がんばらなくっちゃ」と自分に言い聞かせるように独り言を言いながら玄関に走っていった。

　トラブルが絶えない、ヨウタ（年少男児）。紙芝居をチラチラ見ながら保育室を歩き回り保育者の背中によじ登る。座ると、ぐにゃぐにゃの背中で椅子をガタガタさせる。制作の時間では、クレヨンを取りに行った際に、他児の手がたまたまヨウタの顔に当たったとたんに人が変わったようにきつい目つきになり、手当たり次第に椅子を投げ始めた。保育者が制止するとますます暴れたが、抱えられているうちに落ち着きを取り戻した。午睡の時間には、寝ようとせず「ダン、ダダン」と大声を張り上げ続けた。単なる大声ではなく、そこには怒りや攻撃性のニュアンスが感じられた。家庭環境について尋ねると、ヨウタは家でよく父に殴られているとのことだった。

　セイヤ（年中男児）もトラブルが絶えない。お集まりの時間はピンと背筋を伸

ばし、保育者の話を聞いていた。しかし次の活動に移る際、セイヤは他児を押し倒して水筒を取りに行った。保育者が泣いている他児の気持ちに気づかせようと言葉をかけたが、「お茶が飲みたかった」と、けろっとしている。自由遊びの時間は、特定の保育者にまとわりつき、独り占めしようとする。給食前の手洗いでは、順番を守らず無理やり一番前に行くので皆が口々に怒るが、セイヤは無視して手を洗う。お昼の準備を待っている間、他児の名前に「うんち」とつけて連呼し始めた。

見立ての大枠──子どもの願い・心情を軸に行動の継起を追う

　「気になる子」という言葉は、保育者がその子どもの理解に困り、保育の筋が見えにくくなっている際に用いられる（赤木，2013）。赤木（2013）によれば、3人の新人保育者に対して、保育場面で先生の話を聞けずに自分のことを話してしまう子どもに対してどうするか尋ねたところ、「びしっと注意する」「保育者が間髪入れずにしゃべる」「無視する」といった回答がそれぞれ得られ、それに対してベテラン保育者が「すべてあんたらの都合やんか、子どものことはどこにいったの？」と指摘した。つまり、保育者は余裕がないと、「どうしたら保育がうまくいくか」と自分の都合だけで考えてしまい、子どもの思いをどう受け止めて保育をするのかといった肝心要の視点が抜け落ちてしまうという。エピソードのレンは、行動が遅いことで保育者を手こずらせることが多かったが、当の本人がそれを気に病み、自分に言い聞かせている姿を知ると、行動の見え方が違ってくるのではないだろうか。保育現場を訪れたカウンセラーが見立てを行う際、子どもを操作するための「どうすればよいか」ではなく、子どもが「なぜそうするのか」「何を願い、何を思っているのか」「何に困っているのか」など、子どもの立場から出発することが重要である。

　「気になる子」の観察と見立てのコツは、子どもの願いや心情に視点を定め、それが個と環境との相互作用のなかでどのように満たされたり、折り合いがつかなくなったりしているのか、行動の内容だけでなく、継起（sequence）を理解するように見ていくことである。たとえば、ヨウタの場合、「椅子を投げた」

という内容だけでなく、絵を描きたい気持ちが「他児の手がたまたま顔に当たって」中断され「とたんに目つきが変わり」「椅子を投げた」と見ていくのが継起の理解である。

見立ての主要な観点①　発達特性を見立てる必要性と意義

　発達特性に目を向けることにより、「なぜそうするのか」に加えて「なぜそうせざるをえなくなるのか」が見えてくる。発達特性とは、発達障害のある人のもつ個性のこと（岡田, 2009）であり、発達障害を個性の延長線上に、程度の差異として位置づける考え方に基づいている。ヨウタの場合、活動をある程度理解し興味もあるものの、身体を動かさずにはおれない多動性や、姿勢を保持することの困難が認められた。セイヤの場合、すべきことが明確な一斉活動には参加できていたが、活動の合間には、目標に向かってまっしぐらに身体が動いてしまう衝動性が認められた。その背景として、他児の気持ちに関してまったくピンときていない様子から、自閉的な特性（pp.171-172参照）がうかがえた。このように子どもの特性を見立て、それを保育者に伝えると、保育者は子どもの行動の意味がわかるようになるため、叱るのではなく、必要な支援を考える糸口になり、二次障害の予防にもつながる（岡田, 2009）。

　発達特性は軽度のものからはっきりしたものまで幅広く、表現型も多様である。また、それが周囲に理解されたからといって、マニュアル的に支援法が導かれるわけではない。しかし標準的な理解や対応策は蓄積されているので、園ではそれを参考に、子どもに合わせた関わりをカスタマイズしていくことになる。加えて、必要に応じて、親の心情に配慮しながら専門の療育につなげて連携を図る方向を模索する。たとえば、ヨウタのような多動性や感覚希求に対しては、保育のなかで感覚統合を育てる関わり（第3章第3節参照）がヒントになる。セイヤのような自閉的特性をベースにした衝動性に対しては、他児より先に手洗いに行かせるなど先手を打った環境調整や、トラブルの際にはその都度合図をした上で話しかけ望ましい行動を教えること、視覚的な工夫などを試す。いずれにしろ、発達特性は個性とはいえ放置すると、先々、子どもがより

第4章　見立てと支援方針

一層困る可能性があるため、二次障害を引き起こさないよう注意しながら教え方を工夫する。言ってすぐに改善するものではないが、子どもの反応を見ながら根気強く向き合えば、子どもは特性をもちながらも集団生活から得るものが増えていく。ほかにも知的能力（pp.169-170 参照）、注意や感覚情報処理の特性（pp.117-118 参照）などを念頭に見立てていく。

見立ての主要な観点②　愛着とトラウマの観点をもつ必要性と意義

「なぜそうせざるをえなくなるのか」を見立てるためにもうひとつ必要な観点が、愛着（第3章第1節）とトラウマ（第3章第4節）である。愛着とは、不安なときに愛着対象に接近して調整してもらうことにより安心感を取り戻す仕組みであり、そのような自他の関係性が内在化されたものでもある。愛着が満たされていないと、育ちのなかのさまざまな傷つきが容易にトラウマ化する。ましてや虐待やマルトリートメントの家庭で育つ子どもは、不安定な愛着とトラウマ体験が常に重なる状態に置かれ、神経系が過覚醒となり暴発しやすかったり、低覚醒となり無気力になりやすかったりする（pp.190-193 参照）。

先述した、ヨウタの急に人が変わったような目つきで椅子を投げる行動からは、解離の兆候がうかがえる。他児の手が偶然顔に当たったことが引き金となり、父に殴られたトラウマがフラッシュバックし反応していると言える。午睡時の攻撃的な大声は、覚醒が下がるような環境下で解離障壁が下がり、暴力的な親を取り込んだ人格部分（パート）が出てきていると理解できる（構造的解離理論）。そして心が満たされていないと攻撃性が高まり、暴れるときは本人が一番怯えている。このことを伝えたところ、自治体や家庭との連携が模索され、かつ園では楽しく身体を動かす遊びをさらに工夫すること、キレたときには叱らずに身体ごと抱えてなだめることが共通理解された。ヨウタの問題行動はすぐには減らなかったが、保育者は安心感のもと、根気強くヨウタに対応することができるようになった。

一方、セイヤの、特定の保育者に固執し、他児の気を引こうとして嫌がる言葉を連呼する行動は、自閉的特性や衝動性だけでは説明がつかず、他者に対し

89

て見捨てられ不安を抱き、自分にどれだけ関心をもってもらえるかに関心が集中しやすいアンビバレント（p.43）の愛着が関係していると思われた。このことを保育者に伝えたところ、セイヤはひとり親家庭で、母は精神疾患に苦しみながら子育てしており、これ以上の改善はすぐには難しいとのことだった。そこで、せめて園では安定して満たされるよう、毎日保育者と一対一で関わる時間をもつことや、求めに対して一定の枠を決め、一貫した対応をすることにしたところ、セイヤは落ち着いていき、次いで母がカウンセリングに来るようになった。

　このように「気になる子」を見立てる際には常に、発達特性と愛着・トラウマをセットで見立てていくことになる。両者の影響は重なり合っていることも多いが、園ではそれをあえて鑑別するよりも、両方の観点から関わる必要性を伝えていくほうが、二重三重のサポートにつながるので良いと思われる。加えて定型の発達段階を参照することと、保育環境との相互作用を見る観点も必要だが、それについては後述する。

●保育者の指示に従えない子

エピソード　指示が通る・通らない

　ヒナタ（3歳女児）は保育者が声をかけても、次の活動に移ろうとしない。遊戯室では生き生きと遊んでいたが、お昼になり皆が保育室に戻っても遊戯室に寝そべって迎えに来た保育者の目をちらちら見ながら動かない。皆が食べ始めた頃ようやく保育室に戻り、何事もなかったかのように食べ始めた。午睡の時間はひとりだけ起きて積み木で遊んでいたが、制作の時間は保育者の指示を聞きながら活動していた。保育者は発達障害を心配したが、理解も疎通性も良く、かつ親が受診に強い抵抗を示したので、ヒナタのペースに合わせて辛抱強く関わり続けた。やがて5歳になったヒナタは、他児と共感的に関わり、行動が多少遅れることもあったが、集団のなかでは目立たなくなった。

　2歳児クラスでは給食後、子どもたちを保育室の外の広間に集めて着替えをし、

絵本を読み聞かせながら、別の保育者が午睡の準備を整える。しかし保育者が一生懸命絵本を読んでも、真剣に聞いている子どもたちの傍らで、数名の子どもたちが飛び歩いてはしゃいでいる。保育者が「朝のお集まりは座ってくれるんですけどねー」と嘆いたので、カウンセラーは、「まだ2歳ですもの、危なくない程度に羽を伸ばしてもらいましょう」と答えた。

　4歳児クラスでは、自由遊びは時計の針が「9」までと子どもたちに予告されていた。アヤ先生は、時間が来たのを確認した後、「今、時計どうなってるー?」と子どもたちに問いかけた。めいめいに時計を見た子どもたちは、「9だ!」と片づけ始めた。そのなかで、リュウタ（4歳男児）だけがレゴで遊び続けているのを見ると、アヤ先生はそっと近づいて、「恐竜かな?　それどうなったら完成するの」と尋ねたところ、リュウタは「羽がついたら」と答え、大急ぎで羽をつけて片づけた。一斉活動が始まり、ざわざわしている子どもたちに向かって、アヤ先生はささやくように話し始めた。とたんに子どもたちはアヤ先生の声に耳を傾け、自発的に指示に従った。

子どもが指示に従わない理由

　岩坂（2021）によれば、子どもが指示を達成できない理由として、①耳からの情報が入りにくい、周囲の刺激で気が散りやすい、②「やらなければならない」という動機づけが弱い、切り替えが苦手（自分の興味・欲求が優先）、③「指示どおりにできた!」「ほめられてうれしい!」という体験が極めて少ない、を挙げることができる。つまり、子どもが指示を理解できていない場合と、理解できているが従わない場合に大きく分けることができるだろう。前者の場合は、理解できるよう伝え方を工夫していくことになる。後者の場合はどのように考えたらよいだろうか。

　佐々木（2008）によれば、人は皆、欲求や感情を多かれ少なかれコントロールして生きている。その力を「感情をコントロールする力」と呼ぶならば、子どもがそれを身につけていくためには養育者（親・祖父母・保育者等）と感情（喜び・悲しみ・感動など）を分かち合う体験を積み重ねることが重要である。

それにより、3歳頃までに共感する力がついてくる。したがって、子どもを養育者の都合に合わせようとしているうちは、感情をコントロールする力は育たず、逆に、子どもに合わせて喜びや楽しさを共有していくと、発達特性による違いはあるものの、指示を聞いてくれる方向に育つとされる。

ヒナタは指示を理解できている様子だった。遊戯室場面ではまだ遊びたい気持ちが推察されたが、場面によらず、日常的に切り替えのできなさが目立ったのは、指示に快く従う準備としての共感性が育っていない状態だと思われた。もしかしたら自閉的な傾向に基づく共感性の弱さもベースとしてはあったかもしれない。しかし軽度の特性の場合、早期に診断することのメリットとデメリットがあり、判断に悩むところだ。一般には早期に診断を受け、適切な支援を受けることが望ましいが、成人になってから診断を受けた当事者のなかには、早期診断を受けなかったおかげで過度に守られず、自分に限界を設けることもなく自立できたという声もある（ヘンドリックス，2021）。

ヒナタの保育者に家庭環境について尋ねたところ、多忙な親からあまりかまってもらえていない様子であった。それを気にした保育者が、懇談会でそれとなく親子のふれあいを勧めたところ、これ以上は無理と断られたとのことだった。そこで、園では親の代わりはできないものの、少しでもそれを補う関わりとして、楽しさを共有する保育を地道に続けた結果、ヒナタも少しずつ育っていったものと思われる。

発達段階や保育環境の要因

2歳児クラスで、絵本に興味をもてない子たちがはしゃいで飛び回るのは、発達段階として、無理もないことと言える。衝動的に反応せず、目標に向けて注意や行動をコントロールする力を「実行機能」と言い、4〜5歳頃に大きく発達することがわかっている（林，2016）。一方、彼らが朝のお集まりで座ることができるのは、午睡前の広間と違い、保育室には椅子があり、活動の空間的構造が明確であるといった保育環境の要因も関係していると思われる。子どもたちを座らせたいなら、保育環境を整え指示を通しやすくする工夫をすれば

第 4 章　見立てと支援方針

よいが、すべての保育場面で従わせる必要もないだろう。エピソードのように
カウンセラーは発達に応じた子どもたちのふるまいについては、大目に見るこ
とを提案することもある。

子どもの気持ちを真ん中においた保育技術

　アヤ先生が子どもたち自身に時計の針を確認させる働きかけは、子どもの自
主性（第 5 章第 4 節）を重視した保育技術である。人に言われて従うのでなく、
自ら動きたくなるように誘いかけている。ざわざわした子どもたちに対して、
声を張り上げるのでなく、小さな声で語りかけるのも、自然に子どもの注意を
引くための保育技術である。このような工夫は、ふたり以上の保育者が組んで
保育をするような園では、ベテランから若手へと自然なかたちで受け継がれて
いるが、そうでない場合には、カウンセラーが具体的に提案できるとよい。

　なかには、リュウタのように、指示のタイミングで遊びを終わらせるのが難
しいときがある。子どもと共に遊びに没頭することのできる保育者なら、未完
了のうちに遊びを中断することの悔しさもどかしさが共感できるだろう。カウ
ンセラーは、アヤ先生のリュウタへの関わりのように、子どもを操作するため
ではなく、子どもが満足感と達成感をもって活動を切り替えられ、その経験が
心の糧となっていくような、子どもの気持ちを真ん中においた折り合いのつけ
方をサポートしていきたい。

●集団のなかで気にならない子を気にする

エピソード　周りに迷惑をかけない子どもたち

　自閉スペクトラム症の診断があるタク（2 歳男児）は、園庭で皆が思い思いに
遊んでいる時、じっと滑り台の下にいた。保育者がタクを抱き上げて滑り降りた
が、無表情にされるがままで、また滑り台の下に戻った。よく見ると、滑り台の
ローラーが回るのを下から興味深く眺めているようだった。その後、園庭の隅っ
こまで歩き、ひっくり返っていた三輪車に触れると、タイヤが勢いよく回った。

驚いた様子であたりを見回したので、カウンセラーはその視線を捉えてそっと近づき「タイヤ、シューだね」と言いながらタイヤを回すと、タクはカウンセラーの目の奥をのぞき込むように見てきた。口をすぼめて静かな喜びを湛えた真剣な顔だった。そしてタイヤを回してはカウンセラーを見るので、カウンセラーはそれに合わせて「シュー」と言って遊んだ。そのことを保育者に伝えたところ、皆、タクの成長を喜び、タクの興味に合わせて声をかけることの大切さに気づいた。（喜田，2021）

ユイ（4歳女児）は、一斉活動では指示に従い、皆と活動するが、自由遊びの時間は、不安げな表情で落ち着きなく歩き回ることが多い。他児の遊びに興味をもって近づくが、すぐに別の机に移り、居場所が定まらない。その間も保育者のほうをたびたび気にして見る。カウンセラーが近づくと、ユイは、「私、漢字が書けるよ、足し算もできる」と唐突に言った。

発達障害の子どもも発達する

タクは、診断がつくまでは、保育者がとても気にかけて、パニックやこだわりに対応していたが、診断がついて理解が進んだことにより、かえって集団活動に支障がないときには放置されるようになっていた。時々遊びに誘われてはいたが、それは、タクの興味関心ではなかった。一般に、大人は子どもの探索を一定の方向すなわち、社会的な「意味」や「約束」の世界へ誘おうとする傾向がある（滝川，2017）。滑り台は滑って遊ぶのがお約束だが、タクの関心はそれとは違い、滑り台のローラーの回転を見ることにあった。自閉症幼児を対象とした研究（狗巻，2013）では、特に共同注意（他者が注意を向けている対象に自分も注意を向けること）が未成立の時期に、保育者は子どもの興味や関心とは無関係な事象に、子どもの注意を向けようとしやすいことがわかっている。

一般に、生後9～10か月頃になると、「自分と人」「自分とモノ」という二項関係から発展して、人と経験を共有する「三項関係（自分－人－モノ）」が成立し、それが社会性の基盤となっていく。タクのような自閉スペクトラム症の子どもは三項関係に困難がある場合が多いが、カウンセラーがタクの興味（願

いや心情）を観察し、それに合わせて関わることによって、タクが人と興味を分かち合う段階へ発達しようとしていることが理解された。それを保育者に具体的エピソードとして伝えたことにより、その時期のタクに必要な関わり方が保育者に共通理解されていった。

自由遊びは保育の要

子どもにとって遊びとは生きることそのものである。子どもは遊ぶことで自分を表現する。やりたい遊びを十分になし終えた子どもは、心が満ち足りて、前向きな希望を抱くことができる。津守（1987）によれば、大人も子どもも自然に楽しむときにこそ、もっとも大切なことが行われている。この自然な気持ちの交流が基礎となって対人関係や社会的関係が作られる。さらには子どもの自発的・能動的な遊びを大人が理解し、手助けすることによって、子どもは新たな心的展開を体験するという。つまり自由遊びこそが保育の要である。子どもの自発的な遊びを支え、展開させるために、大人の見守りと手助けが必要不可欠である。とりわけ、ユイのように指示には従えても、自由遊びで立ち止まってしまう子どもには、より一層の寄り添いと配慮が必要である。

自発的に遊ぶことができない子ども

ユイのような子どもを「気になる」と保育者が訴えてきたら、カウンセラーはその園の保育を心強く感じる。保育の妨げになる行動だけでなく、子どもの心が伸びやかに育っているかどうかに関心が寄せられているからだ。

自由遊びの時間に人の目を気にして、自発的に遊ぶことができない子どもは、「いい子」じゃなければならない気持ちが強い。家庭で行動の一つひとつにほめたり叱ったり「ああしろ」「こうしろ」と言われていると、子どもは人目を気にしすぎるようになる（佐々木，2008）。叱ることとほめることは、いずれも評価するという点で同じことである。ユイの、漢字や計算ができるといった唐突な発言は、そのような姿でしか認めてもらえない家庭環境を想像させる。この場合、保育者と話し合って、親をカウンセリングに誘うこともある。親に対し

て、良い子に育てようとがんばってきた今までを労いつつ、「何ができるから偉い（doing の視点）」とほめて伸ばそうとするより、「存在そのものが大事、愛おしい（being の視点）」と認める関わりが、真の自尊心を育てることを情報提供する（心理教育）。

　クラス全体が人目を気にして、いちいち保育者の顔色を見るような集団になっていることもある。保育者が「評価の言葉」や「他児とくらべる言葉」を頻発していないか、どのように子どもに対して指示を通そうとしているかに注意を払い、のびのびとゆったりした保育室をめざして保育者と話し合う。たとえば、子どもが望ましくない行動をしたときに、無理やり言うことを聞かせようと強く感情的に接していたり、あるいは子どもに「恥」をかかせたり、「そんな子は知りません」と突き放すようなことを言ったりしていないかなどに着目する。

　また、HSC（Highly Sensitive Child）と言われる過敏な特性は、5 人にひとりは存在し、生得的な気質とされる。過敏な特性をもつ子どもは、他児がほめられたり叱られたりしているのを目撃するだけでも、大きく影響を受けることに留意したい。

　ひとりで困っていて、周りに迷惑をかけない子は気づかれにくい。それに気づくポイントは、全体を観察する際、子ども一人ひとりの表情に注意を払うことである。カウンセラーは、子どもの心が満たされて落ち着いているか、それとも不安な気持ちでいるかを、表情から敏感に見分ける意志をもって園を回りたい。

第 3 節　初回訪問では何をどこまで行うか

　初めて保育園を訪れる際には、カウンセラーも緊張する。しかし、インテークが重要と言われるように初回訪問では押さえたいポイントがいくつかある。

第4章　見立てと支援方針

●子どもの観察

園との関わりのスタート

　園への訪問は、アポイントの電話を入れるところから始まっている。初回訪問の日時を決める会話からは、支援を求める切実な気持ちやカウンセラーの訪問に対する戸惑いが伝わってくることもある。カウンセラーからは、少しでも園の役に立ちたいという気持ちが伝わるよう、訪問の内容を丁寧に説明し、園に負担をかけないような配慮を心がけたい。

初めての訪問

　園を訪問する際の服装は、華美ではない動きやすい服装が一般的である（事前に電話した際に確認しておいてもよい）。香水やにおいの強い柔軟剤などは避ける。床に座ることや園児から抱きつかれてよだれや鼻水がつくことなども考慮に入れ、エプロンを持参してもよい。名札は園が用意してくれることが多いが確認しておく。

　初めて訪問する園ではカウンセラーも保育者も緊張すると思われるので、そのようなときこそ、カウンセラーはゆったりと柔和な笑顔で挨拶するのがよい。子どもたちを育む場所に挨拶は大事なコミュニケーションのひとつである。

子どもたちの観察

　各保育室に案内されたら、子どもたちの様子や保育者たちの子どもとの関わりを妨げないようにさりげなく観察する。保育者から「気になる」子どもたちについて説明があれば、それを聞きながら、当該幼児だけでなくほかの子どもたちの様子も観察する。特に第一印象では、子どもたちがのびのびとした表情をしているかどうかに着目する。加えて、部屋の掲示物やおもちゃの種類、ホワイトボードに書かれている保育者の言葉など、環境にも目を配り、保育室全体の雰囲気を感じたい。保育室では、子どもたちの目線に合わせるよう腰を低くし、あまり目立つことがないよう気を配りながら、近づいてくる子どもたち

97

にはゆったりと応じる。

●カンファレンス

エピソード　保育者によって子どもへの見方が違う

　午後の時間に始まるカンファレンス。まず、担任保育者が話す。「気になる子
は、ヒロ（4歳男児）。じっと座っていられない。思いどおりにならないと泣いて
暴れるし、指示を聞かない。何か特性があると思う」。次に別の保育者が話す。
「でも、遊戯室では小さい子たちと上手に遊んでいる」「朝早く登園できた日は落
ち着いていることも多い」。カウンセラーの観察では、今日は朝の会が始まった
とき、ヒロはまだ遊び続けたくて暴れ出したのだが、工作では先生の指示を聞い
てすぐに準備ができた。朝の会と工作の時間とで何か違いがあるのだろうかと保
育者たちに尋ねてみた。「あの工作は好きだから」「よくわかっている。理解力が
ある」「それなのに、聞きわけがないのはなぜか。わがままじゃないかと思って
しまう」と保育者たちは次々に答えた。

カンファレンスでのやりとり

　カンファレンスでは「気になる」子どもについて、必要な情報を取捨選択し
て聞き取るようにする。情報としては、たとえば、年齢（月齢）、家族構成、
家族歴、入園入所年齢、生育歴や健診での指摘事項、立位・独歩などの発達上
の重要指標が定型的であったかどうか、入園入所後の様子などが挙げられるが、
網羅的に聞くというよりは、話の自然な流れのなかで押さえていくイメージで
ある。それに加えて、園での具体的なエピソードを担任以外の保育者からも聞
き取ることが望ましい。当該幼児を説明する際にそれぞれの保育者がどのよう
な言葉を使うかに耳を傾けていると、その保育者の感じ方や考え方に気づくこ
とがある。たとえば、子どもの特性を問題行動と捉えたり、手を煩わせる要因
が親にあると考えたりする保育者がいる。また、対応に苦慮していると訴える
保育者の一方で、子どもの良いところをうまく見つけて関わっていることを伝

える保育者もいる。後者のような話が出たときは、さらに詳しく話してもらい、子どもへの理解が一面的にならないように聴き方を工夫しながら、カンファレンスを進めていく。加えて、主任保育者や園長の話からは、園全体が子どもたちをどのように育もうとしているのかという方針のようなものが伝わってくることもある。

　ここでは、保育者たちの思いとカウンセラーが感じた印象が必ずしも合致するわけではない。むしろその「ずれ」にこそ、子どもが抱える課題に関連することがあるため、ありのまま受け止める。また、誰がカウンセリングマインド豊かに子どもに寄り添っているかがわかってくる。次回の訪問からのキーパーソンになると想定しながら、保育者のやりとりにじっくりと耳を傾ける。

カウンセラーからの助言

　カウンセラーからは、その日に観察した子どもの様子とさまざまな情報から見立てたことを説明する。ここでのポイントは、子どもの行動の背景にある「わけ」を、子どもの立場に立って説明するという点である。専門家として目に見えないところを想像し、説明できなければならない。そのためには、子どもの困り感を理解するための知識も必要である（第3章参照）。その上で、子ども理解に基づいた具体的な対処法をひとつでもよいから提案できることが望ましい。ただし、成果を焦るあまり、保育者や子ども、そして保護者にプレッシャーをかけないことを心がけたい。たとえば、早急に専門機関への受診を勧めるといったことは、抵抗を招き、支援を台無しにしかねない。あくまでも園で保育者が実践できる具体策を提案する。そして、それが劇的な改善につながるとは言い切れないことや、一度試して、改善しない場合は次の策をまた考えるといった見通しを伝えておく。大切なのは、カウンセラーに寄り添ってもらえる安心感や、共に問題に取り組んでもらえるという信頼感を保育者たちにもってもらうことである。カウンセラーからの提案に興味をもち、「皆でやってみよう」と保育者たちが意欲を高めることが初回訪問での目標である。

COLUMN　**子どもの絵を見る**

　多くの子どもは自発的に絵を描く。子どもの絵を見るときは、まずはその絵を十分に味わうことが子どもへの共感的理解につながる。

　一方で、表現された絵からおおよその発達の到達度が推測される場合がある。児童の人物画の発達モデルを唱えたグッドイナフ（小林，1977）によると、2歳頃までのスクリブル（Kellogg，1969/1971）と呼ばれるなぐり描きが盛んな時期を経て、人物像の描出は2歳台の後半から、目、鼻、口といった部分の描出から明細化が始まり、腕や脚といった体幹から突出した器官に注意が向けられていく。いわゆる「頭足人」と呼ばれる、頭から手足が突き出た人物画を経て、5歳頃までには頭とは明確に区別できる胴を描くようになる（Cox，1992/1999）。

　ある年中児クラスの運動会の絵から考えたい。友だちと元気に仲良く遊べるユウ（4歳男児）は「かけっこしてぼくが勝ったところ」の題名で、グラウンドのトラックを仲間と生き生きと走り、自分がゴールしている絵を描いていた。ちょうど図1の絵のように、人物は頭と胴を区別して描かれており、年齢相応の発達状況と思われる。ケン（4歳男児）は図2の絵のようにマルをたくさん描き、運動会での「人」や情景を表現したのだが、ケンの描いた「人」には目鼻口や手足もない。ケンは、大人相手にしゃべることはできるが、ひとつの遊びに集中できず、子ども同士では仲良く遊べない。人間らしい特徴が何も描かれていないことからも、対人関係の苦手さを特徴とした発達の未熟さがうかがえる。自閉スペクトラム症を抱えるマコト（5歳男児）は明確な言語表出がない。絵では図3のようなスクリブルをたくさん描いており、輪郭で囲まれた形がない。マコトは、言

図1　　　　　　　　　図2　　　　　　　　　図3

第 4 章　見立てと支援方針

葉や構造のような形というものがまだ生まれていない、混沌とした世界に住んでいると言えよう。

　コンサルテーションの際に、カウンセラーが絵から読み取れることも併せて伝えると、保育者には、子どもの姿が豊かに深みを増して伝わることがある。絵はイメージとして、見る者に直接的なインパクトを与える力がある。

　そして何よりも、絵を描くこと自体が、子どもにとって大きな喜びであり、大きな力となりうる。「子どもはうれしいとき、悲しいとき、落胆したとき、描くことによって自分が癒やされ、また、描くことによって、高揚した気持ちが完結する」（津守，1987）のである。子どもは絵を描くことによって、さまざまな情緒を適切に表出したり、自分のなかに抱えたりすることができる。滝口（2015）は、ある日の保育カウンセリングの場で、女児が「描かなくてはいられない気持ち」が抑えられずに家族画を一心に描き上げた事例を紹介している。そこには、弟との間に葛藤があることがうかがえる表現がなされていたという。まさに、描くことによって癒やされるという体験である。

　就学後の 6 歳以降は文字の獲得が進み、言葉の使用が洗練されていくので、絵で気持ちや感情を表す子どもは必然的に減っていく。幼児期は、絵に素直に表現をする全盛期とも言えるので、子どもの内面の表現としての絵を、大切に見ていきたいものである。

● 文献

Cox, M. V. (1992) Children's Drawings. 子安増生訳 (1999)『子どもの絵と心の発達』有斐閣

Kellogg, R. (1969) Analizing Children's Art. 深田尚彦訳 (1971)『児童画の発達過程——なぐり描きからピクチュアへ』黎明書房

小林重雄（1977）『グッドイナフ人物画知能検査・ハンドブック』三京房

斎藤公子（1989）『とねっこ保育園の画集』創風社

滝口俊子（2015）『保育カウンセリングとは——子育て支援のための保育カウンセリング』pp.1-18、ミネルヴァ書房

津守真（1987）『子どもの世界をどうみるか——行為とその意味』NHK ブックス

「男の子」「女の子」とジェンダー・アイデンティティ（性自認）

「パンダ組さん♪」……保育者が手拍子をしながら歌うように語りかけると、ざわざわしていた子どもたちが一斉に「はーい♪」と保育者に注意を向ける。続けて、「男の子♪」と言えば男の子たちが、「女の子♪」と言えば女の子たちが、「はーい♪」と歌うように返事する。それを見ながら、もしかしてこの楽しいやりとりのなかに、居心地の悪い思いをしている子どもはいないだろうかと心配になる。

遠藤（2016）によれば、生物学的な性のほかに、ジェンダーといって、人を「女」「男」というふたつのカテゴリーに分別する社会的文化的な規範がある。そして自らを男女どちらであると考えるか、ないし、どんな性でありたいかを示す、いわゆる「こころの性別」のことを「性自認」と言う（遠藤, 2016, p.218）。性別違和とは、「性自認」が、自身の生物学的な性と一致せず、居心地の悪さを感じることである（同, p.28）。性別違和のめばえには個人差があるが、小学校入学以前にすでにそれを自覚していた者が全体の56.6%（1167名中）というデータもある（同, pp.54-55）。違和感をもっているにもかかわらず、「男の子♪」「女の子♪」と突きつけられて、内心苦しんでいる子どもがいても不思議ではない。午睡の際には、ピンクとブルーの籠が用意され、男女別に着替えを入れるようになっているのも同様の現象と言える。中学生くらいになると、子どもたちは、かつての経験を振り返りながら、日常的に突きつけられてきた苦しい矛盾を語り出す。なかには、小学校低学年のとき、家族のレジャーで海水浴に行った際、入水自殺を図ったという子もいた。幸い未遂に済んだが、後になってそれを知った親は、当時のことを「遊んでいて溺れた」とのみ認識しており、ショックを受けていた。

多様性を認め、生かす保育において、性自認の多様性への配慮は、今後、より一層必要ではないだろうか。たとえば、「いちごチームさん♪」や「2月生まれさん♪」といった呼びかけに変えていくのはどうだろうか。

● 文献

遠藤まめた（2016）『先生と親のためのLGBTガイド』合同出版株式会社

第 **5** 章

保育者への支援

第1節　保育者は外部の専門家に対し何を感じるのか

　外部からさまざまな専門家が園を訪ねる。それに対して、保育者は意識的・無意識的にいろいろなことを思うだろう。期待もあれば、その裏返しの落胆もある。強い警戒心を抱く場合もあるかもしれない。外部の専門家のひとりとして、保育の場を訪れるカウンセラーはどのようなことを踏まえて活動すればよいだろうか。

●保育者の専門性と主体性の尊重

エピソード　**ソラ（年少男児）とヨシコ先生**

　年少で入園してきたソラは、担任のヨシコ先生の言葉かけに反応せず、一日中、保育室の窓際に座り「あーあー」とぼうっと一点を見つめていた（入園2か月後に自閉症・中重度精神発達遅滞と診断された）。食事もひとりでは食べられず、抱っこして口に運ぶと主食のみ食べた。そんな時に、ソラを見に来た療育の専門家は、「なぜもっと専門的な関わりをしないのか」「早く絵カードを使いなさい」と断定的な助言をした。ヨシコ先生は、専門知識を身につけなければと焦る一方で、ソラが嫌だという気持ちも強くなった。

103

入園1か月を経過した頃、カウンセラーがソラを見に来た。ソラが足を保育者の足に乗せているのを見て、カウンセラーは、「あなたを求めている」「頼りにしている」と言った。先生は、そのような見方にとても驚き、「ソラちゃんと一緒に過ごしていこう」と心の底から思った。そして翌日から毎日笑顔で「ソラちゃん、おはよう」と声をかけ続けた。

　入園から2か月、ソラは先生に手を伸ばし、抱きついてきた。この時、先生は、自分の声は確かに届いている、彼のペースで成長していると実感し、ありのままの姿を受け入れていこうと思った。午睡では、毎日寝る前の儀式として手遊び歌（いっぽんばしこちょこちょ）を取り入れた。最初は無反応だったが、そのうち笑うようになり、自分から足を伸ばすようになった。

　その後、ソラは他児との交流を楽しむようになり、先生に目で自分の気持ちを伝えるようになった（やりたいことを目で追う、抱っこしてほしいときに目を見開くなど）。年中になると、自分で手を洗い、座って食事をするようになった。

　就学を目前にして、保護者が療育施設の専門家派遣サービスに登録した。その専門家の助言は、「他児と同じ時間、椅子に座り活動できるように」というものだった。その内容はソラの実態をはるかに超えていると思われたが、先生は真面目に取り組んだ。ソラも先生も追い詰められて余裕がなくなり限界を感じたので、ある時、「力をつけたい気持ちもわかるが、やろうとする心がついていかなければ意味がない」「長い目で育てていきたい」とその専門家に伝えた。専門家はそれを理解し受け入れ、その後は、ソラの実態に即した発達促進のための具体的な方法を教えてくれるようになった。結果的にソラは、卒園式の日、他児と同様に着席し参加することができた。ヨシコ先生は彼の成長を感慨深く振り返った。
（藤井・喜田，2017）

外部の専門家としての心得

　子どもと毎日関わるのは保育者である。外部から来た専門家がめざすのは、ひと時の関わりを通して、保育者に、持続可能な「置き土産」を残すことだ。つまり、具体的な対応策の助言にとどまらず、事例を見立てて理解を深め、保

第 5 章　保育者への支援

育者が自分で考えて実践できるための土台作りを意識する。その道筋を以下に
述べる。

　まず、いきなり課題提起から入るのではなく、今行われている保育のありの
ままを尊重する。保育者自身のこれまでの苦労を労い、日々の保育のなかに子
どもにとって望ましい関わりとその意味を見出し、保育者に肯定的なフィード
バックをすることは、明日の保育への活力となる。

　次にカウンセラーは、保育者と子どもとの関係性をつなぎ、保育者が子ども
を共感的に理解するための観点を提供することを主眼にしたい。エピソードで
は、ソラがヨシコ先生に足をくっつけていることにカウンセラーが気づき、
「頼りにしている」と意味づけた。保育者はそれまで、本児の発達上の課題の
深刻さに圧倒され、「打つ手なし」と無力感に打ちひしがれていたが、カウン
セラーの言葉によって子どもを可愛く思い、保育者としてのプライドと、本児
を育てていきたい気持ちが芽生えたと思われる。

　子どもの内面への理解を深めることは、関係性を改善するだけでなく、支援
の手立てを考える土台になる。人を理解する仕方には、「外側からの理解」と
「内側からの理解」のふたつがある。外側からの理解とは、行動面の問題や課
題に対して、客観的に成り立ちや経過を把握することである。一方、内側から
の理解とは、子どもが何に困り、何が苦手で、何を願っているかについて、子
どもの視点から理解しようとするものである。外側からの理解も大切だが、そ
れだけでは十分ではない。足をくっつけてくるソラの心のなかにある願いに気
づくと、ヨシコ先生は、その後も、未だ表現されないソラの願いを自ら想定す
るようになっていった（メンタライジング, pp.22-23 参照）。そのことが、たと
え無反応でも、手遊び歌の楽しい時間を共有しようとする試みにつながり、目
を見て気持ちが通じる関係性へと展開した。このように、子どもの内面への理
解が足場となり、保育者の心が、工夫や改善をしてみようという方向に動き、
それが具体的な手立てとなっていくことがわかる。

105

保育者の専門性は保育にある

エピソードの冒頭では、療育の専門家が、「なぜもっと専門的な関わりをしないのか」と保育者に伝えている。しかし、保育者は療育や心理の専門家ではなく、保育の専門家である。保育とは、子どもの生命の保持や情緒の安定を図るための援助である養護と、子どもの活動が豊かに展開されるための援助である教育とが一体的に行われるところに特徴がある（及川，2022）。たとえば、エピソードでは、午睡の際の手遊び歌を通して、ソラの情緒が安定すると共に、他者と関わる意欲が育っていることがうかがえるが、これこそが保育の専門性であると言える。

一方、就学に向けての時期では、専門家の助言のとおりに、無理をしてがんばってしまう局面があった。そうなると、保育者だけでなく、子どもにも無理や負荷がかかってしまった。その時、保育者が自身の考えを伝えたことにより、外部の専門家との関係性が変化し、専門家の意見を主体的に保育に生かすことが可能となった。このことから、外部の専門家のやり方を押しつけても、それが生かされるとは限らず、むしろ保育の専門性のなかに、外部の知恵を取り入れてもらうことが重要であるとわかる。そのためには、助言に対する保育者の受け止め方を確認し、保育者の意見を聞くなど、双方向の話し合いを心がけたい。

カウンセラーが保育者に助言したときに、「ぴんとこない」といった反応に出会うことがある。はっきりと言われることは稀かもしれないが、保育者のすっきりしない表情やあいまいな返事から伝わることがある。なかには、「少しの時間見ただけの人に言われたくない」気持ちもあると、教えてくれる保育者もいる。このように良い反応が得られないとき、カウンセラーは、自身の説を重ねて力説したり、逆に黙り込んだりせずに、すかさず、保育者の考えや意見を尋ねるとよい。それによってすれ違いが軌道修正されることがある。保育者から見た子どもの「見え方」が広がると、保育にゆとりと見通しがもたらされる。そうすれば、支援策を一つひとつ細かく伝えなくても、いくつか例示して保育者の取捨選択に委ねるだけで、保育者の専門性の引き出しから支援の手立てが引き出されていくことが期待できる。

第5章 保育者への支援

●無意識的に生じる事態を理解する

エピソード　カツミ先生の愚痴

　カウンセラーが年中の保育室で子どもたちを観察していると、カツミ先生が話しかけてきた。カツミ先生は、このクラスの保育がどれだけ大変かを語るが、具体的に何が心配で、何をどうしたい、といった話にはならない。カウンセラーは、先生の大変さを労いながら話を聞いた。すると、現状では加配が足りない、もっと人手が必要であることを園長はわかってくれない、という話になった。カウンセラーは、園長に進言してほしいという、カツミ先生の無言の期待を感じながら、「私にできることは何かあるでしょうか」とニーズを確認するための質問をした。先生は答えを濁し、その話はそれで終わった。カウンセラーは、この件は自分の胸にしまっておこうと思いながら、保育室を後にした。

無意識的交流の背景

　たとえば、「私の保育を見てください」と保育者が依頼してきたとする。意識的には、より良い保育のための助言を求めていたとしても、もしかしたら同時に、幼い頃に親からしてもらったような承認や労いを求め、解決を委ねる気持ちが無意識的に動いている場合があるかもしれない。そして、それが満たされないと、カウンセラーに対して内心がっかりしたり、うらみや攻撃的な気持ちを抱いたりすることもある。上述のエピソードで、カツミ先生のニーズを確認したのは、カウンセラーに訴えれば加勢してくれるのではないかといった無意識の期待を感じたからである。そして、もしそうだとしたなら、それを放置せずに言葉にしておかなければ、カツミ先生が後で失望する可能性があると思われた。一方、カツミ先生の思いを先取りして勝手に加勢すると、保育の全体的バランスを崩してしまうかもしれない。その後の展開から、今回はちょっと愚痴を言いたかっただけなのかもしれないと考え、このことは胸にしまっておこうと思ったのである。

　このように、過去に重要な他者（親など）との間で経験した欲求、感情、葛

藤、対人関係のパターンなどを、目の前のカウンセラーに対して向けることを
転移（pp.45-46 参照）と言う。保育におけるカウンセラーと保育者との関係は
カウンセリング関係ではないが、心理の専門家であるというだけで、カウンセ
ラーには転移のような感情が向けられやすいことを、一般論として知っておき
たい。

　幼い頃、親との間で感じた気持ちは、承認欲求や期待や依存心だけではなく、
監視の目や、批判・評価のまなざしもあるだろう。同様に保育者は、カウンセ
ラーの訪問に対して、批判されまいと身構え、防衛的になることもある。

　また、人間には変化を嫌う気持ちがある。とりわけ普段の保育に問題意識を
もっていない保育者にとっては、カウンセラーの訪問は「大きなお世話」であ
る。保育者から歓迎されない雰囲気を感じると、カウンセラーはいたたまれな
い気持ちになる。しかし、その先にある子どもたちの心の健康と成長を考える
のが、保育の場におけるカウンセラーの使命である。したがって、保育者から
どう思われても、言うべきことは言うといった覚悟もまた必要だ。ただし、い
きなり個別に指摘するよりも、集団コンサルテーションの場などで一般論とし
てミニレクチャーする機会をもらうなど、伝え方に計画性や配慮も必要である。

無意識的交流を自覚する

　一方、カウンセラーがクライエントに向ける無意識的な気持ちや態度を逆転
移（p.46 参照）と言う。保育の場でも同様のことが生じうる。保育者の言動へ
の反応として生じることもあるが、カウンセラー本人の要因で生じるものもあ
る。たとえばカウンセラーは、幼い頃、下にきょうだいが生まれたとき、しっ
かりとふるまう自分を母がほめてくれたように、ここでも何か素晴らしい助言
をして役に立つところを見せなければならないと駆り立てられるかもしれない。
しかし対人支援に魔法のような特効薬があるわけもなく、無力感に打ちひしが
れることもある。無力感とはやっかいなもので、自分で引き受けて耐えること
ができればよいが、保育者や子どもや親が悪い、と責任転嫁したくなることも
あるので注意が必要だ。

第5章 保育者への支援

このように、関わり合う当事者間で生じる無意識は、保育者やカウンセラーの現実的特徴だけではなく、当事者があらかじめもっている成育歴や人間観に影響を受けて響き合うことがある。カウンセラーは、関わりのなかで生じている無意識的交流の自覚に努め、それを支援にどう生かすかという視点をもつようにしたい。

第2節　保育者支援のコツ

保育者支援のなかでも中心となるのは、コンサルテーション（pp.74-75参照）である。コンサルテーションとは、専門家同士が事例について検討し、より良い援助のあり方について話し合うことであり、通常、個別の面談や集団カンファレンスのかたちで実施される。コンサルテーションは、それを通じてコンサルティ（ここでは保育者）が成長することにより、コミュニティに広範囲の影響を及ぼすことが期待できる点が特徴的である（丹羽, 2017）。カウンセラーは、どのようなことに留意してコンサルテーションを行うとよいだろうか。

●ニーズ（目標）を踏まえて関わる

エピソード　カウンセラーケンタさんの反省

マドカ（年少女児）は、集団場面で奇声を上げたり、保育室から出て行ったりして、皆と行動できない。昼食後、午睡の準備のため、ユカ先生は子どもたちを保育室から遊戯室に移動させ、紙芝居を読み始めた。すると、マドカは静かに遊戯室を出て行った。副担任の先生が連れ戻して膝の上に乗せ、紙芝居のほうを向いたが、マドカは、その膝の上でもぞぞと動き、紙芝居は見ていなかった。

話し合いの際、ユカ先生から「マドカちゃんを連れ戻して、紙芝居を聞かせる関わりを続けるのがよいでしょうか」と質問された新米カウンセラーのケンタさんは、「別室で過ごさせてはどうでしょうか。個別対応できる先生がいらっしゃる

ようですし」と問い返した。するとユカ先生は、「保育室を出ると戻りづらくなるので、マドカちゃんだけ遊戯室に移動させず、保育室に残しておこうと思う」と結論づけた。ケンタさんの心には、論点が嚙み合わないまま話が進んだような不全感が残った。せめて保育室では、マドカなりの方法で楽しく過ごす（本を読む、お絵描きをするなど）提案ができればよかったと、後から振り返った。

よくある「ズレ」を意識する

　上記は、園に入って間もないカウンセラーの誰もが戸惑うような場面である。保育者もカウンセラーも、子どもの幸せを願っていることに変わりはないが、保育者のめざすものとカウンセラーのめざすものが暗黙のうちにずれていることがあり、同じスタートラインに立てていないのである。

　保育者の願いは、「集団のなかで育てる」ことに向かいやすい。そして保育者は子どもたちの安全に対して厳しい責任を負っているので、安全に集団をまとめたいと願う。このエピソードの場合も、集団をいかに目の届くところに置き、安全かつスムーズに午睡に導入するかが、保育者の主なニーズであった。だから、集団についてこられないマドカを保育室に残しておくという結論になった。一方、カウンセラーは個に寄り添う発想になる。上記の例では、マドカが紙芝居に興味がもてないのに、無理に我慢させられていることがどうしても気にかかる。そして、その時間をもっと楽しく有意義に過ごさせるのが、マドカの実態に即して発達促進的ではないかと思う。このような「ズレ」が自覚されていないと、カウンセラーは保育者との話し合いで、戸惑ったり、不全感を抱いたり、保育者の関わりを自分の物差しで批判したくなることすらあるかもしれない。

保育者から教えてもらう姿勢

　しかしながら、このエピソードでは、ユカ先生自身が「この関わりを続けるのでよいでしょうか」と発言している。それに対して、もしもカウンセラーが、一足跳びに別室で過ごさせる提案をするのではなく、「そのことについてもう

第5章　保育者への支援

少し聞かせていただけますか」「そう思われたのはどのようなことからでしょうか」などと掘り下げていたならば、嫌がるマドカに紙芝居を強制することへのためらいなど、「個への関心」が保育者自身から具体的に語られたかもしれない。そうすれば、集団をまとめることと個に寄り添うことの、どちらも大事にしながら折り合いをつける話し合いへと展開したかもしれない。加えて、カウンセラーはともすると個人の課題に気を取られてしまいがちだが、個別の支援と合わせてグループダイナミクスを生かした支援を行う視点をもつことが、個も集団も共に育ち合う保育への手がかりとなる（柳瀬，2022）。

　保育者自身から発信される揺らぎ（＝主訴）に対して丁寧にフォーカスし、何が問題なのかを、現場や子どもや集団のことをより多く知っている保育者から、まずは教えてもらい、そこから共に考える姿勢があったならば、マドカの表面的処遇にとどまらず、より深い検討ができたと思われる。

●「どうしたらいいですか」にどう応えるか

エピソード　決まりを守れないダイ（2歳男児）

　ダイが、保育室のなかの、「入ってはいけない」決まりになっている押し入れ下のスペースに入ることが、カンファレンスで問題になった。スペースの入り口に「×」のカードを貼ったが効果はない。保育者たちが口々に、「他児に示しがつかない」「頭をぶつけたら危ない」と心配の声を挙げ、「どうしたらいいですか」とカウンセラーに聞いてきた。

　カウンセラーは、ダイが家で父親の感情的な叱責を受けている影響で落ち着きがないこと、時々見せるイライラした表情もそのことが関係している可能性を説明した。さらに、「ダイちゃんは、お友だちの大声が耳に障ってイライラしたとき、自分からそのスペースに入った。そのなかは落ち着くようで、しばらくして声をかけると、少し落ち着いた顔で自分から出てきた」と伝えた。

　すると保育者たちは静かに考え込み、その後、「頭をぶつけないかだけ気をつけて見ていればいいのかも」と述べ、当面の間、「ほかの子たちには個別にやん

111

わりと制止するが、ダイが入ったら、少し好きにさせて折を見て声をかけて戻そう」ということになった。カウンセラーは、「戻すとき、ダイちゃんの気持ちに寄り添って、一声かけていただけますか」と依頼した。すると、保育者のタイチ先生から、「寄り添うって何ですか」と質問が出た。「子どもの気持ちを代弁してみてください」とカウンセラーは答えた。

　１か月後、保育室に素敵な段ボールの家が設置してあり、「こちらのほうが人気です」と保育者は笑顔で教えてくれた。さらに数か月後、タイチ先生から、「子どもの気持ちを代弁してみたら、共感するってこういうことなのかとよくわかりました。今までは、寄りそうって何？ って思っていました」と報告された。

子どもの実態を具体的に示す

　保育の場では、気になる子どもに対する「今ここですぐに役立つ支援」が求められることが多い（山下，2011）。保育者とのコンサルテーションでは、しばしば「どうしたらいいですか」と尋ねられる。「～するのは、『○』ですか、『×』ですか」というバージョンもある。

　カウンセラーは、行動や症状の成り立ちを十分に理解し見立てた上で方針を立てることに慣れているので、一足跳びに手立てを問われると戸惑うことも多い。加えて、子どもの行動を外側からコントロールするだけでなく、内面を理解した上で対応を考えるほうが遠回りに見えても近道である。

　しかし、「どうしたらいいですか」に対して、「子どもの内面をまず理解しましょう」と言っても、明らかに保育者のニーズからずれている上に、提案が抽象的すぎて伝わらない。そこで、エピソードでは、カウンセラーが観察した子どもの様子を、なるべく具体的に話してみた。そうするためには、ひとりの子どもに焦点を当てて、どのような条件で子どもはどう行動した、といった個と環境の相互作用を時系列で詳細に観察しておくことが必要である（第４章第２節参照）。保育者の子ども理解は、観察で得られた具体的な実態を聞くことによって促進される。子どものことをより深く理解すれば、問題であると捉えられていた行動の見え方が違ってくる。そうすると、行動をただ制止するのでは

なく、子どもの成長のための関わりが模索され始める。

具体的な手立てを示す

その上で、手立てを具体的に例示することも重要である。エピソードでは、「寄り添う一声をかけてください」と抽象的な助言をしてしまっている。それに対してタイチ先生が教えてくれたように、「寄り添うって何？」とぴんとこないこともあるだろう。一方、「子どもの気持ちを代弁する」などの具体的な行動は、そうすることを通しておのずと共感が生まれるので、わかりやすいと言える。

これ以外にも、たとえば、指示に従えない子どもを「温かく見守る」という言葉も、抽象的すぎて、場合によっては「要は何もせずに放っとけということですか」などと受け取られることもある。「今は〜したい気持ちなんだなと思って一呼吸おいてから、様子を見て誘ってください」のほうが伝わりやすい。カウンセラーは、日頃から具体的な手立ての引き出しを増やしておくと共に、対話の際に自身の言葉が具体的かどうかに留意したい。

「どうしたらいいですか」から始まる保育の深まり

カウンセラーの保育者への支援は、「問題解決型」支援と「成長発達型」支援に分けることができる（飯長, 2015）。問題解決型支援とは、子どもの問題行動や不適応行動の見立てのもとに、短時間の個別対応のヒントをアドバイスすることである。一方、成長発達型支援とは、保育実践の見直し、考え方の変容と、それらを通じた保育者の成長をめざすことである。実際には問題解決型支援を通じて、成長発達型支援に向かうことが望ましいとされる。

以上から保育の場におけるカウンセラーは、即効的な対応を求める保育者のニーズを出発点として大切にしながら、「発達障害への対応」や「問題行動の改善」にとどまらない視点をもって、保育者が子どもとの関わりを豊かに振り返っていけることをめざして支援するのがよい。

●コンサルテーションに生きるカウンセリングの専門性

エピソード　リク（年中男児）を許せなかったアキ先生

　リクが「最近、陰険なことをする」とアキ先生から相談された。1日5枚まで と決まっている折り紙を、上限を超えて使ったのに、使っていないと嘘をつく。 先生が証拠を突きつけたら、教室内を走り回ったという。先生は、嘘を認めてほ しいと願い、走り回るリクを結果的に30分放置していた。

　カウンセラーは、嘘がばれてどうしていいかわからず走り続けたリクを想像し て胸が痛くなった。保育者からはリクの両親が完璧主義で家庭でのしつけが厳し いことはかねてから聞いていた。そこでそのことと関連づけて、「リクは嘘をつ いたことを認めるのが怖くて逃げるしかなかったのではないか」と問いかけたが、 アキ先生は納得のいかない顔をした。それを見たカウンセラーは、はっとしてア キ先生の立場に立ってみた。そして、嘘をつかれた挙句に逃げ回られたなら、子 どもから裏切られたように感じて傷つくだろうと思った。そこで、アキ先生の気 持ちをなぞるように、「先生は、その時すごく嫌だったんですよね」と伝えたと ころ、アキ先生の肩がゆるみ、厳しすぎる対応をした反省と、リクへの共感的理 解が次々と自発的に語られた。

　その後、「次からこういうとき、どうしたらいいですか」と質問されたので、「先 生ならどうされたいですか」と尋ねたところ、「抱きしめて、落ち着かせてから話 をしたい」と返ってきたので、それを支持した。（喜田, 2021 より抜粋して改変）

刻一刻のチューニング

　コンサルテーションにおいて、保育者は、自身が受け止められることによっ て、初めて他者（子ども）を受け止める心のゆとりが生まれる。エピソードで は、アキ先生は、問題の解決を願う気持ちでカウンセラーに相談してきたが、 話していくなかで、自身の傷つきをわかってもらいたいニーズが大きくなって いったと言える。そして、それが受け止められると、安堵して、リクの苦しみ に目を向けることができるようになった。

これをカウンセリングの観点から整理してみよう。クライエント（来談者）は、たとえ問題解決を望んでいたとしても、カウンセリングの間中ずっと、解決をめざす気持ち（＝解決モード）であり続けるわけではない。そもそも、解決しなければならない課題があるということは、ありのままではいけないということなので、解決しようとすればするほど苦しくなり、それを誰かにわかってもらいたい気持ち（＝受容モード）が生じてくる。したがって、人が問題解決に向かうときは、解決モードと受容モードを行ったり来たりしながら少しずつ前に進んでいくといった図式を頭に置いておくと、クライエントの刻一刻と変化するニーズを察知する際、役に立つ。

コンサルテーションは、カウンセリングとは形式が異なる援助方法ではあるが、その具体的なやりとりには、カウンセリングの専門性が生かされる。コンサルテーションにおいても、カウンセリングと同様に、相手が今、解決モードにいるのか、それとも受容モードにあるのかを見極めながら、柔軟にチューニングしていくことが有意義である。

リソースを引き出す

カウンセラーは、助言をする前に、保育者に対して「先生は普段、どんなふうにされていますか？」「今後、先生だったらどうしてみようと思われますか？」と保育者自身の手立てを尋ねてみることがある。「餅は餅屋」とはよく言ったもので、カウンセラー以上に、保育の専門家である保育者は、保育の場に適した手立てをたくさんもっている。エピソードでは今後の手立てを保育者に尋ねているが、これは、カウンセリングでよく用いられる、「リソース（資源）を引き出す関わり」である。

保育者がすでにしている良い関わりを見つけて、指摘することは有意義である。保育者は、良い保育をしようと日々願いながら、何が良いのか確信をもてず、手探りで模索することもあるのではないかと思われる。そのようなとき、実際の関わりを指して、それが良いと指摘されれば、自信をもってそれを継続することができる。

発見的対話

　カウンセラーは、自分が知りたいという動機からではなく、クライエント自身に振り返ってもらいたいという意図で、質問を行うことがある。語りを通して、クライエントのもやもやしていた気持ちがはっきりしたり、他者や現実をより客観的かつ多角的に見られるようになったりすることが、癒やしや解決につながるからである。このようにカウンセリングで行われる話し合いは、発見的対話であると言える。

　この専門性を生かして、コンサルテーションにおいても、子どもについて保育者自身に考えてもらうための質問が活用される。たとえば、保育者から、「（指示に従わない子を）放っておけばよいのか、無理にでも言うことを聞かせればよいのか」と尋ねられた際、「放っておいたらどうなって、無理に言うことを聞かせたらどうなりますか」と、普段の保育者の関わりとそれに対する子どもの反応を細やかに質問することがある。すると、保育者から、「放っておいても、その後見計らって声をかけると、すっと聞いてくれることもある。無理に言うことを聞かせようとすると泣いて暴れて収拾がつかなくなる」といった答えが返ってくる。そしてそれを起点に、保育者自身が、どんなときにどんな指示が通りやすいのかに気づき、関わりを工夫する展開になることがある。

　このように、カウンセラーの問いかけによって、保育者の振り返りが深まっていく。発見的対話とは、保育者の心のなかに、子どもや保育のことを考えるためのいわば「小部屋（心的空間）」を提供するものであり、すなわちメンタライジング（pp.22-23参照）を促進する営みであると言える。以上がコンサルテーションの概説である。次節以降は、詳しい実例をもとに各論的に見ていきたい。

第3節　コンサルテーションの実際① ロールプレイの活用

　同じ場所にいて同じ話を聞いていても、人により聞こえ方や受け取る情報量

が異なる。たとえば、言ったはずなのに聞いていない。あるいは、何度言って
も同じことをする。このような子どもは、あなたの近くにいないだろうか。

●カウンセラーの見立て

エピソード　ソウ（年長男児）①——他児への攻撃行動と保育者の対応

　「どうして、突き飛ばしたの」「ほかの子に何かする前に、先生に言ってって
言ったでしょう」とソウが指導されていた。保育者によれば、ソウはすぐに怒り、
手が出る。後ろから突き飛ばすこともあって危ない。何度言ってもまた同じこと
をする。保育者はソウに、他児に共感する力、自分が何をしたのか理解する力を
育てたいと願い、保育してきた。トラブルが起こるたびに仲裁し、ソウが同じこ
とをされたらどう思うか尋ね、他児の気持ちを代弁していたが、ソウは困った表
情で保育者を見返すばかりだった。なお、ソウの聴力に問題は認められていない。
　これまで何度もあったことであるが、ソウが他児を突き飛ばした理由は、午睡
の前にいつも布団を敷いている場所に他児が先に布団を敷いたからだった。指導
を受けるソウは、口を尖らせて担任保育者の顔をじっと見るばかりで、何も応答
しなかった。カウンセラーは、言語応答しないソウに違和感を覚えた。その後、
カウンセラーがソウのところへ行くと、ソウは、直前に皆の前で紹介されたばか
りのカウンセラーに対して「誰？　名前、何？」と聞いてきた。それに答えた上
でカウンセラーは、「もしかしたら、さっき本当は泣かそうって思ってなかった
んじゃない？」と尋ねた。するとソウは、じっとこちらを見た。カウンセラーは
少し微笑んで再度同じ質問を繰り返したところ、「うん」とだけ答えた。ほとん
ど言葉を発しないのが印象的だった。その後、保育室を立ち去るカウンセラーを
ソウはずっと見ていた。

感覚情報処理の特性

　保育者のソウへの働きかけは、言葉が中心であった。これに対して複数の保
育者から、ソウは言葉では応答せず、じっと話者の顔を見るのみであることが

多いと報告された。年長児クラスへ紹介されたばかりのカウンセラーに対して、ソウが名前を尋ねたことからも、聴覚情報入力の脆弱性が仮定された。その後、他児とのトラブル場面の後にカウンセラーがソウに直接確認したところ、保育者の指導内容について「よくわからない」と言った。これらのことから、言葉による指導を補助する視覚的な支援の必要性がうかがわれた。

保育者、園児間のコミュニケーションにおける悪循環

　保育者は一般に、園児に対して丁寧に話せばわかるであろうと考える。しかし、聴覚情報入力が脆弱であるほど、説明のために多くを話されると何を言われているのかわからなくなる。園児の感情が高ぶっていれば、なおさらである。ソウへの指導でも同様の悪循環が起きていた。指示や必要事項の伝達は、「一意一文」を念頭に行うのがよい。伝えたいことをあれもこれもとたくさん伝えないで、一度の情報量をひとつかせいぜいふたつにするのが望ましい。そして可能な限り、その都度理解の確認をする。

　加えて、保育者の不本意はやがて表情に現れ、保育者による支援の言葉と困惑した表情は矛盾したメッセージを園児に与える。ソウは、保育者から困った顔をされながら「可愛いソウちゃんのために言っているんだよ」と言われていた。これは、ベイトソンの述べるダブルバインド（二重拘束）の状態であった。ダブルバインドとは、言語的メッセージと非言語的メッセージが一致しておらず、メッセージの受け取り手が、どちらを選択すればいいのか困惑し、どちらを選ぶことも選ばないこともできなくなる状態である（Bateson, 1972/1990）。これは、「メッセージにおける、メタレベルの矛盾」とされ、保育場面に限らず大人同士のコミュニケーションでも見られる。何かを伝えるときに、言い方や内容はよく検討されても、表情等非言語面は案外考慮されないことが多い。園児に何かを伝えるときの、非言語的なメッセージについて再考してみてはどうだろう。

第5章　保育者への支援

●保育者とのコンサルテーション

エピソード　ソウ（年長男児）②── より効果的な支援のための話し合い

　午睡の時間に園長ほか、ソウに関わる保育者が集まった。当初、保育者の関心は、ソウの攻撃行動をやめさせ、他児の気持ちに共感させることにあった。カウンセラーは、先述した具体例を挙げながら、個人により優位な感覚が異なり、聞いて理解することが苦手な人が一定割合存在する。言葉だけでは理解がおぼつかないこともあることに言及した。さらに聴覚情報入力の脆弱性および視覚情報入力の優位性がある可能性について説明した（Bandler, 1985/1986）。担任保育者は、「話せば見返すので言っていることを理解しているとばかり思っていた」と話した。別の保育者から、絵本などを見せながら話すと他児同様の理解力があるが、会話だけでは保育者をじっと見るばかりで応答がほとんどない、と報告された。これに対して、保育者全員が言われてみれば思い当たる、と口々に同意した。カウンセラーは、イラストや写真、動画などを説明の補助に用いる視覚支援について詳しく説明した。単に見せて説明するだけでなく、質問して理解を確認すること、園児自身にも確認のため説明をさせるとよいと伝えた。

　園長は、今までの支援がソウの思いを聞くよりも、他児への共感を求める方向へ傾いていたのではないか、と振り返った。担任保育者は、ソウの気持ちを大切にしていなかった、と気づいた。これにほかの保育者も同意した。そこで対策として、トラブル時には、保育者ができる限り役割分担をしてソウと他児の話を聞くこととなった。さらに視覚支援の一環として保育者のロールプレイをソウとほかの園児へ提示することを提案し、練習した。そして、ソウに「どうして？」と尋ねるよりも、思いを想像して「〜だから、〜したのかな？」と共感する声かけが望ましいことを確認し合った。

保育者によって認識が異なることがある

　コンサルテーションのはじめに、情報と理解を丁寧にすり合わせて共有する。それは、保育者により既知の情報が異なる場合があり、また同じ場面に対して

119

も異なる認識をもっている場合があるためである。たとえば、カウンセラーは、ソウが新幹線にとても詳しいことを関わりのなかで知ったが、保育者全員がこのことを知っているわけではなかった。このような情報は、信頼関係を結ぶきっかけにもなる。また、ある保育者が気づいていた、絵本など視覚情報がある場面とない場面のソウの反応の違いは、このような機会を設けなければ共有、認識されなかった可能性がある。

相互確認と意見交換のための話し合い

コンサルテーションのなかで大きく変わっていったことがある。保育者の関心が、ソウの行動や認識を変えるためにどうすればよいかということから、ソウの思いに共感することへとシフトしたのである。近年、子どもの生きづらさと育てにくさへの支援ニーズが高まってきた。浜谷（2013）は、支援対象者個人の行動レベルよりも、関係性と意味レベルを大切に支援することの必要性が高まっていると述べている。子どもたちは保育者の言葉の端々から自分がどう思われているのかを察する。子どもに指導を行う際、情報入力の特異性の観点も大切だが、より根本的には、保育者と園児の信頼関係を見直すことが重要だ。鯨岡ら（2009）は、トラブル場面で子どもの思いを受け止める重要性に触れ、「単に『ごめんなさい』と言わせればよいのではない」と述べている。トラブルが度々起こるとき、当事者の園児の心のなかでは何が起こっているのだろうか。

ロールプレイの提案と練習

カウンセラーは、トラブル場面の（1）出来事、（2）保育者の対応、（3）ソウの反応と周囲の園児の様子についてそれぞれ記録を取るよう依頼した。以下はその一例である。（1）給食の前に、園児たちが手を洗おうと並んでいた。ソウのシャツが出ていたため、保育者が直した。この時、後ろにいた園児が、ソウの先へ行った。直後に、ソウはこの園児を後ろから押し倒した。この園児は前頭部を打ち、泣き出した。（2）担任保育者は倒れた園児を抱き上げ、頭を撫で

第5章　保育者への支援

て介抱した。押し倒された園児が落ち着いた後、ソウに、押し倒してはいけないといつも言っている、なぜ突き飛ばしたのか、と尋ねた。（3）ソウは、何も答えず困ったような顔で口を尖らせ保育者の顔をじっと見た。複数の園児がそのやりとりを見ていた。

　このエピソードをもとにロールプレイの練習をした。保育者が分担し、ソウ役、押し倒された園児役、保育者役、周囲の園児役2名であった。それぞれの名前を紙に大きく書き、リボンで首にかけた。ロールプレイの目的は、ソウに、自分の行動を客観的に見てもらうことである。よって、ロールプレイのなかに、「だめだよね」「危ないからやめようね」など、保育者の評価や価値判断は入れない。なぜなら、当事者が客観視しづらくなるからだ。その一方で、ロールプレイにおける行動は多少誇張してもよい。たとえば、痛いことはしっかりと「痛い」、と本来のエピソードから乖離しない限り大げさに表現してもよい。

　ロールプレイを実施する際には、何が起きたのかをソウにしっかりと見てもらい、感想を求める。時に状況を理解させるための解説も必要である。他児にも感想を求め、これをソウに受け止めさせれば、単に反省を求める以上の効果がある場合もある。時に同朋の言葉は、指導者の言葉以上に心にしみる。なお、ロールプレイはトラブルの当事者が落ち着き、保育者が状況把握をでき次第、なるべく早く行ったほうがよい。時間が経つほど、自分の行動に対する自覚が薄れる。発達上の特性があればなおさらだ。

● その後の展開

エピソード　保育者による役割分担およびロールプレイの実施と視覚支援

　遊戯室で自分を横切って追い越した他児を、ソウは後ろから突き飛ばした。保育者間で役割分担をし、担任保育者がソウの話を聞いた。担任保育者は、これまでのように、してほしかった行動を言葉で伝えるかわりに、「突き飛ばしたのは、追い越されて嫌だったからかな？」と尋ねた。すると、ソウは、他児がズルいことをしたからだと答えた。その後、保育者が気持ちを聞くなかで、ソウは「僕

121

ばっかり叱られる」と述べたという。担任保育者は、これまで気持ちをわかって
やれなかったことを申し訳なく思った。

　このトラブルに対して、早速ロールプレイが提示された。ソウ役と突き飛ばさ
れた他児役の保育者が、突き飛ばした場面をロールプレイして見せた。ソウは
黙って見ていた。感想を聞くと「押したら、だめ」と言った。担任保育者は、初
めてソウから自身の行動を反省する言葉が聞けてうれしい気持ちになったと後で
報告した。

　その後、担任保育者らは、洗面台の前に順番に並んで待つイラストを掲示した。
また、押し倒すのはいけないと示すため、大きく「○」のついた園児が仲良く遊
んでいるイラストと、大きく「×」のついた園児が他児を押しているイラストを
描いて各所に掲示した。そして、これらのイラストを示しながら、年長・年中児
全員に対して繰り返し説明をした。さらに、ここでもロールプレイ提示を加えた。

保育者の役割分担による聞き取り

　役割分担をして話を聞いたときに、保育者は、すべき行動を伝えるのではな
く、ソウの気持ちに寄り添い、思いを引き出した。これまでのような加害行動
への理解を押しつける指導では、自身の行動へのマイナス評価を最初に伝えら
れた園児はそれで頭がいっぱいになり、理解も言語表出もおぼつかなくなる。
園児の行動には、それなりの理由がある。ソウが、なぜ他児を突き飛ばしたの
かを理解してこそ適切な指導ができよう。

保育者によるロールプレイの実施

　ロールプレイの提示により「押したら、だめ」と、ソウが発言した。一歩前
進したことは間違いがないが、ソウが反省したと捉えるのは拙速であろう。自
身の行動と結びつけて理解できていなければ、他人事になってしまい、改善に
はつながらないからである。「『押したら、だめ』とはどういうことなのか確認
し、必要に応じて、ロールプレイ提示を解説付きで繰り返し、押された園児の
気持ちをソウと話し合うとよい。さらに、押さないことは他児との仲をより良

第5章　保育者への支援

いものにし、他児からソウへの評価も高まる可能性があるといったメリットも
認識させるとよいであろう」と提言した。2か月後には、ソウと他児とのトラ
ブルが1〜2週間に1回程度へと減少したことが報告された。

保育者による視覚支援の広がり

ロールプレイによってソウの行動が変化したことを目の当たりにした保育者
は、視覚支援の有効性を確信し始めた。大きく「×」をつけたイラストだけで
はなく、大きく「○」をつけたイラストも一緒に描いたことは、特筆すべき点
であろう。行動を規制するだけの指導は、時にフラストレーションを高め、否
定された感覚ばかりが残りやすい。望ましい代替行動を示すことで、園児は肯
定的なイメージをもつことができる。保育者が自ら考案した視覚支援は、言語
発達が未成熟な園児にとって申し分のない教材と言えよう。

第4節　コンサルテーションの実際② 自己肯定感を育むための
　　　　ワークシートの活用

筆者は短期大学を中心に、保育者養成教育に関わってきた。その間、短期大
学付属幼稚園長を8年間兼務した。またカウンセラーとして小・中学校で不登
校児童生徒の保護者と担任の支援、保育現場では保育者の支援を行ってきた。
筆者の活動の基盤にあったのは、教育基本法第1条「教育は、人格の完成を目
指し、平和で民主的な国家及び社会の形成者として必要な資質を備えた心身と
もに健康な国民の育成を期して行われなければならない」に示された「教育の
目的」である。

「教育の目的」である「人格の完成を目指す」ことを学生、保育者・教員、
保護者に説明するためにたどり着いたのがその図式化である。また、保育者・
保護者が「子どもの健全な人格の形成」のために行う教育活動の具体的手立て
として、ワークシート（以下「記録票」とも表記）を作成し活用してきた。

123

●「子どもの人格の仕組みと大人の役割」の図式化

子どもの健全な人格形成の仕組み

おおむね10年に一度、小・中・高校の学習指導要領の改訂と共に、幼稚園教育要領、保育所保育指針、幼保連携型認定こども園教育・保育要領も改訂される。保育関係の3つの要領・指針の改訂にあたっては幼稚園教育要領の内容が基準となっている。幼稚園教育要領第1章総則には「幼児期における教育は、生涯にわたる人格形成の基礎を培う重要なものであり、(以下省略)」、さらに「幼児は安定した情緒の下で自己を十分に発揮することにより発達に必要な体験を得ていくものであることを考慮して、(以下省略)」と記されている(無藤ほか, 2017)。人格とは個人の心の全体を示す言葉である。

図5-1を説明すると以下のとおりである。「感情(情緒)の安定」(=自己肯

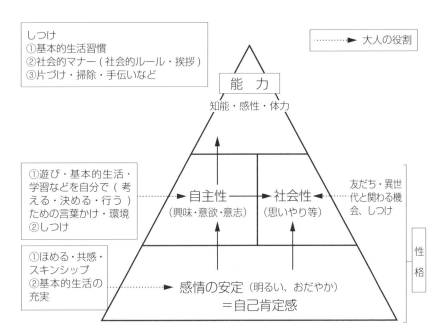

図5-1 「子どもの人格の仕組みと大人の役割」の図式化

定感）が、「自主性（興味・意欲・意志）」と「社会性（思いやり等）」を生み出す。そして「自主性」が、知能・感性・体力の能力を育てる。また「自主性」の育ちは、「社会性」の基盤ともなる。このように「社会性」、つまり友だち関係を作る力などは、「感情の安定」と「自主性」の育ちがもとになっている。「子どもの健全な人格形成」においてもっとも優先されなければならないのは、「感情の安定」つまり「自己肯定感」である。

子どもの健全な人格形成のための保育者の役割

　子どもの健全な人格形成の基盤となる自己肯定感は、保育者や保護者が子どもの成長していく心身の能力や明るさ・やさしさ・がんばりなどの前向きの態度に気づき、それをほめることから生まれる。ここで「ほめる」とは、子どもを操作するためではなく、子どもの人格を尊重するなかでの、関わりを指す。成長していく能力や前向きな態度に気づくためには、保育者が子どもの存在をありのままに認めて、子どもをよく観察することが重要である。また不快の情緒に共感してもらうことやスキンシップからも自己肯定感は生まれる。ほめる、共感する、スキンシップのなかで、直接自己肯定感を育てるのは、大人の子どもへのほめ言葉と態度である。また、ほめ言葉の後に「先生（お母さん、お父さん）うれしい」と表現することも大切である。子どもにとって園でもっとも信頼することのできる大人は担任の保育者であり、家庭では親である。その保育者や親が自分のことで「うれしい」と表現してくれることも、自己肯定感を育む。

　このように自己肯定感が子どもの自主性と社会性を育てるが、自主性は子どもの自主的行動を促す保育者の言葉かけからも育つ。自主的行動を促す言葉かけとは、子どもへの指示や命令を避けて、子ども自身がその行動に気づくように、行動が求められる場面の事実のみを伝えることである。たとえば、登園してきて通園バッグを机の上に置いたまま遊ぼうとしたとき、「バッグを片づけなさい」と指示しないで、「バッグが机の上にあるよ」と事実だけを伝える。事実だけを伝えられたほうが、子どもは自らの考えで「片づけよう」と決めて行動することになるので、子どもの自主性を育てることにつながる。

問題行動の解決は子どもの健全な人格形成を図ることを通して

子どものさまざまな問題行動は、その行動そのものを取り出し直接指導して直そうとすると、多くの場合、子どもの自己否定感を強めることになる。その結果、その問題行動は強くなり複雑化する。後述する2つの「ワークシートの活用事例」でも示したように、子どもの問題行動は、その子の健全な人格形成を図るための大人の支援を通して、子ども自身が克服していく。

●保育者が「ほめ言葉」と「自主性育ての言葉」を習慣化するためのワークシート

筆者は2014年に、数多くの不登校問題を解決している香川県のキッズカウンセリング寺子屋教室主宰の森田直樹氏のコンプリメントトレーニングシステムに出会った（コンプリメント〔Compliment〕とは「ほめ言葉」のこと）。筆者の図式化した「子どもの人格の仕組みと大人の役割」の考え方に、森田氏からの学びを生かして、スクールカウンセング用のワークシート「『感情の安定と自己肯定感を育てるほめ言葉』と『自主性を育てる言葉』の記録票」を作った。カウンセリングでは、不登校児童・生徒の保護者を対象に使用している。

保育者が子どもをほめることを習慣化することの意義

保育者が、成長していく心身の能力や前向きの態度に気づきほめることと、子どもの自主性を育てるための言葉をかけることを、常に意識し繰り返すことで、保育者の習慣が形成される。そのことと並行して子どもの自己肯定感が育まれる。保育者が「ほめ言葉」と「自主性育ての言葉」を習慣にするためには、それらの言葉を継続して記録することが有効である。

ワークシートの使い方

本ワークシートは、筆者がスクールカウンセラーとして、不登校児童生徒の保護者支援のために活用してきた。保護者が、子どもに「ほめ言葉」と「自主

第5章　保育者への支援

「感情の安定と自己肯定感を育てるほめ言葉」と「自主性を育てる言葉」の記録票

教育基本法第1条（教育の目的）「教育は、人格の完成を目指し、……行われなければならない。」右記の三角形は、人格の仕組みとその健全な形成のための大人の役割を示す。

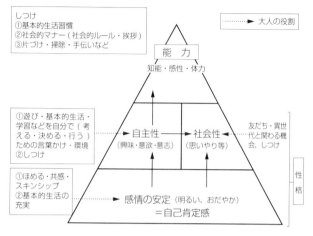

自主性育ての言葉の例
× 「テーブルの上の運動着を片づけなさい！」（命令・指示）
◎ 「テーブルの上に運動着があるよ」（事実のみ伝える）

月日	項目	子どもへかけた言葉	子どもの反応（言葉や表情など）
／ （　）	ほめる	①	
		②	
		③	
	自主性育ての言葉	(1)	
		(2)	
／ （　）	ほめる	①	
		②	
		③	
	自主性育ての言葉	(1)	
		(2)	

本票は森田直樹の実践を参考に筆者作成

【読者の方へ】①本票をコピーしての使用可。②記録作成期間は、対象児の気になる行動の種類と程度によって異なるが、2、3週間を目途に毎日作成する。その結果をもとに、その後の作成継続の有無や期間を決める。

127

性育ての言葉」をかけて、それを毎日記録する。筆者の体験では、保護者が6か月以上にわたって毎日記録を作成する場合、その約9割の児童生徒が不登校を克服する。スクールカウンセラーの1校当たりの勤務時間は、4時間勤務で年間約30回なので、継続的な保護者カウンセリングが可能である。

　一方、富山県の「ハートフル保育カウンセラー派遣事業」は、保育者支援が目的である。1事業所当たり24時間の勤務なので、ワークシートは保育者に活用してもらっている。

　カウンセラーが、記録票に目を通して保育者と話し合い、助言をする。特にほめ言葉が保育者本位になっていないか留意する。たとえば、子どもの長所の事実のみを評価すべきなのに、「～ができたね。これからもできるようになろうね」などと言うことである。このような保育者本位の言葉の場合、子どもの表情にマイナスの反応が出ることが多い。また、ほめ言葉は、他児がすでにできることをほめる場合が多いので、対象児に一対一でかけることが原則である。

　記録票の作成期間は、対象児の気になる行動の種類と程度によって異なるが、2～3週間を目途に作成し、その結果をもとに、その後の作成の有無や期間を決める。記録票の上半分に、教育基本法第1条と健全な人格形成の図を掲載しているのは、記録者に常に記録の意義を確認してもらいたいためである。

●ワークシートの活用事例

　以下2つの事例を紹介する。ワークシートはいずれも全記録の一部である。

活用事例1　緘黙傾向の3歳男児

【主訴】

家庭では話すが園では話さない。

【カウンセラーの見立て】

　家族は両親、小4の姉、小2の姉、祖父母。母親、祖父母共に溺愛型。2月生まれで言語能力・体力共にクラスの平均にまだ達していない。以上のことから集団生活では、自己否定感をもつことが多く、自信をもって行動できない。

第5章　保育者への支援

【保育者とのコンサルテーション】

　訪問は、9月と10月各2回。初回にカウンセラーの見立てを「子どもの人格の仕組みと大人の役割」の図を使いながら説明し、ワークシートの作成を勧めた。その後の訪問ごとに、カウンセラーがワークシートへのコメントの記入、対象幼児の行動観察を行う。それをもとに保育者とカンファレンスを行った。

【その後の経過】

「感情の安定と自己肯定感を育てるほめ言葉」と「自主性を育てる言葉」の記録票（ワークシート）

月日		子どもへかけた言葉／ 3歳児 ナオト	子どもの反応（言葉や表情など）
9/2	ほめる	大きな口で食べられるんだ。先生うれしい。	もっと大きな口でご飯を入れようとする。
		（午睡の時）いっぱい遊んだし、いっぱい食べたね。大きくなーれ、大きくなーれ。（体をさする）	クックウと鼻の奥のほうで音を立てて笑う。
	自主性 育ての言葉	【登園後の朝の準備、うがいをまだしていない】 朝の準備はどこまでやったかな？　あとは何かな？	うがいのコップを取りに行く。
9/3	ほめる	おはよう。ナオちゃんのニコニコ顔、先生うれしい。	ニッコリ笑う。
		今日もニコニコナオちゃんと遊べてうれしかったよ。明日また待っているね。	保育士の手をギューッと握る。
	自主性 育ての言葉	絵本皆あっちを向いていて、何の本かわからないね。	何冊か並べ直す。
9/4	ほめる	（登園時）ナオちゃん、もう準備が終わったの。カッコいいなー、先生うれしい。	照れた顔でカバンと水筒を片づける。
		（給食時）おかわりしたね。先生うれしい。【給食おかわりは、3歳児クラスになってから初めて】	キラキラした目で担任を見つめてうれしそう。
9/8	ほめる	保育園に、早く来てくれたんだ。先生うれしい。	うれしそうに鼻の穴がふくらむ。【初めて泣かずに登園する】
		手洗い上手。ピカピカの手になったね。うれしい。	うれしくて、鼻の穴がふくらむ。
9/14	ほめる	【運動会に向けての踊りの練習、初めて踊る】先生見てたよ。がんばったね。先生うれしかったよ。	踊りの動作が、少しずつ大きくなる。
9/28	自主性 育ての言葉	お友だちのハルちゃん、泣いている。どうしたのかな？	ハルちゃんの頭を撫でる。

129

9/29	ほめる	【「アズマ先生コチョコチョしてくれた」と家で母に話す】名前を覚えてくれたんだね。先生、うれしい。	ニコッと笑う。
10/9	ほめる	【声は出ないが口の形は「あけーて」、息は出る】「あけーて」と言ってくれて、先生すっごくうれしい。	ニコッと笑う。

【まとめ】

本児のクラスを訪問したのは、9月2回（3時間と2時間）、10月2回（4時間と2時間）のみである。この年の12月に主任から以下のメールを受け取った。

「12月10日、担任が『その靴、誰に買ってもらったの？』と聞くと、大きな声で『ママ！』。友だちとは、すでに話すようになっていました。おやつの時間に私がクラスに入ったら、『おいしい』と私の耳元でささやいてくれました。担任が、本児の長所を見つけてほめることを積み重ねたからだと思います」

活用事例2　保育者や友だちとの関わりに消極的な5歳女児

【主訴】

集団での活動に加わらないことが多い。友だちが保育者から注意を受けると、本来無関係の本児が、保育室を出ていくなどの反応を示す。自分の身の周りのことはよくできる。

【カウンセラーの見立て】

家族は、共働きの両親、小3兄、本児、3歳弟、1歳妹、少し介護の必要な祖父。父母共に仕事・家事・育児・介護で大変多忙。そのため、特に4人きょうだいで下に3歳弟と1歳妹がいる本児に対して、親からのほめる言葉、共感、スキンシップなどの自己肯定感を育てる関わりが少なくなっていると思われる。

【保育者とのコンサルテーション】

本クラス訪問は、8月2回、9月2回。その他保育者とのコンサルテーションは、先の「ワークシートの活用事例1」と同じ。

第5章　保育者への支援

【その後の経過】

「感情の安定と自己肯定感を育てるほめ言葉」と「自主性を育てる言葉」の記録票（ワークシート）

月日		子どもへかけた言葉／ 5歳児 カナ	子どもの反応（言葉や表情など）
8/20	ほめる	朝の支度もう終わったんだ。すっごく早いね。素敵なカナちゃんを見られて、先生うれしい。	返事はないが、照れくさそうにしている。
		布団きれいにたたむことができたね。さすがお姉ちゃんだ。	「ママやってくれないよ」とやや不満そうに言うが、うれしそうな表情。
	自主性 育ての言葉	大きい布団たたむのを手伝ってくれる？	「いいよー」と積極的に行動。
		床に切った紙、いっぱい落ちているね。	率先して片づけを手伝う。
8/21	ほめる	小さいお友だちにやさしくしてくれてありがとう。先生うれしい。	腰を曲げて手をつなぐ。小さい子のスピードで連れて行く。
	自主性 育ての言葉	【クラスの子どもたちの持ち帰る荷物が、たくさんある週末】どうしたら、きれいに並べられるかな？	ひとつにまとめるとコンパクトになることに気づいて率先して行う。
9/8	ほめる	【運動会練習の入場行進で本児を先頭にしたことで、練習に参加するようになる】さすが先頭さん、がんばっていて、先生うれしい。	表情が明るく、はりきって参加する。
		【カウンセラーからのコメント】本児はきょうだいが多いので、親のケアが少なく、自分でやらなければならないことが多い。そのことを本児が否定的に捉えるのではなく、自分でできることが多いことが良いことであることを気づかせるようなほめ言葉をかける。	
9/14	ほめる	【保育室に入ってくる際に、しっかり挨拶をするようになる】挨拶、元気いっぱい。先生も元気もりもりになる。先生うれしい。	無言だが表情は穏やか。
		【踊りをがんばる】腕もぴんぴんに伸びて、とてもかっこよく踊れるようになったね。先生うれしい。	無言だが表情は明るい。
9/18	ほめる	【「せんせい、鬼ごっこ一緒にやろう」と声をかけてくれる】誘ってくれて、先生うれしい。足早い。	一緒になって鬼ごっこを楽しむ。
		【鼓隊の踊りにより積極的になる】力をいっぱい出して踊るカナちゃん、素敵。踊りの準備もたくさん手伝ってくれてありがとう。先生うれしい。	踊りにとても積極的に取り組んでいる。

【まとめ】

　本児は家庭環境により、親から自己肯定感を得ることが少なかった。保育者

131

がそれを理解し自己肯定感を育てる関わりを意識的に行ったところ、短期間で
集団活動などの園生活に積極的に参加するようになった。

第 5 章　保育者への支援

....

**COLUMN　富山県の「ハートフル保育カウンセラー派遣事業」の
成果と課題（保育園）**

　2017 ～ 2021 年の 5 年間で訪問した 106 の保育園の事後アンケート結果（自由
記述）から、本事業の成果と課題について考えてみたい。

　回答を分析してみると、成果は下記のとおり 6 つのカテゴリーに分けることが
できた。①専門的な助言で見方が変わった（27 件）、②訪問が継続的で効果的
だった（27 件）、③子どもの姿や保育者の関わりを実際に見てもらえた（26 件）、
④保育者が支えられた（24 件）、⑤研修体制作りができ、チーム力が向上した
（20 件）、⑥保護者支援の助言をもらえた（9 件）である。

　カテゴリーの内容を見てみると、①では、「『困った子』ではなく『ユーモアの
ある子』として捉えることで気になる子と向き合うことが楽しくなった」「保護
者の気持ちを理解し愛おしくさえ感じられるようになった」などの回答があった。
専門性を生かした助言により、問題と考えられている事柄を違う枠組みで捉え直
す作業ができたことは有効であったと考えられる。②の回答では、単発ではなく
継続的な訪問という本事業の取り組みを評価する意見が多く見られ、継続的な観
察・助言が保育現場にとって有効であることがわかった。④の回答には、「普段
の関わり方を認めてもらえたことで不安が和らぎ、今後の意欲につながった」な
どがあった。保育者は普段の実践を認めてもらう機会が少なく、緊張感や不安感
を抱えながら保育にあたっていることが推察された。本事業では、子どもだけで
なく、保育者へも安心感を提供できたことが示唆された。

　一方、課題は下記のとおり 3 つのカテゴリーに分けることができた。①時間的
制約（8 件）、②カウンセラーの質（5 件）、③連携（2 件）である。カテゴリー
の内容を見てみると、①は「派遣時間を増やしてほしい」「保育者の数がギリギ
リで、担任以外の保育者が話合いに参加する時間が取れなかった」、②は「悩み
の解決に至らなかった」、③は「（県や市の）各課を超えた機関内での連携強化が
重要と感じた」などであった。

　カウンセラーは保育者のニーズに合わせ、限られた派遣時間を有効に活用し、
適切な助言や支援ができるよう、日々研鑽していく必要があると感じた。

133

第**6**章

子育てをめぐる親の悩みと親支援のポイント

第1節　子育てをめぐる親の悩みの特徴と園での支援

　子育てをしている親の悩みは、子育て期だからこその特徴がある。また時代や社会状況・子育て環境によっても、子どもの年齢によってもその内容が異なってくる。さらに、悩みはさまざまな背景要因が複雑に絡まって生じていることが多く、その支援のためには、個々の家庭や親子関係への丁寧な理解が必要である。

●悩みの背景にある要因の理解

エピソード　**悩みが次々と変化するカイト（2歳男児）の母サトコさん**

　ある日、カイトの母サトコさんが「昨日の夕食のときにかんしゃくを起こして2時間くらい収まらず、私も疲れ果ててしまいました」と連絡帳に書いていた。カイトは、いつもとそれほど変わった様子はなかったが、お迎えの際に担任の保育者が声をかけて話を聞いたところ、「偏食が多く、嫌いなニンジンを食べさせようと口に入れたら、口から吐き飛ばしたのでつい怒ってたたいてしまった。その後かんしゃくを起こし、2時間ほど泣き叫んで、茶わんを割ったり、ものを投げたり、大暴れをして疲れ果てて眠ってしまった」とのこと。担任保育者は、サ

134

トコさんがどんなふうに対応をしているのか聞いた上で、「かんしゃくを起こしているときは、あまり叱ったりせずに落ち着くまでそっとしておいてみたらどうか」と助言をした。

すると翌日、サトコさんは「ほかの子どもと比べても落ち着きがなく、言葉も遅れている。発達障害ではないか」と不安そうに話し始め、話が止まらなくなってしまった。担任は、「園で見ている限りでは、発達障害と感じたことがない。まだ言葉で思いを伝えることは難しい年齢。かんしゃくも年齢相応ではないか」と話した。

さらに数日後、サトコさんから「実は時々、カイトをたたいてしまう。私は虐待をしているのではないか」と打ち明けられ、担任はどのように支援をしていいのか、わからなくなってしまった。

悩みを相談できる場所がない親たち

2020年の文部科学省の調査によると、子育ての悩みについて気軽に相談できる人や場があることを地域に求める親の割合は51.8％と、半数以上の親が相談できる人や場を求めていることがわかる。相談相手としてもっとも多いのが配偶者、次いで実母となっており、子育ての悩みを相談できる相手がいない親が2.7％いることも示されている。核家族化が進み、実母とは物理的距離が離れたところで子育てをしている家庭も多いなかで、配偶者は重要な相談相手となるが、そうすると子育ての悩みを相談できるかどうかは、夫婦関係や労働時間の影響を強く受けることとなる。

カイトの母サトコさんも、園を訪れたカウンセラーが話をゆっくり聞いたところ、父親の帰宅時間は毎日深夜であり、土日も仕事が入ってしまうことが多いため、サトコさんはほとんどひとりで子育てをしていることがわかった。サトコさんは保育園のお迎えの時間に間に合わせるために仕事を家に持ち帰り、カイトを寝かしつけてから仕事をしていること、睡眠不足が重なり、心身共に疲労がたまり抑うつ的になっていることがわかってきた。カイトは2歳になってイヤイヤ期と言われるような時期になり、食事や着替えなどのたびにサトコ

さんをてこずらせることが増えてきたが、余裕をもって関わることができず、強制的に何かをやらせようとすることでカイトの抵抗がますます強くなり、ついにたたいてしまうようになった。サトコさん自身、そういう自分に戸惑いながらも誰にも相談できないでいたが、連絡帳に書いたことがきっかけで担任保育者に話を聞いてもらうと、それまで悩み苦しんでいたことがあふれ出てきてしまったと考えられる。

親の悩みは複合的

子育て期の悩みは複合的に多様な要因が絡まり合っている。子育ての悩みは、「生活習慣の乱れ」「しつけの仕方がわからない」「子どもの健康や発達について」が上位に上がると報告されている（文部科学省，2020）。しかし、親が子どものことについて悩むということは、必ずしも子どもの行動や具体的な関わりを悩んでいるということではない。「子育ての悩み」が生じる背景には、親自身のストレスや夫婦関係の問題、自身の親や配偶者の親との関係、さらには職場の人間関係や仕事上の問題などが複合的に影響し合っていることが多い。「子育ての悩み」は自覚しやすく、かつ誰かに相談しやすい悩みであるため、前面に出てくるのである。そのため、親の子育ての悩みを聞く際には、その背景にどのようなことが影響しているのか、本当にわかってほしいことはどのようなことなのか考えながら聞く必要がある。

ひとつの悩みの解決だけをめざして助言をすると、カイトの母サトコさんのように、次々と別の悩みが語られ、いたちごっこのようになっていくことも少なくない。子どもの発達についての不安や、どのようにしつけたらいいかわからないという悩みは、年齢相応の発達の知識や具体的な子どもへの関わりを助言することで解決できるように思われがちである。確かに、そうした助言が有効な場合もある。しかし多くの親は、孤立した状況、ひとりで責任を負わなければならないことへの重圧を抱えて、子どもの行動を否定的なフィルターを通して見てしまい、発達の遅れという不安を抱いたり、親としての自分の関わりに自信がもてなくなっているため、助言が悩みの解決につながらない。時間を

かけてゆっくり話を聞き、孤独感や親としての自己否定感を和らげるような支援が必要なのである。

● 保育園は親が悩みを表現できる最適の場

エピソード 悩みが次々と変化するカイトの母（続き）

　サトコさんの話を聞いたカウンセラーは、サトコさんを労い、ひとりでがんばっている負担感や孤独感を丁寧に聞いた。そして、サトコさんの負担を減らすためにできる工夫はないかと一緒に考えた。カウンセラーと話し合うなかで、サトコさんは、仕事を家に持ち帰ってやるのは負担が大きいので、週2回は、8時までの延長保育を使って仕事を会社でできるだけ片づけられるようにすること、それ以外の日は、家でカイトとゆっくり過ごすと決めることができた。

　また、保護者同士の支え合いも考え、カイトと仲の良いユウマの母との会話の糸口になればと期待を込めて、園長から「カイトくんは、ユウマくんとよく一緒に遊んでいますよ」とカイトの園での様子を伝えてもらった。子どもたちを介して親同士の関係ができてくると、サトコさんは子どもの悩みを相談できるようになり、サトコさんは少しずつ余裕をもって子育てができるになった。サトコさんが余裕をもてるようになるにつれて、カイトも家でかんしゃくを起こすことは少なくなっていった。

誰かに話ができることの大切さ

　子育ての悩みは、誰にどのように話したらいいのかわからず、結果的に相談することができないまま苦しみが強くなってしまうことも多い。カウンセラーのような専門家に話をすることは敷居が高く、自分から相談できる親はわずかである。地域の子育て相談の場は増えてきているが、仕事をしながら子育てをしている親にとって、相談の時間を確保することは容易ではない。そういうなかで、保育園の役割は重要である。担任の保育者に子どもとのやりとりのエピソードとして話をすることができ、連絡帳に書いたり、送迎の際に立ち話で気

楽に話ができることが、保育園の強みである。園での行動で気になることがある子どもの場合には、親も気になっていて相談するきっかけを探っていることも少なくない。保育者は、親が相談するきっかけを提供できるように、できるだけセンサーを働かせ、親が悩んでいないか、子育てで困っていることはないかなど普段から問いかけて話をすることへの抵抗を和らげておけるといい。また、親が相談してくれたら、まずは批判や助言をせずに丁寧にゆっくり聞くという姿勢が大切である。

　何回か話を聞いて、保育園では支援が難しいと思われたら、相談することへの親の抵抗感が和らいだところで、カウンセラーにつないだり、外部の専門機関を紹介する。大切なことは、保育園で最初に担任の保育者に話ができ、話を聞いてもらうことで心がゆるんだり、軽くなるといった経験ができることである。それだけで、親としての自信が回復し、親自身の力で問題を乗り越えられるようであれば、その後も送迎時に時々話をするようなかたちでの支援を継続する。より専門的な支援が必要と判断されたら、「担任としてサポートは続けるけれど、専門家に相談してみたほうがお子さんにとってもっとプラスになると思うから、相談してみたらどうか」というように、専門家に丸投げして、見捨てるわけではないことが伝わるような話し方が工夫できるとよい。自分のことを気にかけてくれる人がいる、ひとりで子育てをしているのではない、いろいろな人の助けを借りていいのだと感じられるようになることが大切である。

子どもを通した間接的な支援

　保育園で保育者ができる親支援の最大の強みは、子どもを通した間接的な支援ができることである。子どもの発達やしつけについての悩みは、「子どもを保育者がどう評価しているのか」ということに対する懸念から生じていることも多い。エピソードで挙げたカイトのように、家でかんしゃくを起こすことは親として困ると同時に、「保育園でも同じことが起きているのではないか」という不安につながり、さらに、「子どもをしつけられないダメな親として見られているのではないか」という懸念を引き出す。子どもの評価が親としての自

分の評価に直結してしまうことが、親のストレスを強めているのである。

　保育者が、できるだけ子どもの良い面を親に伝えるように心がけていると、それだけで親の不安が軽減することもあるし、保育者への信頼感を強めることにもつながる。さらに、保育者が子どもの良い面を見ようとしているその姿勢が、子どもの潜在的な力を引き出し、子どもの成長にも良い影響を及ぼしていく。こうした良循環を作ることができるのは、普段子どもと長い時間を過ごしている保育者の強みでもある。

限界を越えない範囲で支援することの大切さ

　保育者が親から信頼されるようになると、毎日送迎時に長い時間話をするようになり、ほかの保護者と話すことや子どもへの関わりの時間が取れなくなってしまうことがある。保育園で保護者支援を行う際には、このような状況にならないように保育者が自らの仕事時間のマネージメントをしておくことが大切である。せっかく信頼関係ができてきたのだから、今時間を取って話を聞かなければという責任感から、ひとりの親と話をする時間を無理して取っていると、ほかの保護者から不信感をもたれたり、子どもに目が行き届かなくなって事故が起きることもありうる。ほかのことを気にしながら話を聞いていると、上の空になってしまい結果的に適切な支援にもつながらなくなる。

　このようなことを防ぐためにも、担任が親と話をするのであれば、その間は別の保育者にほかの仕事を任せたり、親の話を聞く役割を園長に依頼するなど、体制を客観的に捉え、役割分担を明確にしておくことが求められる。「先生にしか話せません」とひとりの保育者との強い絆を求めてくる親もいるが、そういうときこそひとりで抱えないように注意して、園全体で状況を共有し支援体制を整えておくことが重要となる。どんなに頼られてもひとりでできることに限界があり、また保育園だけでできることにも限界があるという認識をもち、何が限界なのかを自覚できるようにしておくことが必要である。

赤ちゃん部屋のおばけ
―― 世代を超えて棲みついた、望まれざる住人

　「すべての赤ちゃん部屋にはおばけがいる」(Fraiberg et al., 1975/2011)。おばけの正体は、親の過去の経験のなかで抑圧されてきた、恐怖や悲しみや無力感などの強い情緒的感情である。それらは当該母親自身のもののみならず、その親やまたその親といった、世代を超えて連綿と引き継がれた強い情緒が蓄積されている場合もある。これらが赤ちゃん部屋において抑圧の蓋からあふれ出し、睡眠、食事、排泄、しつけなどのあらゆる育児行動に影響を与えるのである。

　赤ちゃんが泣きやまないとき、母親はさまざまな感情を呼び起こされる。ある母親は「ミルクをあげたしオムツも替えたのにどうして泣くの？」と途方に暮れるだろうが、それでも、赤ちゃんがなんらかの苦痛を感じているに違いない、と思い直し、抱きながらあやし続けられるだろう。ある別の母親は、やまない泣き声を「わざと私を困らせている。私を攻撃している」と受け取り、母親自身が声を荒げるか、手を上げるか、あるいは逆に手も出さずに放置することになるかもしれない。前者の母親の場合、無力感でいっぱいになりながらも不適切な育児行動にはならず、おばけは一過性のものとして退散したようだ。ところが後者の場合は、過去に抑圧された怒りや恐怖や苦しみがおばけとして居座り続けて育児に影響を与えている。おばけを味方に変えるには、過去に蓋をした自身の醜い気持ちを大切に認め、それもかけがえのない自分であると許すことが重要である。

　保育現場で手に負えない言動を示す子どもや、保育者から見て理解に苦しむ対応をする保護者は、おばけの正体と和解できずに苦しんでいるかもしれない。その場合、背景を丁寧に見立て、関係者や諸機関で役割分担をしながら、根気強く支援していくことが求められるだろう。

● 文献

Fraiberg, A., Adelson, E., Shapiro, V.（1975）Ghosts in the Nursery. Leff, J. R.（2003）*Parent Infant Psychodynamics: Wild Things, Mirrors and Ghost*, Wiley. 木部則雄監訳（2011）「第 8 章 赤ちゃん部屋のおばけ――傷ついた乳幼児－母親関係の問題への精神分析的アプローチ」『母子臨床の精神力動――精神分析・発達心理学から子育て支援へ』岩崎学術出版社

第6章　子育てをめぐる親の悩みと親支援のポイント

第2節　保育者との協働による親子の関係性への支援

　親子は、相互に強い影響を与え合っているため、親支援は、親だけの支援を行うよりも親子の関係性に対して支援をするほうが、変化が早く生じることが多い。本節では親子の関係性への支援を行うために、カウンセラーが保育者とどのように協働するのか、実際の例を通して解説する。

●子どもの発達特性が気になる場合

エピソード　**いつも離れたところでほかの子どもの遊びを見ているハルト（4歳男児）**

　ハルトは、ほかの子どもと一緒に遊ぶことができず、離れたところからほかの子どもの遊びを見ている。ほかの子どもの遊びに興味があるようにも見えるが、保育者が声をかけても遊びのなかには入ろうとしない。遊び以外の生活場面では、ほかの子どもと話すこともあり、孤立しているわけではない。家で「保育園がつまらないから行きたくない」と話していると母親から相談を受け、担任がハルトの好きな遊びや興味のある遊びを母に聞いてみたところ、アニメを見ることとゲームをすることが好きで家でもひとりで遊んでいることが多いことがわかった。母も家事が忙しいので、ひとりで遊んでいてくれると助かるということであった。

親子の関係性の理解

　ハルトの問題はどのようなことであろうか。他児と一緒に遊べない、関わることができないというと、自閉スペクトラム症を疑うかもしれない。DSM-5（高橋・大野，2014）の診断基準に当てはまるかどうかチェックしてみると、確かに「社会的コミュニケーション」の問題がありそうであり、興味の幅も限定されている。しかし、遊び以外ではコミュニケーションが取れているし、切り

141

替えができないほどの「こだわり」は見られない。

カウンセラーが、改めてハルトの発達について観察しながらアセスメントをしてみたが、言語や意思伝達の機能は年齢相応に発達していることがわかる。また、運動機能の発達が悪いために外遊びなどに入れないのかと思い、一対一で運動機能の発達を確認してみたが、特に大きな遅れも認められなかった。では、なぜハルトは、ほかの子どもの遊びに入ることができないのだろうか。

親の幼少期の経験から生じている葛藤

カウンセラーが依頼して園長やほかのクラスの保育者にも様子を見てもらい、ハルトがどんな気持ちで他児の遊びを見ているのか意見を出し合ったが、改善策は見出せなかった。そこで、母に保育参加を依頼し、ハルトの園での様子を見てもらって、ハルトがどんな気持ちでいると思うか、母に尋ねてみた。

園長、担任とカウンセラーとで話し合っているときに母は急に泣き出し「私が子どものときに、同じようにほかの子どもの輪に入れなかったことを思い出した」と語り始めた。母は厳しい家庭で育ち、家で大声を出して騒いだり、楽しく笑って遊んだりが許されなかったそうである。母にとって遊びというのは、ひとり静かに本を読んだり絵を描いたりすることで、楽しい感情を表現したり、誰かと共有して遊ぶことは一度もなかったことが語られた。それまでのハルトと母との関係は、遊びを通して感情を共有し、楽しむという性質のものではなかったのであろう。

そこで、カウンセラーの提案で午睡後にハルトと保育者と母の3人でブロック遊びをする場を設定した。保育者がハルトの興味やアイデアを引き出し、ハルトを誘導して作品を作るなかで、保育者がハルトの感じているさまざまな感情を言葉にして返していると、ハルトは笑顔で生き生きと遊びはじめ、満足できる作品を完成させた。そばにいた母は、ハルトの笑顔を見てうれしそうにしていた。その翌日の連絡帳には、「子どもはこんなふうに遊ぶということを初めて知りました。ハルトの笑顔を見て、私もうれしくなり、こんな時間を家でももとうと思いました」と書かれていた。

親子の関係性を変化させる支援

　子育てにおいて、親自身の幼少期の体験が無意識のうちに子どもへの関わりに影響をすることがある。ここで挙げたエピソードのように、親はそのことに気づくことができないまま、子どもの他者との関係に受け継がれていく。ハルトのように、他者との関わりがスムーズにいかない場合、発達障害を疑い、医療機関や療育機関につなげたり、コミュニケーションスキルを高める働きかけをすることもあるだろう。あるいは、親が子どもと遊んであげないからだと考え、「もっとお子さんと一緒に遊ぶ時間を作ってあげてください」と助言することもあるかもしれない。しかし、ハルトの母にそのような関わりをしたら、傷ついて自分を責めたり、保育園に対して不信感を抱くことにつながった可能性もある。

　親の幼少期の葛藤の強かった体験は、子育てにおいて再現されることがある。特にその体験の感情が切り離されていると、親は無意識のうちに自身が体験したように子どもに関わることが指摘されている（Fraiberg et al., 1975）。そういうときに、「その関わりは間違っている。もっと別の関わりをしたほうがいい」と言われても、親はどのようにすればいいのかわからず戸惑うだけであり、親支援にはつながらない。こういう場合には、親に子どもの様子を見てもらい、そのときの気持ちを話してもらったり、親子一緒に関わる時間を設けることで、親の気づきや感情表現を助けることが支援につながることがある。

　親が自分の言葉で感情を語ることができるようになると、子どもとの関わりはおのずと変化することも多い。ただし、このような関わりには、個別の時間をもつことが必要であり、忙しい保育のなかで簡単にできるものではない。このような支援は、カウンセラーが担うほうがよいだろう。それが難しい場合には、カウンセラーが保育者に助言し、保育者が親との信頼関係を築きながら、親の感情が表現されることを待つことができるように支援することが必要である。

●うつ状態の親とその子どもへの支援

エピソード 産後うつの母親と発達に遅れが見られるユイ（1歳2か月女児）

ユイは、表情が乏しく、保育者の働きかけにもあまり反応しない。自立歩行もせず、有意味語の発語もない。母はユイの出産後からうつ状態で、母の治療のために1歳から保育園に入園した。保育者から相談を受けたカウンセラーは、ユイの様子を見ながら、関わりのきっかけを探してみること、決して強引に関わらず、ユイが外の世界に目を向ける瞬間を捉えられるといいと助言した。ある日、窓際で、ユイがひとりでボールを触っていると、手から離れてボールが転がっていった。その先にいた保育者がボールを戻してみると、ユイが初めて保育者の目を見たので、そっと近づき「ボールちょうだい」と言ってみるとユイはボールを保育者のほうに転がした。その日から、少しずつ保育者とのボールのやりとりができるようになり、保育者が変な方向にボールを転がすとハイハイしてボールに近づき、初めて声を出して笑った。そこに母がちょうど迎えに来て、ユイの笑い声にふと表情をほころばせた。

最初は大人との一対一の関係から

親のうつ状態が子どもの発達にとってさまざまな適応上の問題を引き起こすことが指摘されている（菅原，1997）。特に産後うつ病は、乳児の要求を敏感に察知することが難しく、相互コミュニケーションに欠けることが見出されている（岡野ほか，2002）。母が産後からうつ状態であったユイもそのような状況に置かれていたと考えられ、ユイが他者に対して自発的に働きかけることはほとんどなく、他者と関わることがどのようなことかわからない様子がうかがえた。窓際にひとりでいるのは、他児や保育者との関わりを避けているようであり、急な関わりは侵入的に感じられると考えて、カウンセラーは保育者に少し離れてユイの遊ぶ様子を観察するように助言した。たまたま転がってきたボールをユイの側に戻すという物を介した関わりは、安全でありながら、状況に変化を起こし、ユイが周囲を意識するきっかけになったと思われる。自分の行動にこ

れまでとは違う変化が起こり、そこに他者がいるという発見につながり、少しずつ他者との関わりが発展していった例である。

子どもの笑顔は親を変える

うつ状態にある親にとって、保育園に子どもを連れて行くだけでも負担が大きく、保育者やほかの親と関わる気力がないことも多い。そういうなかで、親を直接支援しようとしても、なかなか支援の手が届かない。しかし、親のうつ状態の影響を受けて、コミュニケーションの経験が乏しい子どもも、保育園で保育者との一対一の関係からコミュニケーションを経験し、少しずつ発展させていくことができる。子どもにコミュニケーションの力がついてくると、笑顔が見られるようになる。うつ状態の親は、子どものために関わってあげられないことやそのせいで子どもの発達が遅れているのではないかなど、多くの不安を抱き、罪責感が生じやすい。そういうときに子どもの笑顔や子どもの成長を知ることは、親を力づけるきっかけとなる。ただし、その際に気をつけなければならないことは、「お母さんがんばって保育園に連れて来てくれるから、ユイちゃんが成長してきた」と伝えることである。保育者は子どもの笑顔を引き出せるのに自分にはできないと母が思うことがないように、子どもの成長を感じてもらえる工夫が求められる。カウンセラーは、子どもとの関わりのポイントや親への適切な声かけを保育者に助言し、保育者が自身の関わりの意味を意識できるようにコンサルテーションすることが必要である。また、ユイのような例は、日々の保育での関わりのなかで重要なタイミングを逃さないことが大切なので、カウンセラーが直接関わるよりも、保育者の関わりをカウンセラーがコンサルテーションによって支援するほうがよいことが多い。

親のなかにある力を信じ、エンパワーメントする

親が精神疾患の治療を受けていると、保育者は代わりに子どものケアをしなければならないと思ってしまうことが多い。しかし、精神疾患であっても、親は、子どもの養育に責任をもち、子どもを自らの力で育てたいと思ってがん

ばっている。症状のために、それが十分にできないことがあっても、ほかの誰かに親役割を奪われたくはないという気持ちもある。保育者には、その気持ちをエンパワーメントし、親の健康な部分に目を向けていくことが求められる（井上・笹倉, 2018）。たとえば、うつ状態で起き上がるのもつらいときに保育園に子どもを連れて来ることを子どものための努力として労ったり、お迎えに来たときにたまたま笑顔を見せた子どもに「お母さんがお迎えに来てくれてうれしいね」と声をかけるといった関わりである。こうした関わりを少しずつ積み重ねることと病気の回復とが調和していくと、病気になったことや子どもに十分なことをできていないことへの罪責感が和らぎ、子どもの成長に親がエンパワーメントされるようになり、結果的に親子の関係性が構築されていく。

　このような変化はすぐには起こらないため、忍耐強く待ち続けなければならない。ただ、保育者が子どものコミュニケーションの力を育てることが少しずつ親の支援にもつながるとわかっていれば、保育者は自己効力感を維持できるのではないかと思う。子どもとの関わりや子どもの発達促進は、保育者の得意とするところであり、それを通して間接的に親支援ができることは保育者の大きな強みと言えるだろう。カウンセラーには、保育者の得意とする子どもとの関わりが、間接的に親支援になっていることをわかりやすく説明し、すぐには変化が起こらなくても、忍耐強く待ち続けられるように保育者をエンパワーし支えることが求められる。

第3節　保育者との協働による親自身の抱える課題への支援

　子育てにおいてなんらかの問題が生じる背景には、親自身の抱える問題が影響していることが少なくない。だが、親自身の課題の解決を保育園で行うことは困難である。2018年改訂の「保育所保育指針」では、「保護者に対する支援」から「子育て支援」という表現に変わり、保護者や家庭と地域が連携をして支援を行うことが求められるようになった（厚生労働省, 2018）。保護者の支援を

保育園だけで行うことの限界を踏まえての改訂である。実際には、親自身の抱える課題への支援に保育者はどのように関わることが可能であろうか。また、カウンセラーはどのような役割を担うべきであろうか。

●役割を担うことの大切さ

エピソード **無職で精神的に不安定なカイ（3歳男児）の父ユウジさん**

　カイの父ユウジさんは仕事をしておらず、保育園への送迎はいつもユウジさんの役目であるが、登園が遅く10時近くなることもある。「朝は9時頃までには登園してください」と何度か伝えたが、「不眠で薬を飲んでいるので、朝起きられない」ということである。カイは、ユウジさんがちょっとしたことで激しい口調で怒鳴るため、ユウジさんの前ではびくびくしている。母はユウジさんのことを「仕事をしない困った人」と思っているようで、自分が必死で働いて家計を支えることばかり考え、カイのことはユウジさんに任せきりである。

　運動会の近いある日、テント設営のために男性の力が欲しかった園長が、ユウジさんに手伝いを依頼したところ、不満そうであったが手伝ってくれた。ユウジさんは仕事が丁寧で、熱心に作業に取り組んでくれた。園長がお礼にお茶を出して労うと、ユウジさんも満足した様子であった。そこで、その後も畑の収穫の手伝いや遊具の補修など週1回程度依頼するようにしたところ、ユウジさんは次第に表情がしっかりとしてきて、不眠が改善してきたのか、カイの登園も早くなってきた。

親の健康な力を引き出す

　精神疾患等によって治療を受けている親は、子どもの世話が十分にできないことも多く、保育者から批判的に見られたり、腫物に触るように特別扱いをされるケースも少なくない。どのように関わっていいかわからない面もあり、またカイの父ユウジさんのように、子どもを怒鳴ったりする姿を見ると、警戒して近づきがたくなってしまうこともある。しかし、そうした周囲の特別扱いが、

疾患を抱える親の社会的居場所を奪い、ますます孤立させることなりかねない。かと言って、話を聞く姿勢で接しても、何も話してくれないことのほうが多い。

しかし、回復期にあるのであれば、むしろ体を動かして何かをやり、それによって人の役に立つ経験ができると、健康的な力を引き出すことにつながる。役に立てる場があり、自分が社会のなかで必要とされることが、生きる力を引き出し、生活リズムを整えていくのである。またそうした満足感が、子どもとの関わりにも良い影響を及ぼすようになる。そこで、カウンセラーは、保育者に父親の話を聴くことを求めるのではなく、作業療法的な機会を設定することで、生活リズムを立て直し、人の役に立つ経験を通して自尊心を回復することが必要であることを説明し、園の活動のなかで父親にやってもらえる活動はないかを一緒に考えた。その際、保護者のそれまでの仕事や能力などを考慮する必要があり、1回の提案でうまくいくとは限らないが、あきらめずに声をかけてみることが必要である。大切なことは、保護者支援は話を聴くことだけではないということを保育者と共有し、柔軟に対応を考えられるようにすることである。

相互に支援し合える関係を築ける場

支援は一方的にされるだけの不均衡な関係のなかではあまり有効に働かない。親自身にも保育園にとっても役に立つことを探り、相互に支援し合える関係性を作っていくことが結果的に親の支援になるのである。このような支援を行える場として、保育園はとても適しているのではないかと思われる。

先述のエピソードにおける園長は、ユウジさんのために作業を用意したわけではなく、本当に困っていて、手伝ってもらえたらありがたいと心から思っていたことをユウジさんに依頼した。そのことが、ユウジさんの気持ちを動かしたのではないかと思う。また、ユウジさんは、園児の父たちが多く集まって保育園のために何かをするような行事に参加することはできなかっただろう。ほかの親がいなかったからこそ、安心して手伝いができたのである。このような効果的な支援を可能にするには、保護者と園は共同で助け合って運営をしているのだ、という意識やそれを支える保護者と保育園との間の相互信頼を日頃か

ら育むことが必要ではないかと思われる。カウンセラーは、子どもや保護者の個別の支援を支えるだけではなく、保育園の運営体制のありようを理解し、保育園と保護者との相互信頼が育まれるように、広い視点での支援を心がけていることが必要である。保育園というひとつのコミュニティが、より健全で柔軟な機能をもっていると、その環境のなかで、子どもも保護者もそれぞれがもつ力を発揮できるようになる。そうしたコミュニティのなかでは、さまざまな課題を抱えた子どもや保護者も自ら乗り越えることができることも多い。カウンセラーは、時には、保育園というコミュニティへの働きかけも必要である。

●親が自分の話をし続けて止まらなくなる場合

エピソード　保育士を独占したいワカナ（2歳女児）の母ナミコさん

　ワカナの母ナミコさんは、子育てに自信がなく、ワカナの発達が遅れているのではないか、しつけがうまくできないのではないかなど、さまざまなことを不安に感じて、毎日のようにお迎えのときに保育者に20〜30分相談することが続いていた。担任の保育者が時間を取って丁寧に話を聞き、ワカナの年齢であれば、問題ないことなどを伝えるが、翌日はまた違うことで相談をする。担任保育者は、次第に負担感を覚えるようになっていった。

　ある日、ナミコさんが話を聞いてほしそうにしているのを感じながら、ほかの子どもの親と話をしていると、怒って園長のところに行き、「担任に無視された、保育者として能力がない」などと不満をぶつけた。

保育者自身の負担感を自覚することの大切さ

　ワカナの母ナミコさんのように相談してくる保護者がいると、保護者への支援も行わなければならないという使命感から、熱心に話を聞き助言をする保育者は少なくないだろう。しかし、親のなかには、このような関わりをしていると際限なく毎日長時間の話をするようになる人もいる。そうなったときに、保育者は次第に負担感を感じるようになり、無意識にその親を避けるようになっ

149

たり、話したそうにしている視線を感じながら、ほかの保護者との話を切り上げたくない気持ちになることもある。

　このような親との関わりにおいて必要なことは、保育者自身が自分の負担感を自覚できるようになることである。子どもに危険がないか目配りをしつつ、お迎えに来る親にできるだけ公平に話をすることが、保育者の役割であり、それが困難になるような状況になっていることは、問題であることも自覚しなければならない。それは、保育者としての責任を果たすためにも必要なことである。このようなことが起こったら、カウンセラーは、まずは保育者と話をする時間をもち、保育者の努力を認め、保護者の話を聴いているときに生じてくる気持ちやいら立ち、負担感などに耳を傾けることが必要である。そして、そのような感情は感じて当たり前であること、そのような気持ちをもちながら話を聴き続けることは難しいことを伝えて、保育者の気持ちの整理を手伝うことが求められる。気持ちに整理がつくと、保育者は自身のなかで生じる感情を感じ取れるようになり、そのような感情が生じてきたら話を切り上げることができるようになる。

話が止まらない親との関わり

　ナミコさんのように、不安が強く、常に誰かに確認を求め、依存的な傾向をもつ親は、実はきちんとした枠組みや限界を明示してあげるほうが、安心できることが多い。毎日5分と保育者のなかで時間を設定しておき、保護者にも「5分しか時間が取れない」ことを事前に伝えておく。そして、5分過ぎたら話が途中でも「ではまた明日」とさらっと切り上げることを習慣にしていく。初めは少し抵抗をするかもしれないが、徐々にその時間のなかでしか話を聞いてもらえないことが理解される。実は、時間を決めて切り上げるほうが、親にも現実的な感覚が生じ、自己統制の力につながることが多いのである。

　さらに、やりとりのなかで、「どんなふうに関わっているの?」と問いかけ、親の関わりの良い部分に注目して、それを認める反応を返すことを心がける。そうしたやりとりは、親が自分で考えることや、自分の行動を認めることにつ

ながり、結果として親の有能感を高める支援になる。

　カウンセラーは、話を切り上げることに罪悪感をもつのではなく、きちんと
時間を決めて話をほどほどに切り上げることが親の自己統制の支援につながる
こと、短い時間でも親の有能感を高める関わりができることを保育者に伝えて
おくとよい。親のためにと思って長い時間話を聞くことは、実は親に振り回さ
れるだけになってしまい、親にもマイナスの影響が出てしまう。そうではなく、
親との関わりを保育者が主体的に統制していくことが必要であり、このように
主体的に関わることで親に変化が見られると、保育者も自信をもって支援がで
きるようになることを保育者に助言できるとよいだろう。

●地域の社会資源を生かす

エピソード　子育てができないエミ（3歳女児）の母親チアキさん

　エミの母チアキさんは、子どもは自分で育てるのだという感覚がなかなかもて
ず、朝夕の食事を作って食べさせることや、清潔を保つように着替えや入浴を促
すことがうまくできない。仕事で帰りが遅くなる父が、夜中にひとりで起きてお
菓子を食べているエミをお風呂に入れて寝かしつけることが多い。

　ある日、担任保育者が「あまりお菓子ばかり食べさせないほうがいいのでは」
と指摘すると、チアキさんは怒り、家中のお菓子を捨ててしまったため、エミは
翌日保育園に来るまで何も食べられなくなってしまった。カウンセラーが定期的
に話を聴く時間をもち、しばらくすると、チアキさんが小さい頃に母親が家を出
てしまい、祖母に育てられたことが語られた。

母親にできないことを無理強いしない

　前述したとおり、母自身の子どもの頃の体験が、無意識のうちに子育てにお
いて活性化してしまうことがしばしばある。エミの母チアキさんは、子どもの
頃に母親が家を出てしまったために、自身の要求を受け止めて反応してもらう
体験が乏しかった可能性がある。そのため、エミに応答的に接し、要求を汲み

取って世話をすることが難しいのである。このケースもフライバーグら
（Friberg et al., 1975）が指摘している母自身の乳幼児期の葛藤が反映している
と考えられる。こういう場合、チアキさんに適切な養育をするように求めても
それは困難であり、批判されたことだけが心に残って保育者との関係も悪化し
てしまう。しかし、保護者が保育園で自身の幼少期のつらい体験を話すことは
あまりなく、子育てに関心がないと誤解し、子育ての指導や助言をしても効果
が現れない。また父は仕事が忙しいため、エミの養育を任せることは難しい。
こうしたケースでは、この家庭の支援者を地域で探すことのほうが、家庭の機
能を補う上で役に立つと思われる。

地域社会資源の紹介

　地域にはさまざまな生活支援の制度やサービス（社会資源）があるが、その
情報が必ずしも住民や保育園等に行き渡っているわけではない。こうした情報
に詳しいのは、福祉事務所や児童相談所等のソーシャルワーカーである。この
ような場合は、カウンセラーがソーシャルワーカーから利用できそうな社会資
源の情報を集め、どのようなサービスが適切か、ある程度検討した上で、母に
提案をしてみる。このときに気をつけなければならないことは、「母としてダ
メだから助けてもらうべき」というメッセージにならないようにすることであ
る。そのためには、母の苦労を労い、努力を認めた上で、何かほかの人の手を
借りたいと思うことはないかを尋ねてみることが大切である。利用できそうな
サービスをいくつか紹介し、「利用してみたいと思うものがあったら教えてほ
しい」と伝え、母が主体的にサービスを選択できるように促す、あるいは選択
できるまで待つことができるとよい。また、並行して地域の民生委員や児童委
員と連絡を取り、家庭の状況を把握してもらうと共に、声をかけて関係を築い
てもらえるように依頼するという対応ができると、地域との連携が強化される。

親が主体的に援助を選択できるような関わり

　社会資源が支援として有効に働くためには、親がそのサービスを意味あるも

のとして受けられることが大切である。支援者としては、少しでも早くサービスにつなげたいと焦る気持ちを抱きやすいが、サービスの強要は親や家庭にとって批判や非難として受け取られ、拒絶感を引き起こす。そのため、上述したように、親が自分で選択できるまで待ち、そのサービスを受けることが親としての自信にもつながるような勧め方が理想である。

　たとえば、カウンセラーが「エミちゃんがお腹が空かないように考えて、好きなお菓子を買ってあげていることはエミちゃんもうれしいと思うけれど、だんだん活発になってくるから、いっぱい運動しても疲れないようなご飯を食べたいと思うようになるかも」と伝えると、チアキさんは「私は料理が苦手で」と話すかもしれない。そうしたら、保育者は、「作った料理を配達してくれるサービスもあるけど、どう？」と提案する。このようなやりとりをしながら、チアキさんが何に困っているのかを聞き取り、それに合ったサービスを提案する。こうしたやりとりを、根気よく続けて、チアキさんが利用してもいいと思えるサービスを一緒に見つけるという話し合いの過程を大事にするのである。

　話し合っているうちに、いろいろな情報を知ることで、母自身の視野が広がる。また、押しつけられることなく、根気強くつきあってくれることや、選択を任せようとしてくれるカウンセラーの姿勢に、母の他者に対する印象の変化が生じる可能性もある。主体的に援助を選択することが、主体的に子育てに取り組もうという気持ちにつながっていくことも期待できる。

親支援とは

　親支援とは、親のもっている背景要因や子どもとの関係性によって、その具体的な方法は異なるが、根底にあるのは、親自身が主体的に子育てに関わり、親としての有能感をもてるように（あるいは高められるように）、親の力を引き出していくことである。親が主体的に子育てをできるようになるためには、カウンセラーや保育者が受け身になって保護者に振り回されるのではなく、主体的に関わるという意識が必要である。主体的に関わることは、強引に何かを強要することではない。親の反応を見ながら、親への配慮や信頼感をもちつつ、

支援者自身がどのように感じ、どんな思いを抱いているのかにも意識を向けて、無理なくかつ有効な方法を検討していくことである。しかしそれは、保育者ひとりでできることではない。園の保育者同士や園長とカウンセラーの協働、さらには、地域の社会資源や他機関との連携を検討することも常に考えながら取り組むことである。

　保育の場におけるカウンセラーには、園の保育者や園長との連携、地域の社会資源や他機関との連携の要となり、連携が機能的に進められるように全体に目を配り、必要に応じて関係の修復や連携強化のための働きかけができるように見守ることが求められる。

第4節　親グループへの支援

　園は、親同士がつながり合いながら子育てを学べる身近な場である。保育現場では、カウンセラーはその心理の専門性を生かした子育ての心理教育プログラムを提供していくことで保護者に役立てることは多い。

●子育てにおける親同士のつながりの重要性

エピソード 「アウェイ育児」に不安が募るアオイ（1歳男児）の母ヨウコさん

　ヨウコさんは夫の転勤で1歳になるアオイと一緒に他県から引っ越してきたばかりである。ヨウコさんはまったく知らない土地での初めての子育てに頼る人もおらず、心細い毎日を過ごしていた。近所には同じくらいの年齢の子どもをもつ人も住んでおらず、毎日子どもとふたりっきりの生活に、ヨウコさんは次第に孤立感を募らせるようになっていってしまった。

本来、ヒトの子育ては「共同養育」

　比較認知発達心理学者の明和政子（2012）は「ヒトは、母親だけでなく複数

第6章　子育てをめぐる親の悩みと親支援のポイント

のものが子どもの面倒を見る子育てを行いながら進化してきた」のだと言う。本来、私たちはひとりで子育てするようにはできていないのである。ところが、現代の子育てを取り巻く環境は都市化、核家族化の進むなかで地域とのつながりが希薄になり、子どもとどのように関わればいいのかわからないまま子どもを産み、ひとり孤独に子育てする親たちが増加していると言われて久しい。

　NPO法人子育てひろば全国連絡協議会（2016）が地域子育て支援拠点を利用する母親1175人を対象に行ったアンケートの結果、「自分が育った市区町村以外で子育てする母親」は72.1％に達している。こうした子育ては、自分の生まれ故郷ではない土地での子育てという意味で、「アウェイ育児」と呼ばれている。また、「近所で子どもを預かってくれる人はいますか？」という質問に対して、アウェイ育児をしている母親の70％以上が「いいえ」と答えている。

園がもつ子育てする親をつなぐ場としての可能性

　このように、本来私たちヒトという種は、多くの人が支え合いながら、一緒に子どもを育てるのがその特性であるにもかかわらず、現代の子育て環境は人とのつながりが自然にはできにくいものになってしまっているのだ。

　だからこそ、同じ子どもをもつ親同士が毎日集まってきて、顔を合わせる機会がある園は、保護者同士がつながり合え、子育てを支え合える可能性をもつ場として重要な意味をもつ。さまざまな機会を捉えて、保護者同士が子育てを学び合う機会を積極的に作っていくことも、現代版の共同養育を促すことにつながると言える。

●園は子育てを学べる身近な場

エピソード　カウンセラーマユコさんの気づき

　マユコさんがカウンセラーとして青い空こども園に行き出して2年目になった。保護者の相談が次第に増えてくると、母親たちが同じような悩みを抱えていることに気づくようになった。「下の子が生まれて、上の子の甘えがひどくなり、言

うことを聞いてくれない」「朝の登園までの着替え、食事に時間がかかりイライラして上の子を怒ってしまう」「自己嫌悪に陥る。母親失格だと思えて仕方ない……」。マユコさんは、そんな母親たちにグループでの子育てプログラムを提供することが役に立つと考え、さっそく園長先生に掛け合い、実施することにした。

子育ての悩みは世界共通

　子育ての悩みは世界共通である。マユコカウンセラーのもとに相談に来た母親たちの悩みは、幼児を育てていたらどの家庭でも見られる光景である。しかし、初めての子育てのなかで、自分の子育てはこれでいいのか、自信がもてないという保護者は多い。そうした保護者同士が、子育てを学び合う場を園という身近な場所で提供できることは、非常に有益なことである。

子育てに関する心理教育プログラム——前向き子育てトリプルP

　子どもの困った行動の改善や親のストレスの低減などが効果検証されている実証的なプログラムのひとつに、オーストラリアで開発された前向き子育てプログラム（Positive Parenting Program）トリプルPがある。トリプルPは応用行動分析、社会学習理論、認知行動療法、発達心理学、公衆衛生などを理論背景とした研究に基づく家族介入支援プログラムで、世界25か国以上で実施されている。脅しや暴力などを使わずに、子どもの人権を尊重し、子どもの前向きな行動に前向きな注目をして、親子の良い関係と良い行動を伸ばしていくというポジティブアプローチが特徴である。特に、子育ての原則とスキルを学び合う8回セッションのグループトリプルPは、応用性の高いプログラムである（トリプルP日本語WEBサイト，2022）。

　以下に、幼稚園の子育て勉強会で、筆者が実践した取り組みを紹介する。

幼稚園での実例

　園の実情に合わせて3回の子育て勉強会を企画した。午前中の90分を講座、30分は自由参加のお茶タイムとして計2時間、週に1回実施した。2歳児から

第6章　子育てをめぐる親の悩みと親支援のポイント

年長児の保護者に声をかけた結果、8名の保護者が参加した。トリプルPの
エッセンスを取り込みながら、各回のテーマは、第1回「グループ作りと『ど
うして子どもは困ったことするのか？』」、第2回「子どもといい関係を作るス
キル」、第3回「しつけの手順を学ぼう」であった。家で取り組む宿題を出し、
回の最初には皆で共有する時間をしっかりと設け、互いの努力を認め合う雰囲
気を大切にしていった。

グループの力

参加動機は、「自分にゆとりなく」「神経質に怒りすぎて」「私が子育て楽し
めない」などで、皆余裕のない子育てに悩んでいた。しかし、初回後の感想を
見ると、「同じお母さんの声を聞いて」「皆同じだってわかってほっとした」と、
悩んでいるのは自分だけではないと力づけられると同時に、「私が変わると子
どもも変わるかもしれない」「すぐにやってみようと思えた」と、具体的な手
立てを得て自分が変われるという希望を得ていた。そして、最終回には、「ひ
とりだと避けてしまってきたことを、皆がいるからちょっと向き合っていこう
と思えた」「ここで皆に会えると思うと励みになり」「子どもに合わせてやって
みる」と「子どもが本当に変わる」から、「自分が変われた」という感想が寄
せられた。3回であってもこのような変化を実感できるのはやはりグループの
もつ力である。特に同じ園で一緒に子育てしている仲間のつながりは、この後
も互いに子育てを支え合うための貴重なネットワークになるのである。

親としての自信をもてるようにエンパワーする

保護者の子育て支援の目的は、親としての自分に自信をもって子育てできる
ようにエンパワーすることである。子育て中の親同士は、同じ苦労も味わって
おり、一番理解し合える身近な存在である。だからこそ、保護者同士が互いの
子育てを話し合える場では、グループのもつ力がさらに保護者の力を引き出し、
親子で一緒に成長していってくれるのである。そのような機会を作り出してい
くのも、保育の場におけるカウンセラーの役割のひとつなのだ。

157

第5節 園での親カウンセリングのポイント

　園でカウンセラーは、親へのカウンセリングも行う。そこでは、子育てにまつわるテーマが中心となる。しかし、子どもがまだ幼い段階では、発達の問題を除けば、親から見て、適応上の問題が顕在化・長期化することは少ない。そのため、親個人のニーズがない限りは、単発もしくは必要に応じての都度面談になりやすく、作業契約に基づく定期的な心理療法とは異なる難しさがある。

● カウンセラーが関わりを選択する際の観点

エピソード　ハナさん（1歳女児の母）── 漠然とした子育て不安

　不安そうな表情で、「子どもに問題はないが、子育てを間違えている気がする」と語る。具体的に尋ねると、我が子がテーブルに置いてあったコーヒーを飲もうとしたとき、大声でダメダメー！　と叱ったら、ギャン泣きした。こんなときはどうすればよかったのかと尋ねられたので、カウンセラーは共感を伝えながら「お子さんに対する行動のレパートリーを増やしたい感じでしょうか」と確認したところ、高圧的になる自分が不安だという言葉が返ってきた。それについて話を聴いた後、「その不安と少しだけ向き合うワークを試してみますか」と聞くと、試したい、とのことだった。

　その不安を身体のどのあたりで感じるか尋ね、それをやさしくケアするイメージを援助した。すると、ハナさんは、ふと、5歳のとき、母に叱られた反発から自宅裏の倉庫にひとりで立こもったことを思い出し、「私の母は過干渉で高圧的。自分は決して母のような子育てをしないと心に決めてきたが、そうなっていないか不安になっていた」と腑に落ちた表情で涙を流した。そこで、心のなかにいる小学1年生のハナさんの言い分を今のハナさんが聞き取り、共感し認めるセルフトークを導入した。ハナさんは目を閉じて、心のなかで5歳の自分と対話し、

「今、5歳の私が笑った」とほほ笑んだ。

数か月後、園で会ったとき、「今でも時々焦って叱って反省することはあるが、精一杯やってる自分を否定しなくなった、困ったらまた来ていいですか？」と笑顔で話した。

焦点は「親役割」か「親個人」なのか

親との面談は、親役割に焦点を当てたガイダンス面接（子どもの環境としての親行動の調整）と、親個人の内面に焦点を当てたカウンセリング面接の2つに分類できる。従来は、いずれを行うか最初の段階で明確化することが重視されたが、親から見るとそのような限定は窮屈であり、自由に話しづらいと感じるかもしれない。

加えて、親の心のなかには「内なる子ども」、すなわち、かつて子どもだった頃の自分がいる（柳瀬, 2022）。そして、効果的な親支援を行うためには、不適切な親の関わりに焦点を当てて親の自信を低下させるのではなく、我が子と向き合ったときに湧いてくるイライラなどの不快に焦点を当てて、それをケアすることが大切である（大河原, 2019）。つまり、逆説的であるが、親個人の内面に目を向けることこそが、親役割改善の根本的な鍵にもなる。

ハナさんとの面談では、対話による通常のカウンセリングに加え、身体感覚やイメージ、セルフトークなどを用いている。もちろん、対話はカウンセリングの主要かつ重要なツールであり、まずはじっくりと来談者の話を傾聴することが大原則である。しかし、話を小1時間ほど丁寧に聴いた後も、来談者の気分や状態が悪いままの場合がある。これは、過去の未解決の傷つきが、トゲのように刺さり、意識的には統制できないまま、現在に影響を与えているからだと考えられる。そのような心のトゲに対して、言葉で対話するだけでは、とても時間がかかり、その分来談者を苦しい状態のまま置くことになる。なぜなら、①言葉は強い感情状態には届きにくく、かつ、②対話は上滑りしがちだからだ。このことについて以下に述べる。

トークセラピーの限界を超えて① 安定化

まず、「言葉が強い感情状態に届きにくい」ことについては、暴れる幼児を考えてみてほしい。言葉でいろいろ理屈を言って聞かせるより、抱きしめてあやすなど、身体的に抱えるほうが気持ちは落ち着きやすい。言葉が入っていくのはその後だ。カウンセリングではこのような神経系の過覚醒やそれが昂じての低覚醒（シャットダウン）に対して、安定化に向けた関わりを行う。そこでのトークは、理屈で考えるのでなく、穏やかなニュアンスがより一層重視される。ハナさんの場合は、自分でも理由のわからない不安に苦しんでいたので、身体に感じる不安を、天から降り注ぐ癒やしの色が無限に包み込むようイメージしながら深呼吸してもらった（EMDRにおける光の流れの技法）。イメージは、実際に体験したのとパラレルな生理反応を生じさせる（Cuthbert et al., 1991）。ほかにも身体感覚を用いたセンタリングやタッピングを用いた技法（TFT）なども自然なかたちで導入しやすい。

トークセラピーの限界を超えて② ボトムアップの修正体験

次に、「対話が上滑りする」とは、何かに「ついて」話すことが、それを体験的に深く「味わう」ことを抑制する現象である。なぜなら生物学的に、他者（カウンセラーなど）に向けて話すときの外界に注意を向ける脳の回路は、自身を見つめ、感じるときのそれとは競合関係にあるからだ。したがって、過去の傷つき体験を対話のみで扱うのは限界がある。これについてはセルフトークのような内的対話が役に立つ（喜田, 2021）。ここで言うセルフトークとは、来談者自身の心のなかで、あるいは声に出して自分のなかの「○歳の自分」や「○○な気持ちの部分」「心のなかの母」など、さまざまな部分（パーツ）と対話する技法である。このようなパーツへのアプローチが、葛藤やトラウマによる自己の断片化の修復につながることをしばしば経験する。

子育ての不安は、親自身の幼少期の、主に親子関係に由来する、言葉にしがたい傷つきが重なっていることが多い。過去の傷つき体験やそれに伴う感情は、安心感のもとで適切に再体験することにより、来談者自身の自己治癒力が働き、

即時的な改善が生じることがある。いわゆるボトムアップに生じる修正体験である。修正体験とは、「ある出来事や関係性を、今までとは異なる予期しなかったかたちで、感情を伴って理解したり経験したりするようになる体験」（Castonguay & Hill, 2012）と定義される。これはかつて精神分析の文脈で、「古い未解決の葛藤を再体験し、しかし新たな結末を迎えること」と定義されてきた、「修正情動体験」（Alexander & French, 1946）という概念を、心理療法のどのアプローチにも共通する変化の要因として、捉え直したものである。ポイントは、イメージを介した修復的な再体験（ポートレイアル）であり、その際脳内で記憶が書き換えられるメカニズム（記憶の再固定化）が関係していると考えられている（岡野, 2015）。カウンセラーは、単に語りに耳を傾けるのではなく、来談者の未解決な感情が体験的に処理されるよう援助する。

　当時のハナさんは、おそらく自分の言い分を誰かに十分聞き取ってもらい、気持ちがすうっと収まったという経験はなかったと思われる。この経験に代表される日々の親子関係のあり方は、ハナさんが自分のなかにある怒りを恐れ、封印することにつながった。それが心のトゲとして残り、頭では母のような過干渉な子育てはしないと誓いながら、ストレスがかかると高圧的態度として暴発していたと思われる。それに対して、セルフトークのワークを通して当時の気持ちをより適切なかたちで再体験することができたため、封印が解け、怒る自分を許せる気持ちに変化したのだろう。このように、怒りは適切に認めて表現すれば、「自己主張」となる。

　これらの技法は、来談者のセルフケア能力を高めることが期待できる。忙しく子育てをする親にとって、カウンセリングが、心の荷下ろしとしてほっとできるだけでなく、可能なら短期間で育児不安やイライラの根本を解決し、セルフケアを学べる場になるよう、意図している。ただし、安全に進めるためには、来談者の状態像のアセスメントやニーズの確認だけでなく、技法に関するインフォームドコンセントや、やめたいときはいつでもやめられることの説明が不可欠である。

●1回の面談で何をどこまでやればよいのか

エピソード　テツ（3歳男児）の母ミサさん──もしかして発達障害？

　テツは、園での観察から、カウンセラーが多動・衝動性に関してグレーゾーンだと感じていた子どもだった。テツの母ミサさんは、テツが、お友だちのおもちゃを取ること、スーパーですぐ迷子になること、食事中に常時立ち歩くことなどを語り、「発達障害でしょうか？」と尋ねてきた。カウンセラーは、一般論として、「もし、もって生まれた特性がある場合は、それを理解することが、お子さんに合った関わりの工夫につながる」と応えた。そして、診断がつくかどうかにかかわらず、受診して療育に通うことで、子どもが落ち着き成長する多くの例を見てきたこと、一方で、受診に抵抗がある場合は焦らずゆっくり考えるケースもあることを説明した。それに対してミサさんは、叱りつけてもテツが言うことを聞かないことや、本当は子どもに共感しなければと思うけどできないことを嘆いた。カウンセラーは、今のミサさんに必要なのは、子どもに共感する以前に、ミサさん自身が共感されることではないかと感じ、ミサさんの気持ちを受け止めた。ミサさんは涙ぐみながら、我が子の特性に関して、今まで自分を責めてばかりいたと語った。その後、ミサさんからは、2か月に1回くらいのペースで面談が申し込まれ、半年後、受診する決心がついたことが述べられた。

親の気持ちに歩調を合わせる

　定期的に継続する来談が一般的ではない園での親カウンセリングでは、1回の面談で解決の道筋をつけなければと焦ってしまうことがある。テツの母ミサさんの事例では、専門医を受診し、子どもの特性への理解を深め、療育などの支援を開始することで、テツに対する発達支援が軌道に乗ると思われた。そして、そのような情報提供が必要であると考えられた。

　しかし、その一方で、親の気持ちに歩調を合わせることも考えなければならない。親が我が子と向き合うとき、親自身の夢や理想の子ども像が無意識のうちに投影され、現実の我が子とのずれに傷つき自分を責めたり、ずれを認めま

第6章　子育てをめぐる親の悩みと親支援のポイント

いと子どもに過度な期待をかけたりすることがある。そもそも親とは、我が子を大事に思うあまり、どうしても強欲になってしまう生き物であり、それがむしろ通常である。子育てとは、自分のなかの無意識の理想的な子ども像とは異なる我が子の姿に、時にはがっかりし、時には「私の子だな」と微笑ましく思いながら、ありのままの姿こそが、かけがえのない愛おしい我が子であると、より深く受け入れていく過程でもある。我が子に障害と呼ばれる生きづらさにつながるような特徴があることは、にわかに受け入れられなくて当然なのだ。

　カウンセラーは、経験的に、ある程度一般的な到達点を予想してしまうが、その道のりは一人ひとり極めて個性的な彩りに満ちている。そのことを念頭に、1回の面談で何をどこまでするかは、あくまでも来談者の心が決めることだと自覚し、焦らず、しかし必要なことは押さえるようにしていきたい。

● 親の子ども理解と気持ちの交流をサポートする

［エピソード］　登園を渋るショウ（年長男児）の母リエさん

　我が子が最近登園を嫌がる、と来談。朝の様子を具体的に尋ねると、リエさんは、ショウとのやりとりを具体的に話しながら、「人に話してみると、私すごく子どもを追い詰めてますね」と語った。「それだけご心配だったんですよね」とカウンセラーが応えると、母自身が小学校低学年の頃、友だちができずに不登校だったことが語られた。さらに、最近は家で、ショウが機関車トーマスの役をリエさんにやらせて、自分はディーゼルになって意地悪をしてくるのが嫌であり、遊びを断る良い方法はないだろうかと質問された。カウンセラーはディーゼルの意地悪を具体的に尋ね、リエさんへの共感を伝えつつ「子どもは遊びのなかで、自分のストレスや困り感を表現することがある。ショウくんはどんな気持ちでそんな意地悪を言うんでしょうか？」と問いかけた。するとリエさんははっとした顔で、「園で何か嫌なことがあるのかも」と呟いた。「だとしたら、登園したくない理由を遊びのなかで表現できたのはとても良いことですね」と伝えた。そしてショウが何に困っているのか、さらに様子を見ようということになった。その後、

163

ショウの登園しぶりの話は聞かなくなったと、保育者から聞いた。

正しい心配の仕方をサポートする

　子どもが何かにつまずくと、親はそれを全力で心配するだけでなく、自分事として子ども以上に傷ついてしまうことがある。なかには、親自身の不安を払拭したいがゆえに、我が子の表面的な行動のみを変えようと躍起になる場合もある。ましてや、親自身の積み残した課題と我が子のつまずきが重なるとき、親のなかにある子ども時代からの負の感情が一気にあふれ出し、自分と我が子とが未分化な状況になってしまうこともある（柳瀬，2022）。

　それこそが親心なのであるが、いつまでも親が子どもを完全に守ってやれるわけではない。成長するに従い、子どもはどんどん親の手の届かない世界を生きるようになっていく。親がすべきことは、転んだ我が子を抱き起こすことではなく、自分で起き上がる力を少しずつ育てていくことだ。そのためには、親が子どもの代わりに解決するのでなく、そばで見守り、気持ちを通わせながら発達相応の手助けをすることが大切だと思われる。

　子どもに何か問題が起きると、それを子育ての問題とみなす風潮が一部にある。しかし人間は皆パーフェクトではないので、探せば課題は誰にでも見つかる。したがって、悪者探しをするのは生産的ではない。子どもが何に困っているのか、何を必要としているのかをわかろうとするのが、正しい心配の仕方である。ただし、子ども自身も自分の気持ちがよくわかっていないことが多いので、子どもに理由を問い詰めるのはむしろ有害である。

　これに対して、ショウのように、遊びのなかで自身が受けた嫌な経験を再現する子どもは少なくない。リエさんは、嫌な気持ちになるので、ディーゼルの遊びを断りたいと思っていたが、その嫌な気持ちこそが、ショウの感じているＳＯＳ状態なのだと気づいていった。登園しぶりがなくなったのは、リエさんがショウの困り感を思いめぐらしながら遊びにつきあうようになったことで、ショウのなかに気持ちを受け止めてもらえたことによる安心と自信が生じたことも一因ではないかと想像している。

第 6 章　子育てをめぐる親の悩みと親支援のポイント

カウンセラーが親面接でめざすもの

　たとえば、登園（登校）しぶりという事実が指し示すのは、園（学校）と子どもが合っていない（適合状態にない）ということのみである。子どもにはもって生まれた個性がある。たとえるならたくましいたんぽぽや、温室で花開く蘭のように、その強みや環境との適合性は多様である。長い目で見ると、子どもの成長の仕方はさまざまである。それぞれが、環境と折り合いをつけながら、その子らしく育つことが大切だ。

　園での親カウンセリングでカウンセラーがめざすのは、親の心のなかに、我が子の気持ちをあれこれと共感的に理解しようとする、我が子のことを思うための特別な小部屋（心的空間，p.116 参照）を育てていくことだと言える。生きていくなかで、うまくいかないことやつらい状況は多々あるが、誰かが寄りそって自分の気持ちをわかろうとしてくれたという経験は、子どもの自己肯定感を高めるだろう。

　大学で自殺防止にも関わるなかで、筆者は、親子関係でもっとも大切なことは、子どもが本当に困ったとき、親の顔がふと浮かぶことではないかと思うようになった。普段は親など眼中にないように生きていても、いざというときには親に相談したりその笑顔を思い出したりしてほっとするような関係性を培うようにサポートしていきたい。そのためには、親子が生活を共にできる子どもが幼いうちの人生の短い期間を愛おしみながら、良いことも悪いことも、子どもの気持ちをまっすぐにゆったりと受け止める親子関係が大切である。そのような豊かな関係性があれば、子どもは、親の思ったとおりにはならないかもしれないが、本人なりの道を力強く歩んでいくだろう。また親も、より一層子育てを楽しみ、子育てそのものによって報われるのではないだろうか。

COLUMN　保育者の親支援をサポートする

　保育の場でカウンセラーは、保育者が保護者との間にじっくりと信頼関係を形成することができるように支援する。たとえば、保護者に対して、園での子どものマイナス行動をいきなり伝えないこと。そのかわりに、小さなことであっても、子どもの良いところを見つけて保護者に伝え続けると、「先生は丁寧に我が子のことを見てくれている」と保育者への感謝の気持ちが湧き、そこで初めて気になる行動についても伝える余地が生まれる。その上で、親が「これならできるかもしれない」と思えるような具体的な助言ができるとよい。たとえば、さびしい気持ちを抱える子どもの親には、「最近、『ほっぺっぺ』と言ってほっぺたをくっつけ合うのが流行っているんですよ、おうちでもやってみてくださいね」、落ち着きのない子どもへのケアを家庭でもお願いしたいときは、「子どもたちは絵本の読み聞かせが大好きです。家でもぜひやってみませんか」「ボール転がしが面白いみたいです。転がしごっこを10回ほどいかがでしょう」などと表現の工夫も含めて助言する。

　なかには、以下のように、保育者が戸惑い、関わりに悩むような保護者たちにも出会う。

- 話しかけられることを避けるかのようにそそくさと帰っていく。
- 玄関先で傍若無人に子どもを怒鳴りつけている。
- 必要な持ち物を繰り返し伝えても持ってきてもらえない。
- 我が子のちょっとしたトラブルにも被害的になり文句を言ってくる。

　これらの保護者も、それぞれの生い立ちを抱えている。責める気持ちが先走ることのないよう、声をかけ、ゆっくりと関わっていくうちに、これまで封印してきた、保護者のつらい気持ちや自信のなさなどがふと語られることもある。時には「この保護者はなんと大変な状況のなかを、けなげにがんばって生き延びてきたのか」と尊敬の念が湧くこともある。次に具体的な事例を示したい。

第6章　子育てをめぐる親の悩みと親支援のポイント

　20代後半の母子家庭で、小学生と2歳の女児がいる。母の両親は幼い頃に離婚して所在不明。母自身は児童養護施設で育ち、その後仕事を転々としながら、子どもたちの父親と暮らしたこともあったが、今は連絡が取れない。友だちを頼ってふるさとから遠い今の場所に移住してきたが、仕事が定まらず、アルバイトと児童手当で生活している。カッとなると衝動的に子どもたちにあたるので、児童相談所も介入している。

　市役所の口添えで2歳女児が保育園に入園。母はキャラクターもので着飾っているが、本児の衣服は汚れたままで、登園後の日課はおむつ替えから始まった。子どもが寝起きのパジャマ姿で登園することもあり、見かねた保育者が、せめて朝ご飯を済ませてくるようお願いしたところ、母の顔色が変わり、「じゃ、休ませますから」と不機嫌になるので、慌ててとりなすこともしばしばだった。

　園では、カウンセラーが定期的に、保育者とカンファレンスを継続した。カンファレンスでは、母の育ちをなぞり、理解することから着手した。児童養護施設で育った母は、家庭での生活の経験が少なく、家事や育児への苦手意識が強いと思われた。また母には園への不信感もあったため、カウンセラーは、この母を評価することなく、全面的に肯定し受容することで、まずは信頼関係を築くことを勧めた。保育者たちは申し合わせて、「雨のなかの登園は大変でしたね……」など、どんな些細なことであっても母を認め労わることに徹するようにした。少しずつ母の表情は柔らかくなり、「先生、このTシャツ可愛いでしょ?」などと、担任に甘えるように話しかけてくるようになったが、母の前で本児をほめると、腹立たしそうに本児の手を引っ張って行ってしまうので、子どもではなく、母自身を見てほしい気持ちを優先して受け入れることもあった。保育者たちは焦らないように互いに自重し、とにかく毎日本児が登園できるよう、卒園まで母親を見守り支え続けた。

　児童相談所や市役所と連携し、カウンセラーと保育者たちが協力して理解を深めながら、継続的に取り組んだ事例であった。

第**7**章

小学校就学に向けた支援

第1節　就学に向けた支援──見立て

公立の児童発達支援センター（p.80参照）では、就学前の相談をしばしば受ける。センターのカウンセラーは、親子面談に加え、親の了解を得て園を訪問し、観察や連携を行う。ここではその立場から、就学に向けた見立てのポイントと、それをその後の支援にどうつなげるかについて述べる。

●就学時健診をきっかけとして

エピソード　ハル（5歳女児）── 知的な遅れ

小学校で行われた就学時健診で、ハルの母は、「集団についていくのが難しいのでは」と指摘され、来談した。3歳児健診で言葉の遅れを指摘され、どこか幼さがあるとは感じていたものの、早生まれの影響だと思っていたと母は話す。しかし、直近の行事で、保育者がハルにほぼつきっきりでいた様子を目の当たりにし、「ショックでした」と振り返った。

ハルは、面接室の音の鳴るおもちゃに没頭し、ほかの遊びに誘っても興味を示さなかった。カウンセラーが「ハルちゃん、今日は保育園に行ってきたの？」と聞くと「ハルちゃん、○○組さんだよ」とちぐはぐな答えが返ってきた。時折、

室内をニコニコしながらうろつき、突発的にジャンプしたり、目の前で手をたたく動作が見られた。園では、ハルは保育者からの一斉指示が理解できないようで、他児の動きを見ながら、ついていく場面が多く見られた。

その後、母に再度来談してもらい、ハルの状態像として、知的能力において全般的な遅れが観察されることを伝えた。

就学時健診とは

就学時健診とは、次年度に就学を予定している子どもに対して、市町村教育委員会が実施する健康診断のことであり、入学までに治療を要する疾病や心身の健康状態を把握することが目的である。就学時健診をきっかけに、親が保育カウンセリングに来談することも少なくない。

年長児の知的能力の見立て

知的発達に関わる障害は、いわゆる発達障害に認められる典型的な特性が認めがたく、見立てることが難しい。しかしながら、面接場面や行動観察場面では、記憶や言語理解、表現といった概念的領域に比較的その特性が表れやすいと思われる。年長児であれば、「今日、どうやって保育園に来たの？」「あなたの誕生日はいつ？」「ここの席（友だちの席を指さして）には誰が座っているの？」といった質問におおよそ答えられるようになる。このような、普段はあまり問われることのない問いを、関わりのなかで自然に投げかけてみて、首をかしげたり、的外れな答えが返ってくる場合は、年齢相応の知的能力に達していないことを示唆している可能性がある。

月齢にもよるが、筆者の所感では、ごく簡単な作業や課題が取り入れられる年少の頃から、行動観察で見立てやすくなると感じている。たとえば、「糊を使う」という場面では、自分の糊を取ってくる、蓋を開ける、紙を裏返す、容器に指を1本入れる、紙に糊をつける、所定の場所に貼る、指を拭くといった多くの工程が必要になる。保育者の指示のもと、難なくこなせる子どももいれば、何をしていいのかわからない子どももいる。このように新奇場面や不慣れ

な事態への適応力の程度が、知的能力の見立てに重要な情報となる。

親への伝え方

ハルは発達全般において、明らかに他児とひらきがあった。しかし、他児の動きを見て行動の手がかりとするのは、ハルにとって集団に参加するための方略であり、能力である。聴覚刺激よりも視覚刺激を頼りに行動決定している。何よりもその行動の背景には、皆と一緒にやりたいという心の動きが感じられる。このような「強み」を親にしっかりと伝えていきたい。

ハルのような子どもと言葉でやりとりする際は、こちらから推測したり、言葉を補ったり状況を示したりなどの配慮が必要になる。「配慮がなければ、やりとりは成立しない」ということは、言い方を変えれば「配慮があれば、やりとりは成立する」ということになる。気休めと思われるかもしれないが、どんな援助が必要なのかという建設的な方向を模索する糸口として、伝え方の工夫は重要だ。

保育者に伝えること

ハルは複数の指示に従えない。それに対して、保育者は「ひとつずつ指示を出して、伝えるようにしています」と言った。カウンセラーはそのやり方を支持し、それに加え、「指示の前に『まずは』『次に』『最後に』という言葉をできるだけ添えて話してみてください」と伝えた。その上で、そうした働きかけが、子どものどの部分を育むのかについて説明した。この場合は、言葉への注目が生まれること、順序が意識できるようになること、それにより気持ちに余裕が生まれることなどの効果が期待できる。保育者の適切な指導や働きかけが、確かに子どもの育ちにつながることを意識してもらい、発達促進的な環境を認識してもらうことで、より質の高い保育につながるのではないかと考える。このようなことが、進学予定の小学校に対しても伝わるように、親の許可を得て情報提供書をまとめ、小学校に持参してもらうこともある。

●園からの「気がかり」の指摘

エピソード　ユウト（6歳男児）──診断のないまま年長になった子ども

　ユウトの「ちょっと変わった行動」について、母は認識していたが、家では特に困ってはいなかった。さらに父が「自分も昔はそうだった」と話していたこともあり、強く意識することはなかった。しかし、保育園の面談で「気になる子」と指摘を受け、心配になり、来談に至った。

　ユウトはカウンセラーを見ることなく、目に入ったおもちゃに向かって走って行こうとした。とっさに母はそれを制止し「『こんにちは』でしょ」と言うと、独特のイントネーションで「こんにちは」と言い、自分のフルネームを言った。

　保育者に園での様子を聞くと、クラス単位の活動には大枠から外れることなく参加できるが、それ以上の大きな集団になるとその場から離れたり、耳をふさいだりするとのことだった。また、手首のしまったスモックやお遊戯会で着用する衣装は着たがらない、とのことだった。

　体操の時間を観察すると、ユウトは、人がいない場所を動き回り、笑顔も見られた。しかしその後の休憩時間、ユウトはソワソワと、何をすればいいのかわからず困惑しているように見えた。近くで戦隊ごっこをしていた男児が、ユウトにも戦いを挑むようなしぐさをした。ユウトはひきつった表情で、その場に立ちすくんだ。

自閉的な年長児の見立て

　自閉的な子どもの様相は実に多種多様である。そのなかで、共通点としては相互性の乏しさがある。それは他者の視線や気持ちを意識することの難しさが背景にある。ユウトは面接場面で初めて会うカウンセラーに対して、警戒や緊張する様子を見せなかった。カウンセラーを景色の一部と認識しているようだった。その後のやりとりでも、注意を共有したり、共感的に関わったりすることの難しさが観察された。

　自閉的な傾向のある子どもの行動観察では、一斉活動やおもちゃなどを使っ

て遊べる自由時間以外の、いわば、すきま時間にその特性が表れやすい。休憩
時間に見られたユウトの様子から、はっきりしないことへの不安や見通しのな
さに対する困惑が観察できた。他者とどう関わっていいのかわからない、何が
楽しいのか共有できない感覚を抱いていたのかもしれない。

　親や保育者から情報を聞く際は、どんなことを聞く必要があるのかを整理し
ておく。その際の注意としては、親や保育者から発せられた言葉の意味や内容
を的確に把握し、共有することである。たとえば、「こだわりがあります」と
言われた場合、それだけでわかったつもりにならず、その「こだわり」の内容
や継続期間、また、それが阻害されるとどうなるのかなど、できるだけ詳しく
丁寧に聞いていく。着る服にこだわりがある場合、特定の1着しか着られず、
それがないと下着1枚でも外に出てしまう状況と、親が説得すれば違う服も着
て外出できるのとでは、まったく異なる。そのほかにも「一方性が強い」「か
んしゃくがひどい」「偏食がある」「繊細である」などのワードも注意深く聞い
ていく必要がある。

親に見立てを伝えること

　見立てを伝えられた親の反応はさまざまである。カウンセラーの言葉をつぶ
やくように繰り返し考え込む親、「なんとなくそう思ってました」とどこか安
堵の表情を浮かべる親、自分の育て方に言及する親、「小学校生活、大丈夫で
すかね」と受け止めへの抵抗からか次の話題を切り出す親など、さまざまであ
る。子どもの見立てを伝えられることは、どんな内容であれ、親にとって心理
的負荷がかかるものであることを、カウンセラーは認識しなければいけない。
だからこそ、親の不安や落胆、怒り、疑問、迷いに対して、丁寧に聞き取り、
誠実に対応する姿勢が求められる。時には、カウンセラーは静かに聞き、その
場の雰囲気に一緒に浸るような気持ちで、親の受け止めを見守ることも支援と
なる。

第7章　小学校就学に向けた支援

●親と保育園の関係を調整する──共に支え合う関係に向けて

エピソード　ユリカ（6歳女児）── 感情のコントロール

　年中の半ばより、保育園から、ユリカの気になる行動について連絡帳に記載されることが多くなった。年長になると、連絡帳の報告に加えて保育者や園長から、どこかに相談に行ったほうがいいのではないか、と度々言われるようになった。

　ひとりでユリカを育てている母は、「家でも怒り出すと、収まるのに1時間くらいかかるけど、放っておくとそのうちに収まります」と母なりの対処法を語った。そして、「保育園から毎日のようにある連絡帳の報告のほうがしんどいです」と話し、追い詰められたような焦燥感がうかがえた。さらに、母の実母からは、ユリカのかんしゃくについて、甘やかしているからだと言われると話し、母の孤立感が見て取れた。

　保育園では、カウンセラーは工作の時間の観察をした。手先が器用で、創作活動が好きなユリカは、真剣に取り組んでいた。しかし、次第にいら立ち始め、「できない！」と言って、机にある道具を床に落とし始めた。カウンセラーはそっとユリカに近づき、簡単に挨拶をした。そして「怒っているように見えるんだけど、うまくいかないよ！ っていう気持ちがあるのかな」と問いかけてみた。見慣れない人に話しかけられたことに一瞬緊張した様子を見せたが、コクンとはっきりとうなずいた。「そっか。そうよね、できなかった、って思うと悲しくなったり、怒ったりするよね」とカウンセラーは気持ちを代弁した。そして、少し落ち着いたユリカに、「今度、できないって思ったときは先生に『できないよ、先生。手伝って！』って言ってみて」と伝えた。

　その後の保育者との情報共有の場では、保育者の苦労とがんばりを労いつつ、カウンセラーの所感として、連絡帳の記載が母にとって苦しいものになっているかもしれない、と伝えた。保育者は一瞬口をつぐみ、少し思い詰めたような表情で「やっぱり書かないほうがいいですかね」と言った。そのため、カウンセラーは保育園の大変さをわかってほしい、という保育者の思いを受け止めた上で、連絡帳に記載する目的や書き方について一緒に整理した。

173

感情のコントロールに課題のある年長児の見立て

　言語の発達に伴い、自分のなかに生じる感情とそれを表す言葉が結びついてくるようになる。そうして他者に自分の感情を言葉で伝え、人との関わりのなかで自分の気持ちを抑えることを経験しながら学んでいく。

　感情のコントロールの課題とひと口に言っても、その背景にはさまざまなことが考えられる。ユリカの場合、発達障害の特性として、感情のコントロールの不得手があるのかもしれない。もしくは、日常のなかで生じる負の感情を適切に処理してもらう経験が不足しているのかもしれない。さらには、母の余裕のなさが、ユリカにとって人に頼ること、助けを求めることを難しくしているのかもしれない。また、できないかもしれないという些細な不安が、ユリカのなかで絶対にできない、といった極端な思考になってしまう可能性も考えられる。机の上の道具を落とすという行為は、できないことに対して生じた不安を和らげようとする、ユリカなりの緊急避難的な行動だったのかもしれない。このようなさまざまな背景を思いながら、園では、感情をありのまま代弁し、気持ちを落ち着かせるような関わりが望ましい。

親の事情を踏まえて伝える、ということ

　ユリカの母は怒り出す我が子を放っておく、ということでしか対処せざるを得なかった。そうせざるを得なかった母の気持ちを汲み取りながらも、家庭や日常生活でできそうな対応を伝えていくことは大切である。

　この場合、ユリカの気持ちが落ち着いたときに、次に同じようなことが起きた場合を想定し、どのように表現すればいいのか、周囲により受け入れられるような表現方法をユリカに伝えていくことができる（先ほどのエピソードでは「『できないよ、先生。手伝って』と言ってみて」というのが代替の表現である）。できれば親子間でロールプレイを使って、代替の表現方法の練習をしてみるとより効果的である。こうした教示や練習は数回やってみたところでは変化は見られないかもしれないが、根気よく回数を重ねることで変化が見られることが多い。

第7章　小学校就学に向けた支援

　母にこうした提案をするときには、実際に母の前で親子間で行うロールプレイをカウンセラーが二役演じ、実演してみることで、親はやってみようかな、と思えるようになるかもしれない。またこうした関わりは「お母さんのできるときでいいんですよ」と念を押すなど、親がやらなければいけないと追い詰めるような教示にならないように配慮したい。

就学に向けた保育者の焦りと親の混乱

　ユリカの母は、淡々と話すが、家でのかんしゃくへの対応に困っていた。困っているのに、それが言えないくらい、追い詰められていた。そうした親の精神的ストレスが、子どもとの関わりに影響を及ぼしてしまうことがある。

　保育者も親も子どもの成長を願っている。子どもの様子をありのままに伝えることは、園での生活を見ることのできない親にとって、子どもの意外な一面や新たな側面を知ることができる大切な情報源である。しかし、時に保育者は、子どもの心配な様子や問題とされる行動だけを親に伝えて、結果的に親を追い詰めてしまうことがある。それが連日であったり、間隔を空けていたとしても長期にわたるものであったりすると、親の受ける精神的負担は大きくなる。

　園での大変な様子を親に訴えても、親にはどうすることもできないことが多い。園での出来事は親が家で言って聞かせて解決するようなことではないのに、子どもを叱りつけてしまうなど、親子で追い詰められていくこともある。園と親の関係がぎくしゃくすると、双方が子どもの成長を願っていても、効果的な支援にはつながらない。

保育園と親のパイプ役として

　それでは、園は親に対して、どのように子どもの問題行動を連絡すればよいだろうか。ユリカのケースでは、様子をありのままに記載することは変わらなくても、その行動の背景に何があるのか、ユリカの気持ちを想像して書き、さらには、保育者はどう関わり、結果どう解決したかなど、一連の流れを簡単に書くことで、母への非難にはならないのではないか、という結論に達した。加

175

えて、最近では連絡帳がない保育園も多い。心配なことは、口頭で、親の反応を確かめながら伝えたほうがよいかもしれない。連絡帳というツールを再度見直し、どう活用することが、保育園にとっても親にとってもより良いものになるのかについて、保育者と改めて考える機会となった。

　親と保育園の関係性が良くなるだけで、子どもの気になる行動が軽減されることもある。たとえ大きく変わらなくとも、ほど良い信頼感や連携関係が、互いを支え合い、子どもの成長を願う共同体として機能していくのである。

第2節　就学に向けた親への支援

　子どもの就学を控え、親の不安はより現実的な悩みとなってくる。そうした悩みは、親との面接でどのように現れ、語られるのだろうか。保育園・幼稚園のカウンセラーとして、どのような支援ができるだろうか。

●就学に向けた親面接の概要

就学前の親の悩み

　園での生活で、我が子が「多くの支援や配慮を必要とした経験」があると、親は就学に不安を抱きやすい。発達障害の診断があればなおさらであるが、受診せずにきた場合もまた、就学前の時期に、受け入れがたい事実に直面させられ、動揺する。レッテルを貼られたくないとして、受診を頑なに拒む親もいる。

　仮に、配慮や支援を受けながら、保育園生活をそれなりに送っていたとしても、保育園と小学校という環境の違いに、「小学校でやっていけるのだろうか」と親は不安を抱く。ある親は「子どもの特性と適応を考えたときに、どこからどう考えればいいのか、圧倒されるような感覚をもつ」と表現した。

第7章 小学校就学に向けた支援

特別支援級や学童保育の情報提供

我が子の発達について相談に来る親の多くが、親のほうから特別支援級について話題を出す。たとえば、在籍級を通常学級にするのか、特別支援級にするのかという選択に迫られるかもしれないという具体的な悩みが語られることもある。

特別支援級とは、比較的軽度の障害がある児童生徒に対して、一人ひとりのニーズに合わせたきめ細かい教育を行うために、小学校、中学校のなかに設置された少人数の学級のことを言う。

たとえ親から言及されなくとも、軽度発達障害の認定を前提とするのであれば、カウンセラーと親とで見立ての共有を行い、信頼関係の構築がなされた段階で、情報提供として面接で取り上げることが望ましい。

また、共働きの親は、放課後の過ごし方や長期休暇中の子どもの居場所をどう確保するのかといった、いわゆる学童保育問題にも対応していかなくてはならない。発達に障害がある子どもの場合は、一般的な学童保育で受け入れてもらえるのだろうか、受け入れてもらえたとしても子どもが安心して過ごせるのだろうか、といった悩みが出てくる。

学童保育問題に対しては、放課後等デイサービスなどの福祉サービスについて、情報提供を行うことがある。放課後等デイサービスとは、障害のある子どもの放課後および長期休暇中の支援の重要性が認識されて創設された、厚生労働省障害部局として初めて放課後活動支援を目的とした事業である（岸，2015）。

はじめに気をつけること

親から本格的に話を聞く前に、面接の場で何をする必要があるのか説明し、理解を得る。つまり、子どもの行動や状態像に対して、適切な関わりや支援をするために見立てという作業が必要になり、そのためにできるだけ詳細で多くの情報が必要になるということを理解してもらう。話すという作業にもエネルギーが必要になる。親とカウンセラーが共同で見立ての作業に取り組むという姿勢を親から引き出すことで、親のなかにも面接に臨む構えや意欲に変化が認

177

められることが多い。

漠然とした悩みから具体的な心配へシフトする

　軽度の発達障害のある子をもつ親が、「子どもが小学校でやっていけるか不安です」と来談したとする。まずは子どもの発達の状態について、見立てを行い、それを親と共有する。そして、子どもの状態像と小学校生活を想定しながら、就学時にどういったことが起こりうるのかについて対話を重ねる。つまり、漠然とした不安をよりイメージしやすい具体的な不安として思い描けるようにする。

　たとえば、「落ちつきがない我が子が、45分間も授業で座っていられるのだろうか」というように、小学校生活に沿って、想定される子どもの困難さを予測してみる。そして、それらについて、どのように配慮できるのか（配慮してもらえるのか）、支援できるのか（支援してもらえるのか）など、親と検討を深めていく。実際に、45分という時間および集団という空間で、何が起こると考えられるだろうか。授業の準備に時間がかかるかもしれない、立ち歩くかもしれない、他児にちょっかいを出すかもしれない、先生の話をさえぎって話し出してしまうかもしれない、体を動かしたり、授業とは別のことをしたりしてしまうかもしれない、といった動きが想定される。それに対して、できるだけ刺激の少ない席に配置してもらう、担任の声が届きやすい場所を確保してもらう、担任の声かけに配慮してもらう、周囲の友だちの配置を工夫してもらう、などの可能な対処法について整理していく。

　このように課題をより具体的に想定し、どのような配慮があればなんとかやっていけそうか、という見通しを立てるのである。そういった見通しが、それまでの漠然とした不安から、具体的な心配へのシフトにつながる。漠然とした不安は過度に不安を助長させるが、そうした悪循環から脱することが可能になる。

二次障害について扱う

　時折、親や周囲が知らず知らずのうちに、良かれと思ってやっていることが、

第7章　小学校就学に向けた支援

二次障害の要因になっている場合がある。二次障害とは、特性に適した支援や
サポートが受けられないことや、特性に合わない環境にいることで生じる、心
理的な問題や行動上の不適応のことを言う（pp.82-83参照）。子どもの不得意な
ところを伸ばそうと療育や習い事をいくつもかけもちし、能力や特性に合わな
いことを体験し続けることで、失敗体験が増え、他者との比較から自信を喪失
している子どもに出会うことがある。

　二次障害の理解を深めることは、親としての心構えを整理する機会になる。
特性がありつつも、その子らしさやその子がもつ能力を最大限に発揮できるよ
うな環境を整えることが大切である。二次障害を最小限にとどめるために、親
として何ができるのか、どのような心構えが必要なのかを話し合うことで、親
の表情や構えが変化していく。ただし、二次障害について話す際には、タイミ
ングが重要である。カウンセラーと親とのラポールが形成され、親の障害受容
がある程度図られていることが前提となる。それ以前に二次障害について話題
にすると、親を過度に不安にさせてしまうことがある。

就学に向けた親面接のめざすところ

　悩みや不安を面接で取り上げ、親の意識に変化が見受けられても、やはり悩
みが尽きることはない。程度の差はあれ、悩みや不安は日々の生活のなかに漂
うように存在する。しかし、親とカウンセラーとの対話のなかで、課題が明確
になり、心構えや対処法について具体的に整理されてくると、親のほうから
「なんだかんだ言っても、小学校に入ってみないとわからないですよね」とある
種の着地点が見出されることもある。不安は尽きないが、「なんとかやれる
かもしれない」という覚悟に似た決意が語られるのである。

●就学に向けた親面接の実際①　葛藤に寄り添う

［エピソード］　ミツキ（6歳女児）の母アイさん —— 親の葛藤

　ミツキは自閉スペクトラム症の診断を受けている。感覚の過敏さや受け取り方

179

に独特なところがあるため、集団場面や対人関係においてトラブルになりやすい。また興味関心の対象がはっきりしており、興味がなければ頑として動こうとしない一面があるため、保育園でも多くの配慮を必要とした。

　小学校でも参加できる活動と参加できない活動があるだろう、とミツキの母アイさんは彼女なりに認識しており、「覚悟はしています」と気丈に話した。しかし、「参加できないことはわかっていても、もしかしたら参加できるのではと期待したり、がんばっている姿を見てみたいな、と思ったりしてしまうんです」と続けた。軽く笑いながら話す様子が、どこかさびしげにも見えた。「こんなこと言っても仕方ないんですけどね」とアイさん自身で気持ちに折り合いをつけようとしている様子もうかがえた。カウンセラーはただ静かにうなずき、傾聴した。そして、少し間をおいて、「子どものそういう姿を期待するのは、親としてごく自然な気持ちです。それが今のお母さんの素直な気持ちですもんね」と伝えた。「話しても仕方がないと思っても、話してみてください。お母さん自身の気持ちを話すことは、大切ですから」と続け、湧き起こる気持ちにつきあい続ける意思を示した。

親の実態に寄り添う

　子どもの特性に対する親の受け止めはさまざまである。ミツキの母アイさんは、子どもの特性について自分なりに理解し、集団場面や対人関係において課題があることを経験的に知っている。子どもの気持ちを尊重したい、との思いから、できる範囲で参加すればよいと思っていても、親として希望や願望を抱いてしまう。皆とできたらいいのに、そんな子どもの姿を見てみたい、と思うのは親として当然の気持ちである。しかし、それが子どもの特性を無視した願いなのではないかと思い、そう願うことすら良くないのではないかと親は葛藤する。

　また別の親からは、「日頃は感じなくても、運動会や学習発表会の時期になると、少し複雑な気持ちになります。我が子は我が子の道を行けばいい、と思えていたはずなのに、まだこうあってほしい、と思っている自分に気づかされ

ます」と行事の時期が訪れるたびに、切ない気持ちが吐露された。

面接では、親のそうした思いを表現しやすいよう配慮する。思いを表現したところで何かが変わるわけではないが、湧き上がってくる思いを誰かに受け止めてもらい、労わってもらうことが、受け止めのプロセスには重要だ。

●就学に向けた親面接の実際②　両親で障害への向き合い方が異なるとき

エピソード　リョウタ（6歳男児）の母サワコさん ── 母の思いと父の思い

リョウタの知的能力は標準で、得意分野については大人顔負けの知識がある。しかし、手先が非常に不器用で、はさみを使ったり、文字を書いたりすることは苦手だった。図鑑は好きで、よく見ているのだが、小さい頃から、文字にはまったく興味を示さなかった。園では、年長になると、ひらがなを読んだり書いたりするワーク課題を取り入れていた。リョウタはなぞり書き程度はするが、それ以上の課題になると拒否することが多かった。

リョウタの母サワコさんはそれを特性と理解し、補助付きの文房具を利用し、子どものペースで習得できればいい、という思いを抱くようになっていた。就学に向けての準備として、医療機関への受診も視野に入れていた。しかし、リョウタの父ダイスケさんは「できるはずだ」と期待を抱き、保育園でできなかったワークを家でひたすらやらせ、完成させようとした。リョウタは泣きながら取り組み、時にかんしゃくを起こすこともあった。そんな姿をサワコさんは「見ているのもつらくなるときがあります」と話し、子どもに過度な負担がかかっていることに心を痛めていた。

ダイスケさんは、サワコさんが当センターに相談に来ていることは知っていたが、相談の内容を聞いてくることはなかった。サワコさんは何度かダイスケさんに、リョウタの特性のことや関わりについて話してみたことはあったが、ダイスケさんは「俺のやり方でやる」の一点張りでサワコさんの話に耳を傾けようとはしない、とのことだった。

両親で異なる障害への向き合い方に対するアプローチ

　子どもの状態像理解や就学について、父母の間で、意見の違いやズレが生じることがある。来談するのは、大抵、父母のどちらかだけである（母の来談が圧倒的に多い）。来談しないほうの親の思いや考えは、来談した親から聞くしかない。一方の親は子どもの特性を理解し、関わりを模索しようと努めているが、もう一方の親はそのような意識がないように思われることがある。

　リョウタの父ダイスケさんの関わりは、一見、無理解で不適切に思えてしまう。その背景には、親自身の育ちや家族状況に由来する独自の信念や歪んだ認知があるのかもしれない。しかし、父なりの考えや目標があるのかもしれない。実際に会って話を聞いてみると、間接的に聞いていた状況とは大きく異なる、ということもよくある。

　ダイスケさんに会えるまでの間は、サワコさんと何ができるかを考えていかなければいけない。読み書きが苦手な子どもへの学習サポートを参考にしたり、ダイスケさんの関わりでストレスを溜めているリョウタの心理的ケアの具体的方法を取り上げたりすることもある。サワコさんの対応の方針や見通しを整理し、日頃の関わりを支持し、サワコさん自身をエンパワーメントすることも親支援のひとつと言える。この面接で話し合ったことを、ダイスケさんに伝えてもらうことで、振り返りや修正につながるかもしれない。

　母とカウンセラーとの継続的な面接のなかで、父の来談を勧めることは、必要に応じて、様子を見ながら行う。父母間の意思疎通がある程度図れているか、父の来談を誘うことに母の心理的負担が強くないかなど、ふたりの関係性を考慮しなければならない。母との継続的な面接を重ねていくと、ある時、不意に父が来談することもあるし、父が来談したいと言っていると母から聞かされることもある。

　親自身がなんらかの特性を抱えていたり、実際に診断を受けていたりする場合もある。その場合、親自身のこれまでの生きにくさや苦労、家族関係などが語られることが多い。自分史を語る時間の長さや頻度は、親によってさまざまだが、その語りを経ることで、子どもの課題に親自身が向き合おうとする姿勢

第7章　小学校就学に向けた支援

が整っていくことがある。

● 就学に向けた親面接の実際③　就学に向けての具体的な悩み

エピソード　マリ（6歳女児）の母キョウコさん ── 在籍級に関する悩み

　乳幼児健診では特に指摘を受けることなく、マリは保育園に楽しんで通っていた。しかし、年長になり、保育園から、何をするにも時間がかかる、複数のことを同時に指示されると理解できない、身の回りのことをするのに保育者の支援が必要など、周りとのひらきが目立ってきたと聞かされるようになった。さらに、送迎のときに保育者からさりげなく言われた「マリちゃん、小学校に行くとちょっと大変かもしれませんね」という言葉が、マリの母キョウコさんにとってはショックだった。

　キョウコさんとの面接では、就学に関しての悩みが多く語られた。通常学級に在籍できるのか、それとも特別支援級に在籍したほうがいいのか、「何をどう決めていったらいいのかわかりません」と、キョウコさんはお手上げといった表情だった。また「特別支援級に入るときには診断が必要なのでしょうか」「診断があると普通級には入れないんでしょうか」「子どもの状態について小学校の先生にどう話したらいいんでしょうか？」と、より現実的な疑問や対応についても語られた。

　そのため面接では、マリの発達の状況を適切に見立てること、そして小学校就学に向けて考えなくてはいけないこと、決定しなければいけないことをカウンセラーと一緒に整理していくことなどを目標とした。

保育園生活と小学校生活の違いの理解

　保育園生活と小学校生活の違いを理解しておくことは、就学を控えた子どものこれからを考えるにあたり、初歩的な枠組みとなる。

　一般的には、活動の内容が遊び中心から学習中心に変わること、時間の使い方が規則性をもつこと、自分自身でしなければいけないことが増えること、保

183

育園ほど頻繁に小学校の担任とやりとりができないこと、先生が主にお世話をしてくれた人から指導・教育する立場の人になること、などが挙げられる。

　このような情報を羅列的に、一方的に親に話すことは、親の不安を不要に助長させる。では、保育園生活と小学校生活に違いがあることを踏まえて、親にどのように説明すればいいのだろうか。

　まず、伝えなければいけないこと、情報として知っておいたほうがいいことは、誠実に伝えるのが基本である。その際、カウンセラーの発する言葉、視線の送り方、うなずきや手ぶり身振りなどの非言語的反応、それを目にした親の反応をどのように汲み取り、さらにカウンセラーがどう反応するか、といったあらゆるやりとりに配慮が求められる。

　たとえば、カウンセラーは「保育園と小学校の違いについて、一般的にこういうふうに言われているのだけど……」と切り出し、簡単に説明する。「それだと、うちの子はなかなか難しそうですね……」と親が反応した場合、「具体的にどんなところに難しさがあると思いますか」「どんな支援があれば対応できそうですか」などと返し、共に検討する。親からの明確な反応がない場合は、「お子さんの特性や性格を考えたときに、何か不安に感じたり、思ったりすることはありますか」と投げかける。カウンセラーから一方的に伝えるのではなく、親の理解や状況を確認しながらの対話を重ねることで、親が知り得た情報を親自身の理解として落とし込んでいけるよう支援していくのである。

通常学級と特別支援級

　マリの母キョウコさんのように、ある日突然、保育園から指摘を受け、それを機に就学のことや、通常学級か特別支援級かの選択を考えなければいけなくなることも少なくない。その時の親の戸惑いはもっともである。

　診断がついているからといって、必ずしも特別支援級に在籍しなければいけないわけではない。在籍級の選択・決定はあくまでも保護者である親が行わなくてはならない。それゆえ、在籍級を決定するまでには、多くの思いや迷い、葛藤が生じる。

第 7 章　小学校就学に向けた支援

　子どもにとって、特別支援級に在籍することが良いと頭ではわかっていても、本当にそれでいいのだろうか、といった思いが去来する。ある親は「私の気持ちが追いつかないんです」と表現した。そうした親の思いは、面接のなかでこそ、丁寧に受け止める。友だちとの関わりが制限されるのではないか、たくさんの子どものなかのほうが学べることも多いのではないか、通常級でもやっていけるのに我が子の可能性を閉ざすことにならないかなど、親の迷いは深い。

　就学する小学校によって、特別支援級の数や形態はさまざまである。就学する小学校では、どのような特徴の特別支援級があり、どのように運営されているのか、実際に小学校に問い合わせて話を聞くことは、選択・決定の上で重要な情報になる。また特性を抱えた子どもをもつ親が集うサロンや親の会などへの参加を提案することもある。実際に特別支援級に在籍している子どもをもつ親から話を聞き、情報を手に入れることができる。

　以上のように、子どもの状態像を適切に把握し（必要に応じて、心理検査や発達検査を実施し、客観的に子どもの状態像を評価する）、就学する小学校の情報をできる限り得た上で、子どもにとってどちらの環境がより良いのか、さまざまな観点から考慮し、親の心情や受け入れ状況を丁寧に汲み取りながら、決定までのプロセスを支援していく関わりが必要になる。

第 **8** 章

保育の場における
子どもへの直接的心理支援

第1節　保育の場にカウンセラーがいることの意義

　保育園・幼稚園でのカウンセラーの職務内容は、従来、「保育者への専門的支援」と「保護者への専門的援助」の2本柱（滝口，2008）であり、スクールカウンセラーと比較すると、「子どもへの支援」を含まないのが特徴的である。確かに、園で乳幼児と一対一のカウンセリングを実施するのは現実的ではないが、果たしてそれだけが子どもへの直接的支援なのだろうか。

● 生活のあらゆる機会を捉えた子どもへの直接的支援

エピソード　フウ（2歳男児）── おばけ退治

　フウは、不安げな表情で保育室の片隅をひとりでうろうろしていた。保育者たちはその時間帯、ほかの泣いている子どもたちへの対応で手いっぱいで、誰もフウに気づいていなかった。そっと近づくと「おばけ怖い」と独り言を言っていた。「どうしたの？」とカウンセラーが声をかけると、フウは両手を差し出して抱きついてきた。そしてカウンセラーの腕のなかで、「おばけ怖い」と訴えた。カウンセラーは、「おばけ怖かったのー」と慰める口調を意識して笑顔で応じた。そして「おばけなんてないさ♪」の歌を静かに口ずさみながら、背中をとんとん撫でて気持ちを落ち着かせようと努めた。そのうち、フウの目に力が戻ってきたので、カウンセラーの歌う声も大きくなり、抱っこしたまま部屋を行進し、歌いな

第8章　保育の場における子どもへの直接的心理支援

がらおばけ退治する遊びに発展した。「あっち」「次はこっち」とフウが得意げに指さす方向へと行進し、立ち止まってはふたりで「エイエイオー」と片手を振り上げ目と目でにっこり笑い合った。そのうち、フウが降りたいそぶりを見せたので、そっと床に降ろすと、仲間の遊ぶところへ走って行き、遊び出した。

生活の場における偶発的な支援

　フウのように、一見理解しがたい不安を訴えたり、それに圧倒されたりすることは、2歳児にはよく見られる。子どもは、心のなかにあるイメージに従って実際の人間関係を捉え（＝投影）、行動する一方で、実際に人に接していくなかで経験したものを心のなかに取り入れてもいく（平井，2021）。子どもの心に時折生じる圧倒的な恐怖は、その都度大人が手助けすることによって緩和され、トラウマ化されずに収まっていく。そこで、子どもの心的現実を否定せず、まずは受け止めた上で、共に乗り越え、マスターする遊びへと展開するよう関わった。その後、フウは、自らカウンセラーの腕から降りて遊び始めた。このことから、安心感が充足されたことがうかがえる。ほんの数分間の関わりであったが、この瞬間に手を差し伸べることができたことを幸いに感じた。

チャンス面談のメリットと限界

　小・中学校等の学校現場では「チャンス面談」といって、児童生徒との偶発的な短時間のやりとりを生かして積極的にカウンセリング的に関わる手法が活用されている。そのメリットは、「同じ場で生活しているため，問題にいちはやく気づくことができること」であり、小さな兆候を捉えて、深刻な状態になる前に早期に対応することが可能な点である（文部科学省，2010）。園でも、生活の場における偶発的な関わりを通して、子どもに直接カウンセリング的支援を行うことができる。しかし、チャンス面談のみでは虐待などの関係機関との連携による継続的な支援が必要なケースに対応するのは十分ではなく、限界がある。それでも、乳幼児の健全な心の発達を日常的に支えるためには有意義な視点だと思われる。

187

第2節 保育の場における子どもへの直接的心理支援の実際

　保育者も普段から子どもへの直接的支援を行っている。カウンセラーのそれは、どのような点でカウンセリングの専門性が反映されるのだろうか。ここでは、具体的エピソードと心理学的な観点を対応させながら見ていきたい。

●感情調整の観点

エピソード　マコ（年少女児）──どんな気持ちもありのままで大丈夫

　避難訓練の際、皆で廊下に並んでいたマコが、けたたましく鳴り響く警報音に対して、頭を抱えて「怖い」とつぶやいた。それを聞いた周囲の子どものひとりが「怖いなんておかしい」と言うと、周囲も同調して、皆でバカにしたように笑った。マコは恥ずかしさでいっぱいな表情になり、唇を結んでうつむいた。カウンセラーは近づいて、「嫌な音だよねー、怖いものは怖いと言っていいんだよ」と声をかけると、マコはほっとした顔でうなずいた。周囲の子どもたちは少し驚いた顔をしていたが、誰かが「嫌な音だねー」と言い出すと、顔を見合わせながら口々に「嫌な音だねー」「怖いねー」と言ってはうなずき合い始めた。マコも「びっくりしたよねー」と笑顔で応じていた。カウンセラーは「じきにやむから大丈夫だよ」と伝えて立ち去った。

健全な感情の社会化に向けて

　子どもにとって、感情とは、わけがわからないまま自分を突き動かす「何か」である。それを誰かに受け止めてもらい、「悲しかったね」「腹も立つよね」などと命名してもらって初めて、それを自分のものとして調整することを学んでいく。これを感情の社会化と言う。

　マコのように怖い気持ちを感じているときに、「怖いなんておかしい」と否

第8章　保育の場における子どもへの直接的心理支援

定されると、感情調整に歪みが生じることがある。大河原（2015）によれば、3歳の男の子がアスファルトの道路で勢いよく転んだ際、母親がすかさず「痛くない！」と叫び、子どもが立ち上がったときに「えらい！」とほめると、子どもは何事もなかったように立ち上がって走り出すようなことがあるが、この時子どもの脳は、親に愛されるために、自分の「痛み」をあってはならないものとして処理することを選択する。自分の気持ちを選択的に排除するパターンが身についている子どもたちは、園で、他児のネガティブ感情をバカにしたり否定したりしがちである。このような傾向は、幼児期にはある程度適応的に機能（筆者注：お利口さんと言ってもらえるなど）したとしても、いずれ青年期や成人期で不適応的なものとなる可能性がある（Bowlby, 1980/1991）。

　マコのエピソードは、ネガティブ感情の排除を強めるリスク場面であった。それに対して、「どのような感情もありのままに感じてよい」とカウンセラーが保証し、健康な心の発達に向けて心理教育の機会を提供したと言える。本児のほっとした表情や、他児が次々にありのままの気持ちを吐露し始めたことから、カウンセラーの意図は子どもたちに伝わったと思われた。

● 日常的出来事のトラウマ化を防ぐ

エピソード　アミ（2歳女児）── 不意の凍りつき反応に対処する

　集会室での行事練習が終了し、部屋に帰るために並んでいたときのことである。隣の女児から唐突に何か強い口調で文句を言われ、アミは凍りついたように座り込んで、動かなくなってしまった。カウンセラーがそっと近づいて、「びっくりしたね」とささやくと、アミはカウンセラーの顔をしばらく見てうなずき、少しして立ち上がりながら「びっくりしたー」と笑顔になった。

日常的な些細な出来事もトラウマになりうる

　たとえば、大きな音がしたり、ペットが突然飛びついてきたりといった、取るに足りないような出来事でも、小さな子どもにとっては命を脅かされたよう

189

に感じ、養育者が来て救い出してくれるまでは何もできないことがある（Kain & Terrell, 2018/2019）。トラウマとは、かつては戦争やレイプなど、命に関わる出来事として、狭く限定的に捉えられてきた。しかし今では、日常の慢性的なストレスの延長線上にあると考えられており、「耐え難い情動的苦痛のなかに心理的に孤立無援で何度も放置されること」（Allen, 2013/2017）などと捉えられている。園では、子どもたちは幼いながらも親の庇護から離れて生活しており、日常的に起きる新奇な苦痛事態に、しばしば孤立無援で曝される。そして、単回のトラウマ事象が、その後の不適切なケアによって複雑化することもありうる（嶺, 2020）。

　アミは、他児の否定的・拒絶的な強い関わりに対して、なすすべなく凍りついてしまっていた。それに対して、カウンセラーが、びっくりした気持ちを代弁しながら寄り添ったところ、笑顔が戻り、凍りつきのまま放置されることなく回復した。日常の小さな傷つき体験は数えきれないくらいあり、そのすべてに対して支援を行うことは不可能かもしれないが、その場に立ち会ったときには見逃さずに対処を手伝うことができるのは、生活を共にしているからこその利点であると思われる。

● 神経系の慢性的覚醒状態をケアする

エピソード　①リン（年中男児）── 気が立っている子どもへの対応

　自由遊びの時間、リンは暗い表情でひとりぼんやりと座っていた。突然、そばをたまたま通りかかった男児につかみかかって押し倒し、腹の上に乗ったので、カウンセラーは「あらら、危ないね」と引き離した。押し倒されたほうは泣いて保育者に助けを求めに行った。リンは、無表情で自分の椅子に戻った。カウンセラーが、「何か腹立つことあったの？　聞かせて？」と尋ねると、ぶわっと涙を流し「○ちゃんが〜をもってきた」と話す。泣きながら話すので、〜の部分がよく聞き取れなかったが、「そうだったんだ、もってきてほしくなかったんだね」と言うと、うなずきながらぽろぽろと涙を流したので、落ち着くまで背中を撫で

第8章　保育の場における子どもへの直接的心理支援

た。保育者に聞くと、家では赤ちゃんが生まれて、リンの迎えがどんどん遅くなってきているとのこと。

　その後、リンは、パズルで遊び始めた。少し経つと周りをきょろきょろ見渡したので、近づいて「できた？」と聞くと、うなずいた。「ああ、いいのができたね」とふたりで作品を鑑賞すると、満足した顔でほかの遊びを始めた。リンは、普段からよくブロックなどに没頭する子だが、その日はこれをきっかけに、ようやく遊びに没頭し始め、表情が生き生きとしていった。カウンセラーは、リンが遊びによって癒やされている様子を確認して、ほっとした。

エピソード　②カン（年長男児）── 無気力な子どもへの対応

　カンは以前から家庭でのネグレクトが心配されていた。年間を通して、ぼうっとした表情をしており、友だちともうまく関わることができず、遊びにも集中できず、ふらふらしていることが多かった。カウンセラーは、担任と連携しながら、親面接も不定期で行っていた。シングルマザーであるカンの母を追い詰めないよう配慮しながら、子育てについて共に考える関わりを継続していたが、ネグレクトはなかなか改善しなかった。

　冬になり、カンは自由遊びの時間中ずっと、部屋の片隅で、ひとりで腹ばいに寝そべって、ぼうっとしていた。カウンセラーは園を訪れる度、カンにそっと近づいて、隣に寝そべる時間を取った。カンはカウンセラーをチラリと見て、共に窓の外を見た。会話はなかったが、立ち去るときに「また来るね」とカウンセラーが言うと、カンはうなずいた。そのうち、カウンセラーが寝そべると、「雪が降ってる」など、カンのほうから話をしてくることが増え、カウンセラーも静かに応じた。ある時は、カンのほうから、コマで遊ぼうと誘ってきた。それに応じて遊んでいると、他児が何人かやってきて、笑顔で一緒に遊ぶことができた。

過覚醒と低覚醒

　リンのように暗く、イライラ、ピリピリした様子と、カンのようにシャットダウンしたような無気力は、コインの裏表のように、どちらも慢性的ストレス

への反応として理解できる。

　ストレス状態にある子どもを見立てる枠組みとして、ポージェス（Porges, 2017/2018）によるポリヴェーガル理論が有用である（pp.71-72 参照）。

　表8-1 は、ストレス下の子どもの状態を、保育者や親に説明（心理教育）する資料の一例である。自律神経系は、交感神経系と副交感神経系に分類される。交感神経系は、平常時には活動をオンにし、ストレス時（表の赤の世界）には過覚醒して闘争－逃走反応を起こす（Kain & Terrell, 2018/2019）。リンの状態がそれであり、赤ちゃんの誕生により、急激に親からの関心を奪われたような危機的な日々を送っているためであると推測された。他児を押し倒す行動は、リンが心のなかで見えない何かと戦っているサインである。問題行動にはわけがあるので、それだけを取り上げて叱責や注意をしても子どもには響かない。それどころか、「自分はダメだ」と思わせてしまうだろう。カウンセラーがやさしく尋ねると、リンは初めて泣いて、自分でもよくわからない心のもやもやを解放することができた。これはカウンセリング的な関わりであると言える。

　一方、副交感神経系を構成する主要な神経である迷走神経系は、背側迷走神経系と腹側迷走神経系というふたつの神経枝に分かれている。背側迷走神経系は、系統発生学的には原始的なシステムの名残であると考えられており、非ストレス下では穏やかな身体活動の低下をもたらすが、ストレス下では、凍りつき反応や擬死（シャットダウン）を作り出す（Kain & Terrell, 2018/2019）。カン

表 8-1　ポリヴェーガル理論と子どもの精神状態

私たちが生きている 3 つの世界（神経系）	反応パターン	子どもの精神状態
赤の世界：可動 （交感神経系）	ストレス下（サバイバルモード）： 闘争・逃走	警戒警報が鳴りつづけている （過覚醒）
	（非ストレス下：スイッチオン）	緊張、がんばる
緑の世界：つながり （腹側迷走神経系）	アタッチメント	だれかといて安心・落ち着く 見守りのなか挑戦、探索、学習
蒼の世界：不動 （背側迷走神経系）	ストレス下：フリーズ	解離、麻痺、服従
	（非ストレス下：静かな休息）	（ひとりでのんびり）

筆者作成

の空虚で生気のない無気力状態は、この状態であると理解できる（表の蒼の世界）。ケインとテレール（Kain & Terrell, 2018/2019）によれば、早期のネグレクトがあった場合、健全な神経系の発達に必要な子どもの欲求が十分に満たされていないことが多いため、少しの刺激も負荷となるリスクがある。そのため、社会的な関わりを積極的に提供し反応を引き出そうとするのは適切でなく、滴定（ほんの少しだけ介入し注意深く見守る）すべきであり、そうすることによって、見守られながら安らぐ体験を得ることができる。カウンセラーは以上のことを念頭に、そっと寄り添うことを心がけた。訪問の度に短いが静かな時間を共有していくことによって、カンのほうからぽつりぽつりと話す場面も増え、社会的関わり（表の緑の世界）へと穏やかに活性化できたと思われる。

問題行動に対するカウンセリング的対応

　園では一般に、泣いている子どもや、自ら保育者に助けを求めにいく子どもなど、困り感がわかりやすく見える子どもに対して手が差し伸べられやすい。しかし、このような子どもたちは、社会的交流が可能な状態（緑の世界）にある子どもたちである。本当に深刻なのは、イライラしたり不意に飛び出したりする子ども（赤の世界）や、ぼうっとしたり固まったりへらへらしたり（服従）する子ども（蒼の世界）のほうだ。それを適切に見立て、手を差し伸べるのが、カウンセリングの専門性である。そして、そこから得られた理解を保育者と話し合うことにより、支援を確かなものとしていくことができる。

●愛着の観点

エピソード　カナ（4歳女児）── 内気な性格

　遊戯室で、跳ねまわる子どもたちのなかにひとり、カナは所在なさげに立っていた。ほかの子どもたちがカウンセラーをボール遊びに誘ってくるので、それに応じながら、少し離れたところにいるカナにタッチを誘うしぐさで手を差し伸べた。すると、カナは無表情でカウンセラーに近づき、おずおずとタッチして走っ

ていった。目の端で追っていると、遠くから振り返ってカウンセラーを見たので、にっこりうなずき返すと、カナは、遊戯室をぐるぐると走り出し、カウンセラーのそばを通る度にタッチする遊びに展開した。そのうち、カナは、別の方向から走ってきた他児とぶつかって倒れた。そしてカウンセラーを見たので、「ありゃりゃー」と笑って見せると、カナも倒れた子に対して「ありゃりゃー」と笑いかけ、ふたりで身体運動のまねっこ遊び（片方がジャンプしたらもう片方もジャンプ）を始めた。

　カウンセラーはその後も、年中児の保育室で、自由遊びの時間にひとりでふらふらしているカナを見かけた。そこで、部屋に入る度に、カナにタッチを誘うそぶりをした。カナは、カウンセラーが入ってくると、無表情のまま自らタッチしにくるようになり、タッチしては部屋を一周する遊びを繰り返していた。年長になると、他児の遊びのなかに入っていけるようになり、カウンセラーとのタッチ遊びは自然消滅した。

「安心感の輪」の支え手として

　自由遊びの時間には、遊び込めない子どもが少数だが見受けられることがある。愛着の観点からは、安全で安心なとき、子どもの好奇心は高まるが、実際に子どもが探索を始めるためには、それを養育者がしっかり支えてくれると感じられることが必要となる（Cooper et al., 2013）。養育者がリラックスして見守っていることにより、子どもは探索や学習が可能となるのである。

　カナは、無表情ではあったが、穏やかな顔つきをしており、その目はかすかな好奇心をたたえて周囲を見渡していた。おそらく、カナは、ストレスや不安ではなく、生まれもった内向的な気質のために、遊びに入っていく際に、養育者からの見守りと励ましを人一倍必要としていたと思われる。そこで、カウンセラーは、「安心感の輪」（pp.48-49参照）の支え手として、探索活動を励ますことを意識してタッチを誘った。他児とぶつかるといったハプニングの際には、カウンセラーに対して社会的参照をしたことや、その後の保育室でカナが自らタッチを求めてくるようになったことからも、カナにとってカウンセラーが安

心の基地として機能していたことがうかがえた。

まとめ

　以上見てきたように、保育の場におけるカウンセラーの子どもへの直接的支援は、子どものストレス状況や、活動の滞りを察知し、それを調整することが中心となる。その際、感情排除や神経系の反応や愛着欲求など、一見わかりづらく、かつ、集団のなかで見過ごされやすいサインを、心理職ならではの専門的観点からキャッチしている。これは、将来的な心の不調の未然防止や健康な心の発達促進をめざした、カウンセリング的な関わりであると言える。これを根づかせていくためには、保育者との共有や、園での取り組みを家庭でも継続してもらうことによって、子どもを二重三重に抱えていくことが重要である。そのためには、年に数回程度の巡回訪問では困難であり、園にカウンセラーが恒常的に配置されるといった前提が必要だと思われる。

　　　　　＊本章は、喜田（2022）をもとに、大幅に加筆修正したものである。

第 **9** 章

学童保育の今

第1節　学童保育の難しさと課題

　通称「学童保育」「放課後児童クラブ」は正式名称を「放課後児童健全育成事業」（以下、学童とする）といい、児童福祉法に基づき、保護者が労働等により昼間家庭にいない児童に対し、放課後に適切な生活の場を与えてその健全な育成を図るものである。少子化により子どもの数が減っている社会的状況のなか、学童の現状はどのようなものであろうか。

●学童の保育者の苦悩

エピソード　**学童の日常**

　小学校のなかの一室を利用して開設されている学童がある。そこでは、1年生から6年生まで30 〜 40人程度の子どもたちが毎日利用し、3人の保育者が対応している。

　学校が終わると、低学年の子どもたちから次々に「ただいま」とやってくる。わけもなく友だちの足を蹴ったり肩をたたいたりする様子があちこちで見受けられる。「手荒いでしょう？　これも挨拶の代わりみたいなものらしいです」と保育者のひとりが苦笑する。高学年の子どもたちがやって来ると備え付けの棚はラ

ンドセルであふれ、学習用の長机も子どもたちでいっぱいになる。隣り合わせる子どもたちがおしゃべりしたり、文句を言い合ったりと、にぎやかな声があふれている。子どもたちは宿題をしたり、学校の体育館で遊んだり、部屋でお絵かきや折り紙をしたりと、思い思いのやり方で自由時間を過ごしている。なかにはおやつの時間を設けているところもある。そして、両親や祖父母が迎えに来ると、子どもたちはそれぞれに帰っていく。

学童の社会的背景

　近年、学童への入所児童数は増加の一途をたどり、5人に1人の児童が利用している。それに合わせて学童や保育者の数も拡充し続けている。学童は、全国で2万6000か所余りとこれも過去最高の値となった。これらの背景には女性の社会進出や就労体系の多様化、核家族化といった家族構成の変化、放課後の子どもの居場所であった遊び場の減少といったさまざまな社会状況があると考えられる。2012年に改正された児童福祉法により、学童入所の対象児童が小学6年生まで拡大されたことも背景にあると思われる。子どもたちも、学童のほうが友だちと気軽に遊べるからと積極的に通っていることが多い。

学童の現状

エピソード　吐露される本音

　ある日のカンファレンスではいつものように保育者が困っていること、悩んでいることが次々に話された。「静かにするように言っても子どもたちは言うことを聞かない」「注意しても無視したり、暴言を吐いたりする」「ケンカを止めようとしたら、逆に文句を言われた」「学校の先生が言えば静かに聞くと思うけれど、私たちが言うことは何も感じないみたい」「お迎えのときに子どもの様子を伝えても、何の返事もしない保護者もいる」「目の前で騒いでいる子どもの様子を見ても、迎えの家族は注意も何もしない」「昔の子どもはこうじゃなかった。もっと大人の言うことを聞いたように思う」。保育者はそれぞれ日々感じていること

を話した。子育てを終えた世代の保育者は、自分たちの子育てを思い出しながら、最近の子育てとの違いについて驚いているとも話した。

「先生」ではないがゆえの苦悩

　学童にいるのは学校から解放された放課後の子どもたちであり、学校では当たり前の約束事や規則を学童で守ろうとする子どもは少ない。いわゆる「先生」と呼ばれる存在がおらず、保育者に厳しく注意されても平気な顔をしている。なかには、学校での様子からは想像もつかない粗暴な言動をする子どももいる。すぐにカッとなりトラブルになるため、気を張り詰めて対応しなければならない子どももいる。発達の特性をもつ子どもがいれば、その子に合わせた関わりを求められることもある。このような子どもたちの対応に保育者はいつも頭を抱え、途方に暮れてしまう。それでもと、子どものために話しかけたり働きかけたりしても、文句を言う子どもさえいる。子どもたちにとって自分たちは何者なのか、その立ち位置の定まらなさに保育者たちは苦悩している。

自分の思いをストレートに表す子どもたちと現実を見ない保護者たち

　学童の様子をつぶさに観察していると、子どもたちの抱えている思いが垣間見えることがある。ある学童では「そばにいてほしい」「一緒に遊んでほしい」と幼児のように保育者にまとわりついている子どもがいた。また、何度注意されても同じいたずらをして、叱られるのを待っているかのような子どももいた。「家でかまってもらえていないのかね」とつぶやいた保育者の言葉が印象的であった。また、学校で担任の先生に叱られた子どもは、いつもよりイライラした言動になっており、まるで怒りを発散しているかのようにも見えた。加えて、迎えに来る保護者のなかには、我が子が学童で暴れていたことを告げられてもただ頭を下げるだけの親もいれば、「早くして」と子どもを急かし、早々に立ち去ろうとする親もいる。それは子どもの問題と向かい合おうとせず、むしろそこから目をそむけたい親の気持ちが表れているようにも見えた。

　子どもたちや保護者たちの様子から、カウンセラーは背景にある問題を共感

第 9 章　学童保育の今

的に推測するが、毎日関わっている保育者たちには、ネガティブな感情しか残らないこともある。手を煩わせる子どもたちの心の声に思いをめぐらせ、それを受け止めるほどの余裕がないことも多いだろう。子どもたちが抱えている問題の本質に一番近いところにいると思われる保育者には、かえってそれが見えにくくなっていることもあるようだ。

●学童における課題

エピソード　雨の日はさらに荒れる

　その日の訪問では、子どもたちの口げんかがいつもより多いように感じた。あちらこちらでいら立った言動が目につき、手が出そうになる子も多い。「今日は学校の事情で体育館が使えない」と保育者が教えてくれる。いつもは宿題を済ませると、体育館で思い思いに体を動かして遊んでいるのだった。外は雨模様で、じめじめした空気も子どもたちをいらつかせるのかもしれない。「さっきから紙を何枚使ってるの」と保育者が大きく声を荒げた。このクラブでは使ってよい白い紙はひとり 1 枚と決まっているとのこと。数枚の紙を重ねて作った剣を振り回す男児を保育者が追いかけた。その子どもの腕が棚に触れて、乱雑に置かれていた子どもたちのカバンがバタバタと落ちてきた。

学童のハード面の課題

　厚生労働省の調査（厚生労働省，2021）によると学童は学校の余裕教室や敷地内の専用施設が使用されており、約半数が小学校内にある。しかし、小学校のそばにあるにもかかわらず、思いっきり体を動かすための体育館やグランドが利用できない場合もある。学童は「放課後児童健全育成事業の設備及び運営に関する基準」により 1 人 1.65㎡と定められており、同調査では約 82% の学童が基準を満たしている。しかし、部屋のなかで走り回って遊ぶ子どもたちがいるためか、窮屈に感じることも多く、騒ぐ子どもたちとそれを注意する保育者の声で騒々しいところが多い。このような環境のなかでは子どもたちが落ち

199

着いて過ごすことは難しく、厚生労働省が説明している「適切な遊び及び生活の場」とはほど遠い。子どもの発達を支える機能を満たしているとは言いがたい。

学童のソフト面の課題

保育者の雇用形態もまちまちであり、常勤職員は約35%にとどまっている（厚生労働省, 2021）。半数以上が非常勤職員のためか、子どものいない業務時間外にカンファレンスを行おうとすると参加を拒む保育者もいる。カンファレンスや日々の振り返りと打ち合わせといった、対人援助職が機能するために必要な時間が、勤務時間として組み込まれていない実態があるとも言える。加えて学童で働く保育者は多様で、保育士の資格をもっている人もいれば、これまでに子どもたちの活動に深く関わった経験のない人もいるため、子どもの行動の捉え方もおのずと異なってくると考えられる。保育者の資質向上のための研修は各学童において行われているものの、研修が年間5回未満と回数が少ない所が7割にものぼる（厚生労働省, 2021）。何よりも、子どもの生の感情がぶつけられる保育者自身への心理的支援を整えていく必要性が痛感される。

このように、子どもたちのための環境や学童の保育者の支えとなるものが不十分である印象は否めない。学童へ通う子どもたちが増えている現状を踏まえると、我が国の未来を背負う子どもたちの健全育成の場として、これらの課題は早急に取り組むべきものではないかと思われる。

第2節　学童保育へのカウンセラーの関わり方
──学童保育の強みを生かす支援の方法とコツ

学童では自由闊達にふるまう子どもたちと、それを見守る保育者たちの日常がある。保育者はそこで起こるさまざまな出来事に悩みながら対処している。では、そこに関わるカウンセラーには何ができるのだろうか。

第9章　学童保育の今

●カウンセラーの訪問

エピソード　カウンセラーと子どもたち、保育者

　初回訪問で「ただいま」と子どもたちがやって来ると、初対面のカウンセラーを怪訝な表情で見ている子どもがいれば、「誰？　どこから来たの？」と人懐っこく話しかけてくる子どももいる。保育者の声かけで、ノートやドリルなどを持って机の前に座り、「一緒に宿題やろうよ」と声をかけ合っている子どもたち。「ねえ、これ教えて」とひとりの子どもがカウンセラーに話しかける。「算数だね、好き？」カウンセラーの問いかけに「あんまり好きじゃない。あ、今日ね、体育の時にね、先生が……」と学校での出来事を話し出す。「ねえ、もう宿題終わったから、一緒に折り紙しようよ」と後ろからカウンセラーの肩をたたいてくる子どももいる。

　子どもたちが帰るとカンファレンスが始まる。保育者が日々の苦労を次々に話す。カウンセラーはカンファレンスの時間いっぱい、彼らの話に耳を傾けた。

子どもたちとの関わり方

　カウンセラーが学童へ訪問する際には、子どもたちが実際に活動している様子を観察する時間と、保育者と共にカンファレンスを行う時間の両方を確保するように計画を立てる。多くの学童では、子どもの数に対して保育者の手が足りない印象があり、観察する際には、保育者と同じように実際に子どもたちと関わりながら様子を見ることになる（参加観察）。さりげなく声をかけたり勉強を見たり、一緒に遊んだりしながら、気になる子どもを常に視野に入れて行動観察を行う。カウンセラーに話しかけてくる子どももいる。ふたりきりになると、学校での出来事や家族の話をしてくれることもある。自分のことをよく知らない大人との、日常から切り離された特異な場であるからこそ、思いのままに話せるということもあるのかもしれない。

　子どもたちとの実際の関わりは、ただ観察するだけでは見えてこないさまざまな気づきを与えてくれる。

201

カンファレンス

　一方、カンファレンスは子どもたちのいない時間を使って行うのだが、先述したように、勤務時間外の出席を拒む人もいて、気になる子どもに関わるすべての保育者に参加してもらうのは難しい。しかし、カンファレンスの集まりこそが、その学童に関わる保育者の多くが一堂に会する大変貴重な時間であるということを理解してもらい、できるだけ参加を促したい。

　まずは保育者が抱えている日頃の思いを自由に話してもらい、それを丁寧に聞いていく。一人ひとりの保育者がどのような考えをもって、どのように子どもたちを捉えているのか、またその学童の方針やその地域の風土といったものも徐々にわかってくる。その上で一番気になる子どもの様子を聞きながら、その背景を探っていく。その際には、現代の子どもを取り巻く社会環境や親子関係を含めた家族関係の変化など、やんわりと伝えながら、手を煩わせるような言動にも子どもなりの理由や置かれた環境の影響があることを話す。そこから子どもの対応を具体的に提案する。もちろんそれがうまく働くかどうかはわからないので「試してみましょう」という気軽な感じでお願いすることが多い。もし提案した働きかけが何の変化ももたらさなければ、また保育者と一緒に次の作戦を考え、試していく。カウンセラーの役割のひとつはこれらの積み重ねを粘り強く続けていくことであると考えている。

●学童の強みを生かす

エピソード　ユウヤ（小学6年生男児）── 年下の子どもたちとの遊び

　ユウヤはいつも元気で、彼がやってくるととたんに部屋はにぎやかな雰囲気になる。ただ時折羽目を外しすぎて「ユウヤ、うるさい」「静かにして」と友だちから注意されることがある。機嫌がよければいいのだが、場合によっては「お前こそ、うるさい」と怒り出すユウヤは、手が出てしまうことすらある。なだめても悪態をつくユウヤに保育者たちは手を焼いているようだった。

　ブスッとした表情で部屋を出ていくユウヤが向かった先は体育館。一足先に宿

題を終えた１、２年生の子どもたちがドッジボールをしていた。そこへ「一緒に
やろうぜ」と３年生が加わり、そのタイミングでユウヤも仲間に入って行った。
不機嫌なユウヤがどんなボールを投げるのかと心配な気持ちでながめているカウ
ンセラーのそばで、「小さい子と遊ぶのはとても上手なんですよ、ユウヤくん」
と保育者が教えてくれる。このように学年が混ざって遊ぶ機会をできる限り設け
るように工夫していると保育者は語った。「このような遊びは学校でもあまり見
られないと思うんです」。ユウヤの様子を見ると、投げるボールは低学年の子ど
もたちに合わせてやさしく、上手に受けられた子には「ナイス！」と声をかけ、
ボールを当てられても「すげーな、お前」と相手の子をほめている。やさしい笑
顔のユウヤに驚いていると、宿題を終えた高学年の子どもたちが次々に仲間に
入ってくる。１年生から６年生まで混ざってのドッジボールは、楽しい歓声と笑
顔でいっぱいになった。途中、お母さんが迎えに来て帰ることになった１年生が
「えー、もっと遊びたい」と駄々をこねながら保育者に連れられて行った。「また
明日もやろうぜ、バイバイ」とユウヤが声をかけていた。

学童だからこそ得られる経験

　一般に学童では、テレビもゲームもないなかで年齢の異なる子どもたちが一
緒に過ごしている。いまどきの遊びは、たとえばゲームですらオンラインでつ
ながるように、人と人とが等身大でリアルに関わる機会が少なくなりつつある。
そのなかで、異年齢の子ども同士が一緒に遊ぶという体験は、なかなか珍しい。
その上、子どもたちは目の前にあるものだけで遊びを創り出す。これは現代の
社会事情では希有な場所であると言えるだろう。
　前出のユウヤは感情のコントロールが苦手であるが、自分よりも小さな子ど
もたちには相手の気持ちを推し量りながら関わることができていた。もちろん
最初からできたわけではなく、日々の体験の積み重ねと保育者による見守りの
おかげであったと推測される。小さな子どもたちに慕われ頼りにされる体験の
なかで、ユウヤの自己有用感や自己肯定感も増していったのだろう。これは彼
に限ったことではない。少子化で兄弟の少ない環境で育つ子どもたちにとって、

異年齢の仲間との活動では普段体験できないさまざまな感情を育むことができると考えられる。

　このように昔は当たり前だったかもしれない光景が、今の学童には広がっている。

●学童という特異な場

エピソード　マコト（小学２年生男児）── 家庭の問題を抱える子への対応

　マコトは些細なことで腹を立て、友だちに手が出ることもあるという。下校後うろうろと道草をしながらやってくるマコトは、クラブに到着するとさらりと宿題を仕上げてしまう。その後、友だちと遊び出すのだが、仲良くじゃれ合っているかと思えば、突然顔を真っ赤にして怒り出す。保育者はマコトの様子を常に気にしながらの毎日であった。

　いつ頃からかマコトは、特定の保育者の膝に幼児のように座りたがるようになった。膝の上では笑顔でいつもより落ち着いて友だちと会話ができる。しばらく経つと、今度はまた別の保育者とトランプをふたりだけでやりたいと話した。多くの子どもたちへの対応のなかで、マコトとの一対一の時間を取ることは難しい状況であった。しかし、マコトの家庭環境に何かしらの問題があるとうわさで聞いていた保育者たちは、マコトが求めることに応えることが今の彼には大事なことかもしれないと考えた。

　毎日続くふたりきりの遊びであったが、気がつくとマコトが膝に座ることはなくなっており、友だちとのトラブルも減っていった。

学校でも家庭でもない場

　子どもたちが素の感情を表しやすい学童は、「学校」でも「家庭」でもなく、ベッテルハイム（Bettelheim, 1950/1968）が「中間的な場」と呼んだ、機能が明確でなく子どもが「さまざまな種類の活動ができるような」場であると言える。通常は、学校でがんばって良い子の姿を見せながら家では安心して甘えた

り、ありのままの感情を表出したりするのが一般的である。しかし、なかには親に対してこそ、ありのままの姿を出すことができない子どもがいる。そのような子どもが学童で自由に表出するむき出しの感情の背景に、育ちの課題がひそんでいる場合がある。

マコトの行動は、家庭でしっかりと向き合ってもらう経験の少なさが表れたのではないかとカウンセラーは考えた。年齢に見合わないマコトの幼い行動に戸惑い、それを見ている周りの子どもたちへの関わりにも心をくだきながら、保育者たちはできる範囲でマコトの求めに応じることにした。

このように子どもたちの荒れた言動に悩み、無力感をもちながらそれでも変わらず関わり続けようとする保育者の存在は、子どもたちが家庭で十分には得られない安心感と自己肯定感を補っていると思われる。それはむき出しのネガティブ感情があらわになる局面だからこそ得られる修正情動体験（p.162 参照）にもつながっていく。カウンセラーは、このような学童の日々の営みを専門的な観点から意味づけ助言し、保育者を支えていく。それにより、学童が子どもの「生活の場」「居場所」になるという役割だけでなく、その健やかな育ちを後押しする場へと変化すると思われる。子どもたちの育ちを支える有効な働きかけが展開できる学童を、これまで以上に再評価すべきではないだろうか。

COLUMN 富山県の「ハートフル保育カウンセラー派遣事業」の
成果と課題（学童保育）

　保育の場へのカウンセラー派遣事業の一環として、学童保育にカウンセラーが訪問するという新しい試みに、どのような支援が有効であるのかを模索しながら進めてきた。5年間（平成29～令和3年度）で訪問した82か所の学童の事後アンケート（自由記述）から、成果と課題について考えてみたい。

　成果は6つのカテゴリーに分けることができた。①専門的な見立て（32件）、②心理的な支え（16件）、③保育者間での支援共有の機会（14件）、④継続訪問や行動観察の上での助言（10件）、⑤保護者支援（5件）、⑥変化の実感（3件）である。①では「専門的な見立てや支援に関する助言が役立つ」「子どもの理解が深まった」という意見が見られた。②では「労ってくれた」「意欲につながった」「気持ちが楽になった」などの意見が見られた。普段、保育者の実践に前向きな声かけをしてくれる存在が少ないと思われ、カウンセラーの訪問は貴重な役割を果たしたと言える。③では「共通理解の機会をもてた」「全職員の研修につながった」など、本事業を研鑽のきっかけにできたことを評価する声も見られた。④では「継続性をもって見てくれる」「子どもの様子を実際に見てアドバイスをくれる」など、事業の実施方法への評価が高かった。⑤では「悩んでいる保護者と話をしてくれた」「保護者面談への同席により、専門機関に相談してみようかと心が動いた」などがあった。⑥では「対応が改善された」「気になる行動が見られなくなった」などがあった。

　一方、課題は3つのカテゴリーに分類された。①事業活用の難しさ（8件）、②事例理解が十分に得られず不満足（4件）、③他職員への共通理解の難しさ（2件）である。①では「帰宅が遅くなる」「訪問時間がもう少しあればよかった」などがあった。②では「具体例がほしい」「学校と事例に関する情報共有が必要」「心理職の得意分野に合わせた配置がよい」などがあった。③では「口頭や書面で共通理解をしているが難しい」などがあった。

　学童保育にカウンセラーが入るという、今までになかった支援のかたちを有効なものにしていくために、さらなる工夫が求められることを痛感した。

第 **10** 章

保育カウンセリング事例集

第1節 未満児

事例① すぐに手が出てしまう子 ── 行動には「わけ」がある

【保育者の主訴】

２歳男児。思いどおりにならないとすぐに手が出てしまい、ほかの子どもたちとのトラブルが絶えない。

【カウンセラーの見立て】

保育室で自由に遊んでいる子どもたちは、あちこちでおもちゃの取り合いをし、大声で泣いている。保育者はその間を飛び回り泣いている子をなだめている。本児は、おもちゃのフライパンで友だちの頭を撫でるということをしながら部屋のなかを歩いていたが、ある友だちが本児の手を振り払ったことでケンカになった。保育者がすぐに駆けつけ、本児を注意した。本児は知らん顔でその場を離れた。

その後、保育者の声かけでおもちゃの片づけが始まると、嫌だと泣き叫ぶ子どもたちのなかに本児もおり、「まだ遊びたい」と叫んでいた。朝の会が始まると、本児は保育者のそばに座っていた。朝の歌を歌い「今日は絵本を読みま

207

すね」と読み聞かせが始まる。本児は近くの電子ピアノをいたずらすることもあったが、保育者の話にあいづちをうったり、読み聞かせの本をじっと見つめたりしていた。この様子から本児には理解力があり、友だちとのトラブルにも本児なりの理由があるものの、それを受け止めてもらえない不満がますます本児をいら立たせていると考えられた。

【保育者とのコンサルテーション】

カウンセラーが労いの言葉をかけると、保育者は、クラス全体だけでなく本児への対応の苦労を吐き出した。今日の本児の様子について、ケンカになる前に、本児はおもちゃのフライパンを持つ手に力を入れずにちゃんと加減をしていたことがカウンセラーにははっきりと見て取れたことを伝えた。「そう言えば、本児は女の子には乱暴はしない」と保育者は思い出したようにつぶやいた。「衝動的なのではなく、自分の思いがあってやっていることも多い」。保育者の表情が少し変化した。友だちへの興味から始まった遊びであり、意地悪するつもりはなかった本児には「お友だちをたたくのはダメ！」という保育者の言葉になかなか納得できないのも無理はない。「本児はいつも謝れない。わがままだなあと感じて……」。しかし、朝の会でも読み聞かせでも保育者の話にちゃんと反応できるのは本児に理解力があるからであり、叱られて納得いかないのはその行動に本児なりの理由があるからではないか。「本児の思いを粘り強く聞けば、ちゃんと変化が出てくるだろう」とカウンセラーは伝えた。

【その後の経過】

あいかわらず些細なことでケンカすることはあるが、「何をしようと思ったの」と尋ねる保育者に話を聞いてもらうことが増えたという。納得すると「ごめんね」と謝り、友だちと一緒に遊ぼうとする様子も見られた。

【まとめ】

- 子どもの思いと保育者の見方の「ずれ」をカウンセラーの視点から伝える

ことで、保育者が疑問に感じる子どもの姿への理解を深めることができた。

- すぐに手が出てケンカするので「手がかかる」と感じる行動を、カウンセラーがその文脈を捉えて丁寧に説明することで、保育者は子どもの思いに添った対応を考えることができた。子どもたちを「集団」としてまとめあげようと働きかける保育者に、「個」に寄り添うカウンセラーの視点を提供できた。

事例②　園での虐待防止に向けて──「させる」保育への熱意は虐待と紙一重

【保育者の主訴】

2歳男児。関わり方が難しく、保育者の指示に従わないので、保育計画が狂いがち。トラブルが絶えない。

【カウンセラーの見立て】

保育室内の片隅での観察。おやつ後は水遊びなのでトイレに行くように促されるが、本児だけは動こうとはしない。さらに声をかけられると、「ヤダー」と反発。「おしっこに行かないのなら、お部屋で見ているのね。水遊びはしないのね……」と、イライラした担任と副担任から決めつけられると「あっかんべー」をする。水遊びを楽しみにしていたのに、意に反して見学組になった本児は、室内での活動には上の空で、羨ましそうに何度も外の様子をのぞきに行く。その後も、力ずくで抱えられて昼食前の手洗いを強いられるが、身体をよじらせて激しく抵抗する。保育者がお昼寝の布団に降ろすと背中を向けてふて寝している。担任が心配そうに、好物のキュウリを食べるように声をかけると、観念したかのように手を洗い、椅子を運んで食べ始めるが、食後の歯磨きの指示は無視したまま昼寝に入る。

一連の流れのなかで、先取りした保育者の指示命令に、素直に従う気になれない本児の意地がカウンセラーには感じられた。また、2か月前にきょうだい

209

が生まれたと聞き、家庭での足元の不安定さも推察された。子どもたちを保育計画どおりに動くように教育しなければならないという保育者の思いと、2歳児の自我とが同じ土俵でぶつかり合い綱引きをしているように見えた。

【保育者とのコンサルテーション】

　昼寝中、会議室での話し合い。「本児に対してやさしくすればよいのか？でも調子に乗るのかなぁ？」と担任は迷いを口にする。本児の境遇を考えると、やさしくすればいいのだろうが、指示にますます従わなくなるのではないかと不安になるので、負けまいとさらに強い口調になってしまうと、保育者の本音が吐露された。「子どもたちを良くしたいのは保育者の熱意。でもそれが効果を発揮するのは、子どもたちが保育者のやさしさを感じて、信頼を寄せるようになってから」。カウンセラーは、保育者の思いも汲みながら、焦りは怒りになることを伝える。参加していた保育者同士で、「せめて保育所では、まずお母さん替わりをやってあげていいのですね」と話し合われた。

【その後の経過】

　2か月後の訪問。いつものようにさりげなく座って観察するが、部屋を間違えたのではないかと思うくらいに、子どもたちはのびのびしていて担任の怒声も響いていない。他児らも活発になったので本児が特別目立つことはない。保育室の中央にいる担任の膝に、子どもたちが次々に座っては、担任とのつながりを確認している。本児も膝に腰かけると同時に、担任にしがみつき甘えていた。

【まとめ】

- 本児のように2歳児であっても、保育者の感情を逆撫でするような試し行動をする場合がある。保育者の気持ちが「させる」に傾き、罰のような不適切な対応をしていた。それらの行動の背景にある保育者の熱意を受け止めつつ、育ちの順序について心理教育を提供したところ、不適切な対応が

改善されていった。

- 感受性が強く、大人の雰囲気に敏感な子ほど、関わり方の影響を受けやすい。保育者の気づきを促す役割がカウンセラーに求められる。そのために保育者と子どものやりとり（関係性）を、丁寧に観察しておくことが必要である。

事例③ 「コミュニケーション」の障害とそれを否認する母——まずは園で育てながら

【保育者の主訴】
2歳女児。園での様子に違和感があるが、それがなぜなのかはっきりしない。

【カウンセラーの見立て】
本児は、目が合うとカウンセラーのところに来て手を握り、膝の上に座った。「あれ？　こんなになつくなんて」と保育者は驚く。本児は何も話さないが、膝の上で抱きついたりおもちゃで遊んだりした。朝の会が始まるとカウンセラーの膝から下りて自分の席で音楽に合わせて歌を歌い遊戯をしていた。

1か月後の訪問で、再び本児はカウンセラーのところへ駆け寄ってその膝に座った。「何してたの？　何して遊ぶ？」とカウンセラーが話しかけるが返答はない。ただ、何かをすらすらと話している。保育者によると家で見ているアニメのセリフらしい。ある時、本児はプリンの空きカップにオレンジの色紙を入れ、カウンセラーに差し出した。「これはオレンジジュースかな？」それには返事せず、突然セリフを話し出す。カウンセラーがうなずくと、また違うカップを作るために駆け出していく。そのセリフはよどみないものの、これは生きた言葉を獲得しているとは言えないとカウンセラーは感じた。

【保育者とのコンサルテーション】
本児が手を引いたり顔をのぞき込んだりする表情から、そばにいてほしいと

いう思いは伝わるが、言葉での意味のあるやりとりができていないとカウンセラーが伝えると、普段の本児はそれほど手がかからないが、本児の思いを聞いたことがないと保育者は話した。「理解して行動しているように見えるけれど、意味のある言葉でのやりとりができない。それが違和感なのかもしれない」とカウンセラーは伝え、日々の保育活動のなかで本児にいろいろと話しかけ返答を待ってみることや、本児が得意そうに話し出すセリフのなかの言葉を使って話しかけてみることなどを提案した。

【その後の訪問】

次の訪問時（1か月後）、カウンセラーの姿を見つけた本児がいつものように膝に座ってきた。壁の絵を見て「きれいな花ね」とカウンセラーが話しかけたが、指さした方向を見ているものの返事はない。突然、本児は膝から下りて、身振りを交えてセリフを話し出した。カウンセラーがそれを真似ると、本児はカウンセラーの手を取り楽しそうに繰り返した。

その日、園庭では本児を含め子どもたちが思い思いに走り回っていた。ひとりの子が転んで泣き出すと、そこを通りかかった本児は、心配そうにのぞき込んで声をかけている。そっと近づくと、本児はまるで「大丈夫？」と言っているかのような表情で、関係のない言葉を口にした。「そういうときは『大丈夫？』って言うのよ」と保育者が言うが、本児は返事をせずに再び自由に走り出した。

ある時、迎えに来た母親が本児を連れ帰る様子を見る機会があった。勝手に走り出す本児の後ろを、母親は名前を呼びながら追いかけていたが、本児は何も答えず思うままに走り回っていた。

【保育者とのコンサルテーション】

それ以降の訪問でも、本児との生きた言葉のやりとりはできなかった。家庭での様子を保育者に尋ねると、園への連絡帳に母親が書いてくるエピソードは、親子の豊かな会話にあふれるものばかりであるという。保育者はこの状況に複

雑な思いを抱えているようであった。しかし、子育てに問題はないという母の懸命な訴えが連絡帳の記述に込められているようにカウンセラーは感じた。「お母さんの困り感がゆっくりと引き出され、先生方を頼ってくるまで待ってみよう」と保育者に伝えた。その一方で、本児は周りの友だちと関わろうとする気持ちはちゃんともっているように思われ、そこに言葉が加わればやりとりが生まれてくると感じたので、園でできることは何でもやってみることにした。本児へはまるで赤ちゃんが言葉を獲得するプロセスをなぞるように、多様な言葉や表現でたくさん話しかけながら関わっていこうと提案した。

【その後の経過】

　翌年、カウンセラーが園を訪ねたとき、「お母さんは少しずつだが、育児での不安を話されるようになった。本児との意味のある言葉のやりとりはまだ難しいようだ」と保育者から聞いた。久しぶりに会った本児は、カウンセラーを見て笑顔になり、本をカウンセラーに渡し、隣に座った。「読んでほしいんだね」ゆっくりと絵本を読んでいると、すぐ近くで年長児の男児が「ほら見て。ぼくのカブトムシ」と見せてくれる。「カブトムシだね」とカウンセラーが指をさすと「カブトムシ」と本児がゆっくり答えた。「そう、カブトムシだよ」。本児と生きた言葉でのやりとりができた瞬間であった。

【まとめ】

- 保育者が「違和感」と名づけた本児の特徴を、カウンセラーが子どもとの個別の関わりをもとに保育者と共通理解し、具体的な手立てを考えた。生きた言葉を引き出すために、乳児を育てるような育て直しのイメージを共有した。子どもの育ちを後押しする保育現場ならではの力が、時間をかけて実を結んだ。
- 本児の真の姿に向き合うことを避け、不安に蓋をするような母親の気持ちに思いを馳せ、積極的に働きかけるより、ゆっくりと待つことを保育者に提案した。それが母自身の変化へとつながり、支援のきっかけが生まれた。

第2節　以上児

事例④　担任にしがみついて離れない自閉児──愛着の安定を図る

【保育者の主訴】

年少の女児（自閉スペクトラム症の診断がある）。うるさい音が苦手なためか教室になかなか入れない。担任保育者にくっついて離れない。

【カウンセラーの見立て】

本児は、登園してきた子どもたちを手伝っている担任保育者に必死でしがみつき、抱っこされていた。朝の会では副担任の保育者と保育室の入り口のすぐ外に座り込む。「ピアノの音を嫌がって、教室に入らない」とのこと。制作の時間になると自分から教室に入り、粘土を使った制作に集中した。担任保育者が終了を告げると、とたんに担任に抱きついて離れなくなった。担任保育者が本児を副担任に任せようとすると泣いて暴れ始めた。副担任は、遊戯室へ移動する他児たちを見送りながら「こんなふうに、ひとり遅れてしまうことばかり」と苦笑した。これらの様子から、本児の行動を、保育者が愛着の観点から捉え直すことで、よりゆとりと見通しをもった保育が可能になると見立てた。

【保育者とのコンサルテーション】

保育者によれば、3歳で入園した1か月後のゴールデンウィーク明けから抱っこを求めることが増えた。生まれたばかりの妹がいることも影響しているのではないか、という。

カウンセラーは、本児の特徴として、「新しい環境に慣れるのが想像以上に難しいのでは」と伝えた。また、「保育者にしがみつくのは、安心感を得たいから。安心できれば活動に集中して取り組むことができている」と伝えた。そ

第 10 章　保育カウンセリング事例集

の上で、本児の不安が軽減するよう、保育者に抱っこやおんぶを求めてきたときに応じるかどうか、本児にとってわかりやすくメリハリのある対応をすることを提案した。

　保育者からは、「本児ばかり抱っこしていることが、ほかの子どもたちにとってどんなふうに見えているのか心配」との懸念が示された。その気持ちを丁寧に受け止めながら、具体的な方法は保育者に任せることとした。

【その後の経過】

　約 1 か月後の訪問では、朝の会も嫌がらずに教室に入るようになった本児のことを、保育者は驚きと共に伝えてくれた。保育者たちは前回よりゆとりをもって対応しているように見えた。本児は周りの子どもとの関わりが増したという。かるた遊びでは、他児と絵札を取り合う場面があったが、別の子が「これは（本児の）お気に入りだもんね」と言うと、相手の子はそっと手を離した。保育者は譲った子どもの頭を撫でながら、「子どもたちの思いやりも育っているのですね」と話した。

【まとめ】

- 集団の保育活動での「できる・できない」に目を向けるよりも、一対一の関係性から安心感を積み上げる対応の重要性を伝え、本児が見通しと安心感をもてるよう意図した。
- 新しい環境に慣れるのが「想像以上に」難しいと、保育者の目線に立った助言を工夫したことで保育者の本児理解が進み、ゆとりある対応につながった。
- 保育者が、本児ばかり抱っこすることへの葛藤を言葉にし、それをカウンセラーが受け止めた。それによって保育者の葛藤が緩和され、より安心感をもって明確な対応をすることが可能となった。
- 保育者の子ども理解（メンタライジング，pp.22-23 参照）が進むと共に、子どもたち同士の相互理解や思いやりが促進された。

215

事例⑤　集団活動に参加するのが困難な子──体験不足を補う視点

【保育者の主訴】

年中男児。全体活動に参加せず好きなことをする。声をかけると戻るので、手がかかるわけではない。気になるが、どうすればよいのかわからない。

【カウンセラーの見立て】

3世代同居。年の離れた兄姉の末子。早産で小さく生まれたこともあり、家族皆に心配され手をかけられて育った。3歳児健診で、言葉の遅れを指摘されたが、保育所入所の2〜3か月後には、語彙が増えて会話もできるようになった。外見は幼いが、遊戯室内を走り回っている身のこなし方から、全体的な遅れはカウンセラーには感じられない。自由遊びのいくつかの場面で、友だちとぶつかりそうになると、スーッと離れていく姿が印象深い。

家庭では意思表示する前に、欲しいものが提供されてきたので、他者と競い合う経験が乏しい。同世代の集団のなかでの対処方法がわからない本児は、不安になると距離を保つことで身を守り、自分の世界に入ってしのいでいるのではないかと、推察された。将来集団から引きこもるようなことにならないために、友だちのなかでもまれながら、嫌なことにも対処する力を身につけていくことが課題だと見立てた。

【保育者とのコンサルテーション】

幸い、人懐こく保育者の言葉がけには素直に従ってくれる。そこで実践できそうな具体的な対応が挙げられた。保育者がリードして展開する一斉活動の直前に、「大好きな『乗り物』ごっこだよ」と、目を見ながら伝える。自由遊びのときには、さりげなく近づいて「見ていたよ。ジャンプできたね」と喜んであげる。本児の作りかけのブロックが、ちょっと目を離したすきに他児に使われ、その場から無言で去ろうとしている本児の姿を見かけたとき、「『僕が先に使っていた』と言ってみよう」と励ますなど、本児の動きを視野のなかに入れ

ながら、集団への参加を根気強く励ますことが共通理解された。また友だちの
なかで、思いを口にできない様子のときは、意思表現の仕方を学べるよう、本
児の気持ちを代弁することを確認した。

【その後の経過】

　困ったときには保育者はいつも自分を守ってくれると感じられるようになっ
た頃、今度は、本児のほうから傍に寄ってくるようになり、気づくと手を握っ
ていることもあった。保育者に支えられている手ごたえが安心感になり、自己
主張する場面が増えていった。言葉足らずで稚拙な言い方には、その都度適切
な表現の仕方を伝えたので、同世代のなかで臆することなく自分を出せるよう
になり、友だちの言い分に耳を傾ける力も身についていった。

【まとめ】

- 大人が子どものニーズを先回りして満たしすぎるような家庭環境では、
  子どもは欲求不満への対処や耐性を学ぶ機会が得られないままとなる。本
  児が集団活動に参加しなかったのは、先取りされ、かしずかれる育ちのな
  かで、対処に困ったときの手段が「回避」でしかなかったためと思われる。
- 保育者との信頼関係の構築は容易だったので、本児の課題を意識した保
  育をチームとして展開することができた。

事例⑥　ADHD（多動児）と言われた子──関係性障害（トラウマの影響）を見極める

【保育者の主訴】

　年長の男児。他機関の巡回相談でADHDと指摘されている。理由もなく友だ
ちをたたく、力任せに押すなど、乱暴な行動が目立つ。棚や梁の危険な高所に
登る。クールダウンのため別室に連れて行くが逆効果で、暴力行為は一段とエ
スカレートする。保育者たちは無力感から本児に対していら立ちさえ感じている。

【カウンセラーの見立て】

　自由遊びの時間。友だちのなかに入っていくが、勝手な動きを非難されてはみ出す。紙芝居の前に立ちはだかり、注意されると椅子を蹴って出ていく。独り遊びをしていても周りが気になり集中できない。しかし、昆虫の絵本を見ているときは、別人のような穏やかな声で保育者に虫の名前や特徴を説明する。文字を読み知的な理解力もある一方で、人のおもちゃを取り、パンチするなど理不尽な行動が目立つ。注意されると興奮して「俺なんかおらんほうがいい」と泣き叫ぶ。

　母子家庭で、３歳上のきょうだいと共に母の実家で暮らす。祖父は厳しい人で、本児は家で体罰を受けている。本児の衝動的・攻撃的行動の背景には大人たちへの不信感と強い怒りがあるようだ。言葉にならないムシャクシャのなかにいて、些細なきっかけで、誰かれ構わず八つ当たりしてしまうが、それは深い哀しみの表現ではないかと推察された。迎えのときの母は、保育者から本児の様子を聞かされるのを避けるかのように、荷物を抱えると振り返ることなく玄関を出ていくので、本児は置いていかれないように必死で追っている。

【保育者とのコンサルテーション】

　母子の家族関係をなぞる話し合いを通して、母の大変な状況に同情が寄せられ、本児のさびしさが実感されて、本児への嫌悪感が薄らいでいった。保育者がひとりでいるとき、いつの間にかすり寄ってくるのは、甘えたい気持ちからだったのだと内省された。そこで、折り紙や、昆虫など本児の好きなものを通して関わること、一方、望ましくない行動に対しては、気を引こうとしている可能性があるので、３回まで注意した後は温かく見守るにとどめ、望ましい行動を探して認める声かけをすることを決めた。大暴れしたときは、暴れていることへのお仕置きではなく、怒りをコントロールする力を育むために、ひとりになれる静かな場所に誘導することを確認した。母親に対しても良いことだけを連絡ノートに書き、「家でも一緒にやってみませんか」と、具体的にアドバイスする方向を共通理解した。

第10章　保育カウンセリング事例集

【その後の経過】

　保育者たちは共通理解を得て本児を受け入れるようになった。どの保育者も「大好きよ」と伝え続けたところ、半年を過ぎた頃から、自分の思いを言葉で表現するようになり、本児の求めていることがわかりやすくなった。友だちに手を上げそうなときでも、「本当はダメなことだとわかっているんだよね」と、静かに諭すと怒りを抑えることができるようになった。その頃、母親がカウンセリングに自発来談した。本児は、同年代の友だちと楽しそうに走り回り、年下の子の世話をするようになった。1年後、母から「当時のことが嘘のように、小学校で、毎日生き生きと楽しんでいます」と連絡があった。

【まとめ】

- 本児の逸脱行動は、試し行動とそれを抑えこもうとする関係性の悪循環にからめとられた結果であった。その背景を理解したことで、保育者の共感的まなざしが引き出された。
- 母親と保育者の変化によって、本児の人間不信感と自己肯定感の乏しさは急速に解消され、年齢相応の子どもらしい発達の姿が見られるようになった。
- 表面的行動を見て発達障害と断定することへの危険性が浮き彫りになった。

第3節　親支援

事例⑦　年長女児の母──母の育ちからくる不安と葛藤の荷下ろし

【主訴】

　娘がひとりっ子のせいか、家では言うことを聞かない、何も言わずに黙ったまま動かず、強情で困っている。園ではどうだろうか。

219

【カウンセラーの見立て】

　園での女児は、表情豊かで友だちと仲良く遊んでおり、自分の思いもきちんと話すことができている。面談前に担任保育者にも女児の様子を確認したが、「お母さんの相談は何なのか、見当もつきません」とのことであった。

　女児の母親は、丁寧な挨拶と共に相談の部屋に入ってきた。家での様子をひととおり話した後、「私も娘と同じようにひとり娘なのです」と語り始めた。母は、小さい頃から多くの習い事をさせてもらっていたこと、ただ、いつからかそれが窮屈で、好きなはずの習い事も嫌になることがあったと語った。そして、「それでも私は習い事を休むということはなかった。たぶん母からの期待を勝手に感じてしまい、嫌なのに、でも行くしかなかった」。母はハンカチで目頭をぬぐいながら「娘には、本当は無理強いをしたくないし、小さい頃の私のように我慢しなくてもいいとも思う。しかし行きたくないと無言で抵抗する娘を見ているとどうしても腹が立ってしまう」

　以上から、母の心のなかには、自身の気持ちを我慢して「いい子」をがんばってきた傷つきが癒えないまま残っていて、女児が自己主張するのが我慢ならず押さえつけてしまうこともあるのだろうと推測した。その結果、女児は黙ったまま動かないといったかたちで自己主張していると思われた。一方で、このような世代間伝達を断ち切りたいという、母親としての願いも伝わってきた。

【親とのカウンセリング】

　話しながら母親の目からは次々に涙が流れた。カウンセラーは、「娘さんの姿からご自分の小さい頃を思い出されてつらくなるのですね。子育てには、思いもよらない苦しいことが起きるものですね」と伝えた。涙をふいて少し落ち着いた母は「娘ではなく私の相談ですよね」と微笑み、家での女児の様子を楽しそうに話した。

【その後の経過】

　女児の母との面談はこの1回きりで終了し、その後の予約はなかった。園で

第 10 章　保育カウンセリング事例集

の女児はいつもどおり元気に過ごしている。女児を迎えに来た母親とすれ違っ
たが、やさしい笑顔で子どもを見守っていた。

【まとめ】

- 家での様子と園での様子とのずれは、よくある傾向であり、子ども個人と
  いうよりは、関係性の問題がひそんでいることが多い。園での様子が心配
  ない場合も、母親なりの子育ての苦しみが隠されているかもしれないと想
  定して関わる。
- 子育てにおいては、親が幼い頃に押し殺していた自分の本当の思いが、怒
  りや悲しみなどの感情としてあふれてしまうことがある。それについて面
  談のなかでゆっくりと語ることは、無自覚のまま抱えてきた葛藤の荷下ろ
  しをすることであり、悪しき「世代間伝達」を解消することにもつながる。
- 子どもについての面談では保護者自身の心理的苦悩や課題が浮き彫りにな
  ることは珍しくない。それを安心して話すことができる場を提供すること
  もカウンセラーの役割である。そのためには親子関係にひそむさまざまな
  問題を想定した上で、悩みを受け止める専門的な技量が求められる。

事例⑧　うつ状態に苦しむ2歳児の母──過去との和解

【主訴】

ここ半年ほどうつの波がある。眠れなくなり何もかも嫌になり、子どもの前
でも泣いてしまう。夫は話を聞いてくれるが、自分からは夫に頼ることができ
ない。一度行った精神科では、夫に話を聞いてもらうことを勧められ、いつで
も薬を出すと言われた。専門職の仕事をなんとかこなしている。

【カウンセラーの見立て】

既往歴なし。保育者からは「母は元気がなくて心配。子どもは問題ない」と
事前に聞いていた。母は憔悴した様子で「子育ては私にとって初めての挫折経

験」「根底に自分を好きになれない気持ちがある」と泣く。学業や仕事に打ち込んでいる間は自信があったこと、人に頼ることができないこと（回避的愛着）から、社会的達成に自己価値を見出してきた母が、子育てをめぐる不全感をきっかけに、幼少期の愛着に関する課題を再燃させたのではと見立てた。ニーズを確認したところ、母は根本解決をめざすことを希望した。

【親とのカウンセリング】

深呼吸でリラックスしながら、「自分を好きになれない気持ち」を身体のどこで感じるか、色や形はどうかと尋ねたところ、「胸のあたりに黒く丸いものがある」（パーツワークに向けた外在化）。何歳からそこにあるかと尋ねると、突然思い出したように「5歳、父親に、お前は本当に出来損ないだ、と言われている」と涙を流す。今の大人の母から、5歳の母に、心のなかでやさしく語りかけてもらう（セルフトーク）。さらに、5歳のときの傷つきこそが、その後のがんばりの原動力でもあったことを認め、感謝を伝えた上で、その苦痛を手放したいかと尋ねると「うん」と言っているとのこと。次に、母は心のなかの両親とも対話した（ポートレイアル）。彼女の父親は、「軽い気持ちだった」、母親は「下の子が生まれて忙しかった」と言い、謝ってくれた。当時の両親にしてもらいたかったこと（公園で遊び、肩車してもらう）を、イメージして味わった。5歳の母は「うれしい。わがまま言っていいんだね」と喜んでいるとのこと。終了後、母は「昔のことをすっかり忘れていた」と明るい表情になった。今後については、「しばらく自力でやってみて、困ったらまた来ます」とのことだった。

【その後の経過】

保育者から「表情が明るくなった」と聞いた。その後、面談の申し込みはなかった。3年後、園で、別人かと思うくらい生き生きとした表情の母から声をかけられ、「あの後、うつはきれいに卒業しました」と礼を言われた。

第10章　保育カウンセリング事例集

【まとめ】

- 園での親との面談は、子どもに問題がない場合、短期介入になりやすいので、一期一会の気持ちでニーズの把握と問題への正確なフォーカスを心がける。
- 体験的構えを促進し、隠された情動にアクセスして十分に感じ切ることが、即時的改善の鍵となる。「問題」を自己の一部（パーツ）として外在化した上で、ポートレイヤルにおけるセルフトークでそれとの受容的な交流体験を促した。外在化は自己から切り離すためでなく、受容的な交流によって全体性を回復することを目的としている。これにより、癒やしのプロセスが加速し、過去との和解が進んだ。「問題」にも存在意義があったことを認めて受け入れ、それを手放したいかどうか確かめることは、それ自体が癒やしをもたらした。
- 手続きを安全に進めるためには、心理臨床の専門性を要する。1回でうつ状態が解決したのは、元来の健康度の高さも関連していたと思われる。

事例⑨　忙しい日々のなかで自身を追い込む母──母自身の気持ちも大切に

【主訴】

　時間に追われる毎日をなんとかしたい。子ども（年小）が家で、泣きたいときや怒りたいときに突っ伏してひとりで我慢しているのも気になる。

【カウンセラーの見立て】

　子どもが突っ伏しているのに気づき、母が声をかけると泣いて抱きついてきた。時間に追われてつい厳しく言ってしまうせいかも、と母は反省していた。カウンセラーは、「パーフェクトな人などいない、気づいたときにその都度修正すればOKですよ」と、子どもの様子に気づいて声をかけた母を労った。
　カウンセリングに何を求めて来談したのか尋ねると、「夕食の完成が7時半

を超えてしまって、子どもの生活上、良くない」ため、常勤の仕事を終えて帰宅した後、ほっと一息つくのをやめたい。すぐに夕食の支度に取りかかれるようになりたいとのこと。真面目な母が、なすべきことに追われて自分の気持ちを大事にできなくなっており、子どもにもその影響が出ていると見立てた。

【親とのカウンセリング】

「それが本当にお母さんの望みかどうか、お母さんの身体に聞いてみましょう」と、ブレインジムの目標設定技法を導入した。アプライドキネシオロジーで使用される筋反射テストの一種を、自分の本音と向き合う心理的技法として転用したものである。立って、身体をいったん前後に揺らした上で止まり、楽しいことを思い浮かべると身体が自然と前傾し、ストレスなことを思うと少し後傾する性質を利用して、自分に問いかけてもらった。「私の目標は、夕飯を手早く作ること」と言いながら母の身体は後傾し、「あらやだ、身体はNoって言ってる」と母は初めて笑った。「本当はどうしたいのかしら」と目標を言い換えながら何度か試し、「帰宅してコーヒーでほっと一息つくこと」でYesになった。母は驚きで目を見張りながら、「ついつい、こうでなければ、と自分の気持ちを無視して押さえつけていた。一息つく私をちゃんと認めたい」と語った。

【その後の経過】

子どもは園で順調に育っていた。2年後、母から面談の申し込みが1回あった。面談では、職場の同僚に対して「黒い気持ちをもってしまう」ことに苦しみ、自身を責めた。黒い気持ちと対話するワークをしたところ、母は、幼い頃に厳しかった実母の評価の目を取り入れ、自分で自分を責めていたことに気づいた。そして「もっと自分のありのままを認めていいんですね」と涙を流した。

【まとめ】

- 真面目な母は、多忙な毎日のなかで、親役割をこなそうとがんばり、自身

第 10 章　保育カウンセリング事例集

の気持ちに蓋をしてしまっていた。結果、生活にゆとりがないだけでなく、精神的にも苦しくなり、子どもにきつくあたっていた。そのような母を前に、子どもも気持ちを素直に表現できなくなっていた。

- 「一息つくのをやめたい」という当初の目標に対して、カウンセラーは違和感をもったので、身体に聞いてみる技法を取り入れ、排除された気持ちに気づけるようにした。すると、母は、ありのままの自分の気持ちに目を向け、認めることができた。

- 自分の気持ちを認めることによって、多忙ななかでも、折り合いをつけながら楽しく生きていくといった、母本来の力を取り戻すことができた。その後の面接では、成育歴との関連で気づきが深まり、さらに自己受容が進んだ。

第4節　就学に向けた支援

事例⑩　親・保育者が共に取り組んだ就学前支援

【親の主訴】
年長男児。園より、気分が乗らないと集団参加を拒否したり、多動傾向のある他児と行動を共にしてしまうなどの指摘を受ける。

【カウンセラーの見立て】
母子で来室。面接室の見慣れないおもちゃを見つけると、「ママ、これやって」と自分で触ろうとはしなかった。園では嫌な活動があると話し、その活動はやりたくないと語った。

園の行動観察場面では、整列時にその場から離れてしまうことが何度か見られたが、保育者の声かけでもとに戻ることができた。リレーをする場面では、急に座り込み、表情を固くし、保育者の「どうしたの？」という声かけには、

225

まったく反応しなかった。

　以上から、刺激に反応してしまう傾向はあるものの、声かけにより修正可能な力はもっていること、活動の拒否は不安からくる可能性があると見立てた。そこで、就学までの目標として、やりたくないときの気持ちを表現できるようになることとした。その支援として、保育者が本児の気持ちを代弁したり、推測することを提案し、表現のバリエーションが増えることを期待した。

【親との面接】

　2回目の面接では、初回では語られなかった、慣れないことや初めてのことには異常なほど抵抗を示す一面が報告された。それらを踏まえ、母にも就学までの目標および支援を伝えることで、家庭と保育園の双方で取り組んでもらうことにした。

　小学校入学の際には、担任に本児の特性を簡単に伝え、担任のできる支援や配慮について、話し合いの場をもつことを勧めた。

【その後の経過】

　小学校入学後3か月が経過。母は、「担任に本児の特性を伝える機会を作ってもらいました」と報告してくれた。担任も、早い段階で知ることができてよかったと話していたとのこと。

　また、本児がどんな気持ちでいるかを意識することで、今までよりも余裕をもって接することができるようになったと教えてくれた。新しい活動にはまだ時間がかかることもあるが、少しずつ本児が気持ちを表現してくれるようになったと話す。

【まとめ】

- 家庭と園で見立てを共有し、同じ目標をもつことで、関わり方や支援の方向性が定まり、本児の発達が促進された。
- 小学校の担任に、早い段階で本児の特性や配慮してほしい点について理解

してもらい、小学校生活への移行がよりスムーズなものになった。

- 不安が強いゆえに動かなくなる本児の内面にある気持ちに意識を向けたことで、母自身の気持ちや本児への対応に変化が見られた。

事例⑪　夫婦間の意思疎通の場として

【親の主訴】

年長女児。3歳児健診では落ちつきのなさや視線の合いにくさ、オウム返しを指摘された。園で個別対応が必要な姿を見て、地元の小学校に行けないのではないかとの不安がある。

【カウンセラーの見立て】

初回、父母と本児との面接室で、本児は遊びを転々とし、カウンセラーが話しかけても目を合わせずに「これ、しないの」と繰り返した。部屋から出ていこうとする度に、父が「言うこと聞かないと、1年生になれないよ」と威圧的に制止し、本児は地団太を踏んでその場にとどまった。園では、ひとり遊びが主だった。課題活動では保育者がそばについて個別に対応していた。相互的なやりとりの乏しさから、自閉スペクトラム症の可能性が考えられた。行事や保育参加はほとんど母のみで、保育者は「お父さんは集団での様子を知らないかも」と教えてくれた。

【面接】

2回目の面接（母のみ来室）。行動観察で見られた状態像（本児の発言が誰を意識したものなのかがわかりにくく、双方向のやりとりになりにくい）と結びつけて、見立てを説明した。母は、「どこがどう遅れているのかわからなかったけど、苦手なところがわかりました」と言った。母は、本児により合った環境で学ばせたいと、特別支援級への在籍を考えていた。しかし、父は違う意見であることから、夫婦で話し合ってみます、とのことだった。

3回目の面接（父母）。父は、特別支援級に対するイメージや、通常級に戻れなくなる心配を話した。また、本児について、「ちゃんと伝えればできる子だと思っている」と語った。母は「初めて聞いた」と驚いていたが、父は話せたことで少し安堵したような表情が見られた。カウンセラーは、まず、父の思いを丁寧に聞いた。その上で、現在の特別支援級について情報提供した（子どものニーズをより丁寧に把握し、適切に支援できる環境であり、通常級の活動にも参加可能であること）。さらに、集団における本児の課題や困難さについて、再度整理した（興味、関心の偏りが強いので、集団場面では求めに応じられないときが多いかもしれないこと、個別に対応することで、本児のペースに合った環境を提供すること）。父は「妻と話し合ってみます」と、面接室を後にした。その後については把握できていない。

【まとめ】

- 就学に向けて、父母が悩み、意見が相違することは少なくない。カウンセラーは、落ち着いて話し合えるよう援助した。
- 就学に向けての支援の特徴は、情報提供や子どもの課題の整理が重要である点にある。親の「我が子にはこうであってほしい」という願いを受け止めながら、子どもにとっての最善を模索する、困難な作業となる。

事例⑫ 来春は小学校入学なのに、集団活動が成立しない

【保育者の主訴】

年長児33人クラス。自閉症（当時）のヨシミと多動傾向のケンタのふたりは、興味ある活動には参加するが、気が向かないと寝そべったり、隣の遊戯室で走り回ったりしている。ふたりに引きずられるように、他児らも集中できなくなる。

【カウンセラーの見立て】

登園後の自由遊びで、それぞれが思い思いの活動をしている様子からは、皆

生き生きとした表情で、どの子が気になる子なのかわからなかった。次に、朝の会で椅子に座り、ルーティン化された活動に参加するうち、子どもたち数名が単調な流れに飽き、すでに集団から外れて好きな遊びをしているケンタやヨシミに近づいて遊び始めた。保育者は、戻るように声をかけるが、一向に効き目はないので、着席を促す声はだんだん大きく鋭くなっていく。しかしクラスはざわざわする一方だった。

【保育者とのコンサルテーション】

保育者は涙ぐみながら、「来春はもう小学生。ちゃんと座って活動に参加できるようにさせなければ、子どもたちが困るだろう。ヨシミ、ケンタは仕方ないが、ほかの子どもたちもふたりに引きずられている。この状態では、入学後、年長のときの保育を、非難されるのではないか不安だ」と語った。

カウンセラーは、保育者の思いに共感しつつも、「自由遊び」と「朝の会」で子どもたちの姿がずいぶん違って見えたことや、主体性がたくましく育っているように見えたことを伝えた。加えて、いわゆる3回ルール、つまり、安全に関わること以外については、指示は3回までと決め、その後は、どうするかの判断を本人に委ねること、そのルールをあらかじめ子どもたちとも共通理解しておくことを提案した。

その後の訪問では、あいかわらず朝の会はざわざわしていたが、カウンセラーのアドバイスで保育者の気持ちが楽になったこと、はみ出す子どもを追い詰めず、ある程度泳がせながら3回ルールで対応するようになったこと、その結果、感情的な叱責が減り、子どもたちの着席率は不思議と上がったことが報告された。加えて、ヨシミやケンタにも3回ルールを試したところ、案外自発的に戻ってくることがわかったとのことだった。

【まとめ】

• 保育者が、「させねば」と焦るほど、子どもと心が通わなくなり、子どもの行動が荒れたり、もしくは従うけれど心は麻痺していたりする。3回

ルールは保育者にゆとりと関係性の改善をもたらし、結果、気になる行動が軽減した。

- クラスの肯定的関わりのなかで、自然と思いやりの気持ちが育つ。
- 園で厳しくしつけられた子どもたちが、小・中学生（思春期）になったとき、些細なきっかけから、「人が怖い」と不登校になってしまう事例に、スクールカウンセラーとして出会うことがある。その時々のありのままの自分が大切に尊重されたという体験こそが自己肯定感を育み、生涯にわたって生きる原動力となる。
- 幼児期は小学生になるためだけにあるのではない。生涯という長いスパンで見るとき、二度と戻らない幼児期を保育者と共に楽しむことそのものが意義深い。結果として、その時期ならではの非認知能力を育てることにもつながる。

第5節 学童保育

事例⑬ 学童保育のなかのいじめ──被害児童・加害児童への支援

【保育者の主訴】

小学3年生の女児のトラブル。いじめの被害者（ヒナ）と、加害者（カホ）への対応に困っている。

【カウンセラーの見立て】

ある日、ヒナの母親から保育者に相談があった。「ヒナが、友だちから『ポイント交換に行かないで。行ったらもう仲間に入れてあげないよ』と言われ、困っている」。ポイント交換とは、片づけに参加したらポイントが付与され、文房具やお菓子などと交換できる取り決めのこと。保育者は、カホのことだと察した。学童でのカホは、ヒナを含めたふたりと部屋の隅で過ごしていた。外

遊びの時間、カウンセラーが声をかけると、カホは笑顔を見せ、丁寧に応えた。しかし、ヒナともうひとりの児童がカウンセラーと話し始めると、カホは話の途中で突然走り去り、ふたりも慌てて後を追った。このことから、カホは大人からの関わりには丁寧に応える一方で、子ども同士の間では、「自分が中心にいたい」「優位に立ちたい」という気持ちが強く、ほかの児童もカホに従わざるを得ないという関係性がありそうだと考えられた。

【保育者とのコンサルテーション】

カンファレンスではカウンセラーが、つらい思いをしている被害児童の気持ちに寄り添うことの重要性や声のかけ方を助言した。加えて、いじめの加害者も実は悩みを抱えている場合があることを伝えた。すると保育者は、カホの家族関係や意地悪してしまう背景を話し始めた。「カホの妹は生まれつきの難病。家では食べ物に制限があって、カホも我慢しているのかも。カホのポイントで交換できるのはお菓子しかなかった。一方、ヒナのポイントは多く、大好きな妹へのプレゼントに好きな物と交換していた。その姿を見て、ヒナに意地悪したくなったのかも。だとすれば、カホもつらかっただろう」。カホの心理的背景を想像する保育者の姿勢を、カウンセラーは支持した。一方、被害児童に寄り添うだけでカホを注意しなくてよいのかといった質問も出され、寄り添うだけの対応にもどかしさを感じている様子もあった。結局、保育者は両者に寄り添う提案を受け入れ、特にカホの気持ちがより良いかたちで発散できるようなアイデアが複数出された。

【その後の経過】

保育者は子どもたちの気持ちを発散させようと、天気の良い日は公園で遊ばせるなどの工夫をし、カホもそれに参加した。ある日、ヒナがひとりで過ごしているので、保育者が「どうしたの？　今日はカホちゃんと遊ばないの？」と声をかけたところ、「カホちゃんは、今日みたいに仲間に入れてくれないことがある。このこと初めて先生に言えた」とほっとした様子で話した。その後、

ヒナはカホから嫌がらせを受けるたびに、保育者に泣きながら話すようになった。その様子を見て、ほかの児童も「私もずっと我慢していた。カホちゃんと遊びたくない」と話し始めたので、保育者は子どもたちの話を聞くよう努めた。その後、ヒナは予定より2か月早く学童を辞める選択をした。「仲良しのヒナが辞めたから」と、その後を追うようにカホも学童を利用しなくなった。

【まとめ】

- 子どもたちの間にいじめが起こった際には、被害児童の気持ちに寄り添うだけでなく、加害児童の背景に着眼する必要性を伝えたことで、保育者はいずれの子どもに対しても前向きな関わりをめざしたアイデアを出すことができた。

- 一方、「いじめの加害児童を注意しなくてよいのか」という保育者の気持ちを受け止めた対応を提案できず、保育者に不全感を残したことが課題であった。

事例⑭　思いどおりにならないと手が出る女児——学童保育の受け入れと限界

【保育者の主訴】

1年生女児。思いどおりにならないと、友だちをたたく、物を投げる。

【カウンセラーの見立て】

本児はネックレス作りをして遊んだ後、友だちの宿題の様子を見に行った。そこに走って来た男児が、うっかり本児の手を踏むと、本児は男児の背中を数回たたいた。保育者が「たたいたらダメ」と注意すると、本児はムッとした顔をした。じゃんけんゲームでは、負けると壁にノートを打ちつけた。カウンセラーが「悔しいね」と言うと、本児はその手をゆるめた。

別の日、本児は曇った表情で入室し、出席簿に記入する列に並ぶ間に前にい

る女児をたたいた。保育者がふたりを引き離すと、本児がプラスチックのおもちゃを女児に投げた。保育者がクールダウンスペース（学校の廊下の一部）に本児を連れて行くと、本児は部屋側の壁を蹴った。経緯を尋ねるも本児は無言。女児から情報を得た保育者が本児に、「1番に行きたいと思っていたのに、帰りの会の準備が遅れて、1番を逃したのが嫌だったのかな」と言うと、うなずく。保育者が頃合いを見て本児を部屋に戻すと、女児の姿を見て、再びおもちゃを投げた。再び長めのクールダウン。その後、部屋に戻すと自然に友だちの遊びのなかに入って行った。

　これらの経緯から、本児は自分の思いどおりでないことが起きたときに、怒りの感情が収まらなくなり、手が出ると考えられた。そのため、大人が本児の思いを代弁し受け止めることで、怒りの感情が落ち着くとカウンセラーは考えた。

【保育者とのコンサルテーション】

　本児の家は母子家庭。母方祖父と同居。離婚前に父親のDVがあったが、母親も本児に対して手が出るらしい。保育者は、本児の預かりは負担だが、母親が大変な思いをしているからこそ地域の学童として支えになりたいと述べた。

　学童では、児童がかんしゃくを起こすと対応が難しい上に、手が取られてほかの児童を待たせることが増える。カウンセラーは、「かんしゃくの直後は、会話が難しいが、少し経つと冷静さが出てくる。その時に、『〜が嫌だったのかな』と気持ちを代弁するとそれを受け入れ、表情も穏やかになる。しかし、すぐ部屋に入ると思い出すため、クールダウンの時間を十分に取ってから戻すとよいと思う」と伝えた。保育者もそれに同意した。

【その後の経過】

　本児が水筒を振り回し、水筒の角が男児の額にぶつかった。保育者が応急処置、別の保育者がクールダウンスペースで本児から事情を聞くと「男児が私の真似をした」と話す。保育者は、話や遊びをするとすんなり落ち着くことがで

きるようになったところに、本児の成長を感じながらも、他児に怪我をさせた
ことに心を痛めた。

　その後、本児が学校で特別支援学級に入級したことを受け、放課後等デイ
サービスのほうが適当ではと、保育者と母親とで検討が始まった。

【まとめ】

- 発達の特性がある子どもへの対応について、カウンセラーが実際に関わり
  ながら、保育者と共にその工夫を模索した。
- 子どもたちの家庭環境に思いを馳せ、できる限りの受け入れと対応を試み
  ようという保育者の思いと、収まらない問題行動の連続のなかで、保育者
  が抱える葛藤と無力感を支えることはカウンセラーの役割のひとつである
  と考える。

事例⑮　特別支援級に在籍する男児——トラブルを育ちのチャンスに変える関わり

【保育者の主訴】

　小学校の特別支援級に在籍している小学３年生男児（ADHDの診断を受けて
いる）。集団になじめないため、周囲の子どもたちとのトラブルが頻発している。

【カウンセラーの見立て】

　本児の特性に合わせて、学童ではひとりで過ごさせるための個室を準備して
いたが、「これは本児のためになるのか」と考えた保育者たちの提案で、ほか
の子どもたちと一緒に同じ部屋で過ごさせることになった。

　本児は、最初離れたところで保育者と共に宿題や読書をしていた。しかし、
その環境に慣れてくると、本児はほかの子どもたちの様子に興味をもち始め、
「一緒にドッジボールをしたい」と言い出した。ドッジボールに参加した本児
は徐々に打ち解け始め、本来の活発さが出てルールが守れなくなってしまった。

第10章　保育カウンセリング事例集

すると、ある子が腹を立て、本児に手を出そうとした。そこでドッジボールはいったん終了し、本児は別室に移動、保育者はドッジボールをしていたほかの子どもたちを座らせて、どうして腹が立ったのか、その理由を尋ねた。子どもたちは口々に「ルールを守れないやつとは遊びたくない」「一緒に遊ぶのは嫌だ」と本児に対する思いを訴えた。子どもたちの話を保育者は黙って聞き、その後、本児について「熱中すると勝ちたい気持ちが強くなって、ルールを忘れてしまうところがある。でも、わざとやっているのではないよ」と子どもたちに説明をした。

　カウンセラーは、特性のある本児がこのような経験を通して感情のコントロールや友だちとの関わり方を身につけていく一方で、周囲の子どもたちにも本児を理解する過程によって良い経験と学びが得られると考えた。

【保育者とのコンサルテーション】

　本児を受け入れるために、個室を用意するという環境を整えることから始まった支援だったが、本児のためになることを模索し、他児らと共に過ごすことを保育者たちは選んだ。しかしトラブルが頻発する日々に「本当にこれでよいのか」と保育者たちは悩んでいた。保育者が選択したのはトラブルを避けるための対応ではなく、いろいろなことが起きるその都度に丁寧に対処するということであった。労力は要るが、その営みを積み重ねることは誤りではないと、カウンセラーは大いに支持した。加えて、周囲の子どもたちが特性のある友だちを受け入れていくためのとても良い経験につながるのではないかと伝えた。それを聞いた保育者たちは「自信をもってやっていける」と笑顔で答えた。

【その後の経過】

　保育者と子どもたちの話し合いはトラブルが起こるたびに何度も繰り返された。本児と周囲の子どもたちのトラブルはなくなることはないものの、周囲の子どもたちから本児への声かけが少しずつ増えるなどの変化が見られた。

【まとめ】

- 保育者たちが自ら考えて選んだ働きかけをカウンセラーが心理臨床の観点から意味づけ支持することで、保育者たちが自信をもって子どもたちに向き合うことができた。
- 保育の場では、カウンセラーは専門的立場からのアドバイスを一方的に伝えるのではなく、保育者たちの思いや考えを尊重し、それが醸成されるように支えることも重要な働きかけであると考えられた。

文献

● はじめに

鯨岡峻（2015）『保育の場で子どもの心をどのように育むのか──「接面」での心の動きを
　エピソードに綴る』ミネルヴァ書房

● 第1章

第1節・第2節

Allen, J. G.（2013）*Restoring mentalizing in attachment relationships: Treating trauma with*
　plain old therapy. American psychiatric association publishing. 　上地雄一郎・神谷真由美
　訳（2017）『愛着関係とメンタライジングによるトラウマ治療──素朴で古い療法のすす
　め』北大路書房

Allen, J. G., Fonagy, P., & Bateman, A. W.（2008）*Mentalizing in clinical practice* American
　Pshchiatric Publishing, Inc. 　狩野力八郎監修、上地雄一郎・林創・大澤多美子・鈴木康
　之訳（2014）『メンタライジングの理論と臨床──精神分析・愛着理論・発達精神病理学
　の統合』北大路書房

藤井嘉子・喜田裕子（2017）「心を育てる保育のありかたの検討──自閉症児の保育実践事
　例をとおして」日本乳幼児精神保健学会FOUR WINDS学会誌（10）pp.2-10

浜谷直人（2018）「同質性（同じ）を前提とする保育から多様性の尊重へ」浜谷直人・芦澤
　清音・五十嵐元子・三山岳共著『多様性がいきるインクルーシブ保育──対話と活動が生
　み出す豊かな実践に学ぶ』pp.3-45、ミネルヴァ書房

鯨岡峻（2015）『保育の場で子どもの心をどのように育むのか──「接面」での心の動きを
　エピソードに綴る』ミネルヴァ書房

皆川邦直（1985）「発達の基本的観点」小此木啓吾他編『発達とライフサイクルの観点　精
　神分析セミナーV』pp.45-80、岩崎学術出版社

三輪孝次（2022）「オーダーメイド・ペアレンティング入門」令和4年度富山県医師会児童
　虐待防止研修会資料

島本一男（2016）「保育の中での『気になる子への見立てと関わり』について」子育て支援
　と心理臨床（11）pp.13-19、福村出版

滝川一廣（2017）『子どものための精神医学』医学書院

滝口俊子（2011）「保育の場における心理臨床活動の重要性」子育て支援と心理臨床（4）

pp.52-53、福村出版

内田伸子（2014）『子育てに「もう遅い」はありません』冨山房インターナショナル

● 第 2 章

第 1 節・第 2 節

厚生労働省（2017）『保育所保育指針』（https://www.mhlw.go.jp/web/t_doc?dataId=00010
450&dataType=0&pageNo=1）

ミネルヴァ書房（2017）「倉橋惣三に学ぶこれからの保育」発達（152）

文部科学省（2017）『幼稚園教育要領』（https://www.mext.go.jp/content/1384661_3_2.pdf）

無藤隆編著（2018）『10 の姿プラス 5・実践解説書——「幼児期の終わりまでに育ってほし
い 10 の姿」をカラー写真いっぱいの実践事例で 見える化!!』ひかりのくに

無藤隆・汐見稔幸・砂上史子著（2017）『ここがポイント！ 3 法令ガイドブック——新し
い「幼稚園教育要領」「保育所保育指針」「幼保連携型認定こども園教育・保育要領」の理
解のために』フレーベル館

内閣府・文部科学省・厚生労働省（2017）『幼保連携型認定こども園教育・保育要領』
（https://www.mhlw.go.jp/web/t_doc?dataId=00010420&dataType=0&pageNo=1）

藤後悦子監修、柳瀬洋美・野田敦史・及川留美編著（2022）『社会的子育ての実現——人と
つながり社会をつなぐ、保育カウンセリングと保育ソーシャルワーク』ナカニシヤ出版

柳瀬洋美（2018）「幼稚園教育要領、保育所保育指針、幼保連携型認定こども園教育・保育
要領、小学校、特別支援学校学習指導要領改訂のポイント」杉野学・梅田真理・柳瀬洋美
編著『発達障害の理解と指導』大学図書出版

● 第 3 章

第 1 節

Allen, J.G.（2013）*Restoring Metalizing in Attachment Relationships : Treating Trauma
with Plain Old Therapy.* American psychiatric publishing Inc.　上地雄一郎・神谷真由美
訳（2017）『愛着関係とメンタライジングによるトラウマ治療——素朴で古い療法のすす
め』北大路書房

Fonagy, P., Steele, M., Steele, H., & Higgit, A.（1992）The theory and practice of resilience.
Journal of Child Psycholpgy and Psychiatry, 35(2), pp.231-257. Wiley.

平井正三（2015）「精神分析と子育て支援——総論」子育て支援と心理臨床（10）pp.6-12、

福村出版

平井正三（2016）「学校現場で役に立つ精神分析」平井正三・上田順一編『学校臨床に役立つ精神分析』pp.1-23、誠信書房

平井正三・上田順一郎編（2016）『学校臨床に役立つ精神分析』誠信書房

上地雄一郎（2015）『メンタライジング・アプローチ入門——愛着理論を生かす心理療法』北大路書房

Meltzer, D.（1967）*The psycho-analytical process.* Heinemann Medical. 松木邦裕監訳（2010）『精神分析過程』金剛出版

Music, G.（2010）*Nurturing Natures: Attachment and Children's Emotional, Sociocultural and Brain Development.* Psychology Press. 鵜飼奈津子監訳（2016）『子どものこころの発達を支えるもの——アタッチメントと神経科学、そして精神分析の出会うところ』誠信書房

祖父江典人（2015）『対象関係論に学ぶ心理療法入門——こころを使った日常臨床のために』誠信書房

上田順一・森稚葉（2019）「対談：保育臨床と赤ちゃん観察」鈴木龍・上田順一編『子育て、保育、心のケアにいきる赤ちゃん観察』pp.165-184、金剛出版

渡辺久子（2000）『母子臨床と世代間伝達』金剛出版

第2節

宮下照子・免田賢（2007）『新行動療法入門』ナカニシヤ出版

日本行動分析学会編　山本淳一・武藤崇・鎌倉やよい責任編集（2015）『ケースで学ぶ行動分析学による問題解決』金剛出版

山上敏子監修（1998）『お母さんの学習室——発達障害児を育てる人のための親訓練プログラム』二瓶社

矢本洋子（2023）「保育にいかす学習理論」原口喜充編著『実践に活かす保育の心理学』ミネルヴァ書房

第3節

木村順（2006）『育てにくい子にはわけがある——感覚統合が教えてくれたもの　子育てと健康シリーズ 25』大月書店

木村順監修（2010）『発達障害の子の感覚遊び・運動遊び—— 感覚統合をいかし、適応力を育てよう 1（健康ライブラリー）』講談社

日本感覚統合学会のホームページ（2022）http://si-japan.net/（2022 年 9 月 8 日閲覧）

第 4 節

Aron, E. N.（2002）*The highly sensitive child: Helping our children thrive when the world overwhelms them.* Harmony Books. 明橋大二訳（2015）『ひといちばん敏感な子』1万年堂出版

ディナ，デブ著・花丘ちぐさ訳（2021）『セラピーのためのポリヴェーガル理論──調整のリズムとあそぶ』春秋社

Felitti, V. J. et al.（1998）Relationship of Childhood Abuse and Household Dysfunction to Many of the Leading Causes of Death in Adults: The Adverse Childhood Experiences（ACE）Study. *American Journal of Preventive Medicine* 14（4）, pp.245-258.

野坂祐子（2019）『トラウマインフォームドケア──"問題行動"を捉えなおす援助の視点』日本評論社

Porges, S. W.（2017）*The pocket guide to the poly-vagal theory: The transformative power of feeling safe.* W. W. Norton & Company. 花丘ちぐさ訳（2018）『ポリヴェーガル理論入門──心身に変革をおこす「安全」と「絆」』春秋社、花丘ちぐさ訳（2018）『ポリヴェーガル理論──心身に変革を起こす「安全」と「絆」』春秋社

杉山登志郎（2013）『講座 子ども虐待への新たなケア』学研

杉山登志郎（2019）「複雑性PTSDへの簡易トラウマ処理による治療」心身医学59（3），pp.219-24

友田明美（2012）『新版 いやされない傷──児童虐待と傷ついていく脳』診断と治療社

友田明美（2017）「マルトリートメントに起因する愛着形成障害の脳科学的知見」予防精神医学2（1）、pp.31-39

津田真人（2019）『「ポリヴェーガル理論」を読む──からだ・こころ・社会』星和書店

van der Kolk, B. A.（2005）"Developmental trauma disorder": Toward a rational diagnosis for children with complex trauma histories, *Psychiatric Annuals* 35, 5, pp.401-408. SLACK.

● 第 4 章

第 2 節

赤木和重（2013）「発達の視点から『気になる子』を理解する」赤木和重・岡村由紀子編著『「気になる子」と言わない保育 こんなときどうする？ 考え方と手立て 保育実践力アップシリーズ1』pp.102-124、ひとなる書房

林創（2016）『子どもの社会的な心の発達──コミュニケーションのめばえと深まり』金子

書房

Hendricks, S.（2015）*Women and Girls with Autism Spectrum Disorder: Understanding Life Experiences from Early Childhood to Old Age.* Jessica Kingsley Publishers. ヘンドリックス，サラ著、堀越英美訳（2021）『自閉スペクトラム症の女の子が出会う世界──幼児期から老年期まで』河出書房新社

狗巻修司（2013）「保育者のはたらきかけと自閉症幼児の反応の縦断的検討──共同注意の発達との関連から」発達心理学研究 24（3）、pp.295-307

岩坂英巳編著（2021）『困っている子をほめて育てるペアレント・トレーニングガイドブック第 2 版──活用のポイントと実践例』じほう

喜田裕子（2021）「関係性に着目した保育カウンセリングにおける保育者支援」日本乳幼児精神保健学会誌 14、pp.14-18

岡田俊（2009）『もしかして、うちの子、発達障害かも!?』PHP研究所

佐々木正美（2008）『「育てにくい子」と感じたときに読む本──悩み多き年齢を上手に乗り越えるためのアドバイス』主婦の友社

滝川一廣（2017）『子どものための精神医学』医学書院

津守真（1987）『子どもの世界をどう見るか──行為とその意味』NHK ブックス

第 3 節

藤森平治（2016）『保育における「行事」見守る保育③』世界文化社

厚生労働省（2017）「児童発達支援ガイドライン」https://www.mhlw.go.jp/file/06-Seisakujouhou-12200000-Shakaiengokyokushougaihokenfukushibu/0000171670.pdf

柳瀬洋美（2022）「保育現場の心理アセスメント」藤後悦子監修、柳瀬洋美・野田敦史・及川留美編著『社会的子育ての実現──人とつながり社会をつなぐ、保育カウンセリングと保育ソーシャルワーク』ナカニシヤ出版

● 第 5 章

第 1 節・第 2 節

藤井嘉子・喜田裕子（2017）「心を育てる保育のありかたの検討──自閉症児の保育実践事例をとおして」日本乳幼児精神保健学会 FOUR WINDS 学会誌 10、pp.2-10

飯長喜一郎（2015）「保育心理臨床小論」家庭教育研究所紀要 37、pp.14-53、小平記念会

喜田裕子（2021）「関係性に着目した保育カウンセリングにおける保育者支援」日本乳幼児精神保健学会誌 14、pp.14-18

丹羽郁夫（2017）「コンサルテーション」コミュニティ心理学研究20（2）、pp.143-153

及川留美（2022）「子どもの発達を支える保育」藤後悦子監修『社会的子育ての実現——人とつながり社会をつなぐ、保育カウンセリングと保育ソーシャルワーク』pp.67-80、ナカニシヤ出版

山下直樹（2011）「報告　私立幼稚園における保育カウンセリング」子育て支援と心理臨床4、pp.64-68

柳瀬洋美（2022）「保育現場の課題」藤後悦子監修『社会的子育ての実現——人とつながり社会をつなぐ、保育カウンセリングと保育ソーシャルワーク』pp.9-16、ナカニシヤ出版

第3節

Bateson, G.（1972）*Steps to an Ecology of Mind.* Chandler Publishing Company. 佐藤良明訳（1990）『精神の生態学』思索社

Bandler, R.（1985）*Using Your Brain-For a Change: Neuro-Linguistic Programming.* Real people Press. 酒井一夫訳（1986）『神経言語プログラミング——頭脳（あたま）をつかえば自分も変わる』東京図書

浜谷直人（2013）「保育実践と発達支援専門職の関係から発達心理学の研究課題を考える：子どもの生きづらさと育てにくさに焦点を当てて」発達心理学研究24（4）、pp.484-494

鯨岡峻・鯨岡和子（2009）『エピソード記述で保育を書く』ミネルヴァ書房

第4節

森田直樹（2011）『不登校は1日3分の働きかけで99％解決する』リーブル出版

無藤隆・汐見稔幸・砂上史子（2017）『ここがポイント！　3法令ガイドブック——新しい「幼稚園教育要領」「保育所保育指針」「幼保連携型認定こども園教育・保育要領」の理解のために』フレーベル館

●第6章

第1節・第2節・第3節

Fraiberg, S., Adelson, E. & Shapiro, V.（1975）Ghosts in the Nursery: A Psychoanalytic Approach to the Problems of Impaired Infant-Mother Relationships. *Journal of American Academy of Child Psychiatry,* 14（3）, pp.397-421

井上寿美・笹倉千佳弘（2018）「精神疾患を有する母親の子育て支援をめぐる支援者の姿勢——精神科医による患者支援姿勢の検討をとおして」大阪大谷大学紀要52, pp.43-56

厚生労働省（2018）『保育所保育指針解説』

文部科学省（2020）令和2年度「家庭教育の総合的推進に関する調査研究——家庭教育支援の充実に向けた保護者の意識に関する実態把握調査」報告書

岡野禎治・斧澤勝乃・李美礼・Gunning, M. D., Murray, L.（2002）「産後うつ病の母子相互作用に与える影響——日本版GMI（Global Rating of Mother-Infant Interaction at Four Months）を用いて」女性心身医学 7（2）、pp.172-179

菅原ますみ（1997）「養育者の精神的健康と子どものパーソナリティの発達——母親の抑うつに関して」性格心理学研究 5（1）、pp.38-55

高橋三郎・大野裕監訳（2014）『DSM-5 精神疾患の分類と診断の手引き』医学書院、American Psychiatic Association（2013）*Desk Reference to the Diagnostic Criteira from DSM-5*, American Psychotic Publishing, Inc.

第4節

明和政子（2012）『まねが育むヒトのこころ』岩波書店

NPO法人子育てひろば全国連絡協議会（2016）「地域子育て支援拠点事業に関するアンケート 2015」概要版

トリプルP日本語WEBサイト　https://www.triplep-parenting.jp.net/jp-ja/about-triple-p/positive-parenting-program/（2022年9月20日閲覧）

第5節

Alexander, F., & French, T. M.（1946）*Psychoanalytic therapy: principles and application.* Ronald Press.

Castonguay, L. G., & Hill, C. E.（Eds.）（2012）*Transformation in psychotherapy: Corrective experiences across cognitive behavioral, humanistic, and psychodynamic approaches.* American Psychological Association.

Cuthbert, B. N., Vrana, S. C., & Bradley, M. M.（1991）Imagery: Function and physiology. In Jennings, J. R., Ackles, P., & Oles, M. G.（Eds.）*Advances in psychophysiology. A research Annual* Vol.4, pp.1-42, Kingsley Publishers.

喜田裕子（2021）「ホログラフィートークにおける即時的改善を促す自己内コミュニケーション」心理臨床学研究 39、pp.14-25.

大河原美以（2019）『子育てに苦しむ母との心理臨床——MDR療法による複雑性トラウマからの解放』日本評論社

岡野憲一郎（2015）『解離新時代——脳科学、愛着、精神分析との融合』岩崎学術出版社

柳瀬洋美（2022）『気になる保護者の理解のため――「内なる子ども」との対話を通して』
　ジアース教育新社

● 第 7 章

堀田千絵（2021）「知的障害の特性」発達教育 40（8）pp.18-19

岸良至（2015）全国児童発達支援協議会監修、宮田広善・光真坊浩史編著、山根希代子・橋
　本伸子・岸良至他著『障害児通所支援ハンドブック――児童発達支援 保育所等訪問支援
　放課後等デイサービス』エンパワメント研究所

中川信子（2018）『Q＆Aで考える保護者支援――発達障害の子どもの育ちを応援したいす
　べての人に』学苑社

坂爪一幸（2020）「不安が強い子どもへの理解と対応」発達教育 39（9）pp.4-11

清水光恵・鈴木國文・内海健・木部則雄・熊﨑努（2021）『発達障害の精神病理Ⅲ』星和書
　店

田中千穂子（2016）「子どものセラピーにおけるアセスメント――なぜするのか・どのよう
　にするのか」発達 147、pp.8-13、ミネルヴァ書房

TOSS特別支援教育取り組み班・長谷川博之編著（2010）『"就学時健診"から組み立てる発
　達障害児の指導』明治図書出版

内山登紀夫監修、温泉美雪著（2015）『特別支援教育がわかる本④「発達障害？」と悩む保
　護者のための気になる子の就学準備』ミネルヴァ書房

湯汲英史（2020）「障害の告知という問題」発達教育 39（2）pp.14-15

● 第 8 章

Allen, J. G.（2013）*Restoring mentalizing in attachment relationships: Treating trauma
　with plain old therapy.* American Psychiatric Publishing. 上地雄一郎・神谷真由美訳
　（2017）『愛着関係とメンタライジングによるトラウマ治療――素朴で古い療法のすすめ』
　北大路書房

Bowlby, J.（1980）*Attachment and loss,Vol.3. Loss: Sadness and depression.* Penguin
　Books. Ltd. 黒田実郎・吉田恒子・横浜恵三子訳（1991）『母子関係の理論Ⅲ　対象喪
　失』岩崎学術出版社

Cooper, G, Hoffman, K., & Powell, B.著、北川恵・安藤智子・松浦ひろみ・岩本沙耶香訳
　（2013）「安心感の輪」子育てプログラム認定講師用DVDマニュアル日本語版 1.0

平井正三（2021）「精神分析から見た発達障がい——家族関係に注目するアプローチ」日本乳幼児精神保健学会誌14，pp.19-25

Kain, K. L., & Terrell, S. J. (2018) *Nurturing resilience: Helping clients more forward from developmental trauma-An integrative somatic approach*. North Atlantic Books. 花丘ちぐさ・浅井咲子訳（2019）『レジリエンスを育む——ポリヴェーガル理論による発達性トラウマの治癒』岩崎学術出版社

喜田裕子（2022）「保育現場での子どもへの直接的心理支援の意義——保育カウンセラーとしての実践より」日本乳幼児精神保健学会誌15，pp.3-11

嶺輝子（2020）「ホログラフィートークの複雑性PTSDに対する適応の可能性」精神神経学雑誌122（10）pp.757-763

文部科学省（2010）『生徒指導提要』

大河原美以（2015）『子どもの感情コントロールと心理臨床』日本評論社

Porges, S. W. (2017) *The pocket guide to the poly-vagal theory: The transformative power of feeling safe*. W. W. Norton & Company. 花丘ちぐさ訳（2018）『ポリヴェーガル理論入門——心身に変革をおこす「安全」と「絆」』春秋社、花丘ちぐさ訳（2018）『ポリヴェーガル理論——心身に変革を起こす「安全」と「絆」』春秋社

滝口俊子（2008）「保育カウンセリングとは」滝口俊子・山口義枝編著『放送大学教材　保育カウンセリング』pp.9-20、放送大学教育振興会

●第9章

Bettelheim, B. (1950) *Love is not enough: the Treatment of emotionally disturbed children*. Free Press. 村瀬孝雄・村瀬嘉代子訳（1968）『愛はすべてではない——情緒障害児の治療と教育』誠信書房

厚生労働省子ども家庭局子育て支援課（2021）「令和3年（2021年）放課後児童健全育成事業（放課後児童クラブ）の実施状況」 https://www.cfa.go.jp/policies/kosodateshien/houkago-jidou（子ども家庭庁ホームページ）

● 編者

喜田裕子　富山大学人文学部　教授
第1章第1・2節、第4章第2節、第5章第1・2節、第6章第5節、第8章第1・2節、第10章事例⑧・⑨、COLUMN 安心感の輪、COLUMN「男の子・女の子」とジェンダー・アイデンティティ（性自認）

● 著者（五十音順）

伊東真理子　こころの相談室とやま　臨床心理士
第10章事例②・⑤・⑥・⑫、COLUMN 富山県の「ハートフル保育カウンセラー派遣事業」の取り組み、COLUMN 保育者の親支援をサポートする

草野香苗　富山市教育センター　臨床心理士
第3章第1節、COLUMN 子どもの絵をみる、COLUMN 赤ちゃん部屋のおばけ——世代を超えて棲みついた、望まれざる住人

黒田昌美　真生会富山病院　公認心理師・臨床心理士
第10章事例⑭、COLUMN 富山県の「ハートフル保育カウンセラー派遣事業」の成果と課題（学童保育）

小芝　隆　富山短期大学　名誉教授
第5章第4節

塩﨑尚美　日本女子大学人間社会学部心理学科　教授
第6章第1・2・3節

嶋野珠生　富山短期大学幼児教育学科　教授
第3章第2・3・4節、第6章第4節、COLUMN 保育カウンセリング 全国の先駆的な取り組み、COLUMN ACE研究

ダーリンプル規子　桜花学園大学保育学部国際教養こども学科　教授
COLUMN タヴィストック乳幼児観察を通しての学び

新田祐希　富山市恵光学園 こども発達支援室　公認心理師・臨床心理士
第7章第1・2節、第10章事例⑩・⑪

根塚明子　富山市教育センター　臨床心理士
第4章第3節、第9章第1・2節、第10章事例①・③・④・⑦・⑮

丸田知明　荒井学園新川高等学校　公認心理師・臨床心理士
第5章第3節

柳瀬洋美　東京家政学院大学現代生活学部児童学科　准教授
第2章第1・2節、第4章第1節

山﨑恵理子　ほんだクリニック　公認心理師・臨床心理士
第10章事例⑬、COLUMN 富山県の「ハートフル保育カウンセラー派遣事業」の成果と課題（保育園）

保育カウンセリングのエッセンス
保育臨床における見立てと支援

2024 年 11 月 15 日　初版第 1 刷発行

編著者	喜田裕子
発行者	宮下基幸
発行所	福村出版株式会社
	〒104 0045　東京都中央区築地 4 12 2
	電話　03-6278-8508 ／ FAX　03-6278-8323
	https://www.fukumura.co.jp
印　　刷	株式会社文化カラー印刷
製　　本	協栄製本株式会社

©2024 Yuko Kida
Printed in Japan　ISBN978-4-571-24121-5　C3011
落丁・乱丁本はお取替えいたします
定価はカバーに表示してあります

福村出版◆好評図書

N.ブレン・D.フォーシャ 著／岩壁 茂・花川ゆう子・山﨑和佳子 監訳

AEDPスーパービジョン 実践ガイドブック
●カウンセラーの孤独を打ち消し勇気を引き出すアプローチ

◎2,800円　　　　ISBN978-4-571-24116-1　C3011

治療的関係で孤独感を解消し，癒やし体験を引き出すAEDP心理療法におけるスーパービジョンの方法論を解説。

髙橋靖恵 著

心理臨床実践において「伝える」こと
●セラピストのこころの涵養

◎2,300円　　　　ISBN978-4-571-24113-0　C3011

心理臨床の基本である「伝える」とは何か。40年にわたる心理臨床実践者，33年にわたる大学教員としての思考。

米澤好史 監修／藤田絵理子・米澤好史 著／くまの広珠 漫画・イラスト

子育てはピンチがチャンス！
●乳幼児期のこどもの発達と愛着形成

◎1,400円　　　　ISBN978-4-571-24093-5　C0011

生涯発達を支える愛着。乳幼児期のこどもの発達と子育てや保育に関わる要点を漫画を交えわかりやすく解説。

米澤好史 著

愛着障害・愛着の問題を抱える こどもをどう理解し，どう支援するか？
●アセスメントと具体的支援のポイント51

◎1,800円　　　　ISBN978-4-571-24076-8　C3011

愛着障害のこどもをどう理解し，どう支援するか。具体的なかかわり方を示す「愛着障害支援の指南書」。

小沢日美子 著

「心の理論」の発達 空間的視点取得から社会的視点取得
●そのプロセスと臨床的視点

◎2,400円　　　　ISBN978-4-571-24114-7　C3011

他者理解の認知発達を空間的視点取得と社会的視点取得の側面から捉え，その発達過程に生じる臨床的課題に言及。

出口保行・藤後悦子・坪井寿子・日向野智子 編著

子どもを「まもる」心理学
●健やかな育ち・ウェルビーイング・心と安全

◎2,600円　　　　ISBN978-4-571-20088-5　C3011

様々な心理学的見地から，子どもの健やかな心身・幸福・安全・幸せな未来をいかに「まもる」のかを考える。

北川聡子・古家好恵・小野善郎 編著

「共に生きる」 未来をひらく発達支援
●むぎのこ式子ども・家庭支援40年の実践

◎1,800円　　　　ISBN978-4-571-42083-2　C3036

障害のある子どもたちの自己実現を可能にする，ウェルビーイングが保障される多様性尊重の社会を考える。

◎価格は本体価格です。

●カバー写真
Suriyapong/iStock

ISBN978-4-571-24121-5

C3011 ¥3000E

定価（本体3,000円+税）

保育カウンセリングのエッセンス

保育臨床における見立てと支援